debatte 5 *Ulrike Ackermann (Hg.)* Welche Freiheit

Ulrike Ackermann (Hg.)

Welche Freiheit

Plädoyers für eine offene Gesellschaft

Matthes & Seitz Berlin

Für S. G.

Göhrener Str. 7, 10437 Berlin, www.matthes-seitz-berlin.de

Erste Auflage 2007

Umschlaggestaltung: Johannes Knöspel, Berlin, unter Verwendung eines Bildes von banksy (www.banksy.co.uk)
Druck und Bindung: CPI Moravia

Herausgeberin und Verlag bedanken sich bei der *Friedrich-Naumann-Stiftung* für die freundliche Unterstützung.

ISBN 978-3-88221-885-5 **debatte 5**

Inhaltsverzeichnis

Ulrike Ackermann
Freiheitsliebe – Einleitung

Schon 1927 konstatierte der Jurist und Ökonom Ludwig von Mises: »Der Haß gegen den Liberalismus ist das Einzige, in dem sich die Deutschen einig sind.« Vieles deutet darauf hin, daß bis heute liberale Traditionen in Deutschland sehr schwach ausgebildet sind. Daran hat selbst die historische Zäsur von 1989, der Sieg der Demokratie und Freiheit über den Kommunismus wenig rütteln können. Dieses Phänomen ist keineswegs auf Deutschland beschränkt, sondern prägt längst den Diskurs in Europa. Freiheit ist darin abwehrend auf ihre ökonomische Dimension in Gestalt des freien kapitalistischen Marktgeschehens reduziert. Der Vorwurf des Neoliberalismus folgt ihr auf dem Fuße.

Unter dem zusätzlichen Druck der Globalisierung ist aber mit der deutschen und europäischen Wiedervereinigung nicht nur der realexistierende Sozialismus, sondern auch der seit Kriegsende prosperierende Wohlfahrtsstaat in Westeuropa an seine Grenzen gelangt und in die Krise geraten. Gerade die historische Zäsur der Wiedervereinigung hätte die Chance des Aufbruchs in eine strukturelle Modernisierung des Sozialstaats geboten. Warum mündete der Sieg der Freiheit und Demokratie nicht in eine Neubewertung der staatlichen Aufgaben, gar in eine Revision der privaten Forderungen nach umfassender staatlicher Daseinsvorsorge? Dies hätte auch zu einer Befreiung von staatlicher Bevormundung und regulierungssüchtiger Bürokratie führen können. Statt dessen überwiegt bis heute die Angst vor Veränderung, vor Deregulierung, Innovation und Flexibilität. Freiheit wird in Europa nicht als Eigenverantwortung, Risikobereitschaft, Selbsttätigkeit und als Gestaltungsoption des Individuums begriffen, sondern erschöpft sich in der sozialen Sicherheit, die Vater Staat den Bürgern lange Zeit garantieren konnte. Den Deutschen und vielen Europäern ist die von der Französischen Revolution und später der amerikanischen Verfassung postulierte Gleichheit der Bürger vor dem Gesetz im Laufe ihrer Geschichte offenkundig zusammengeschmolzen auf die soziale Gleichheit. Sie sehen sich nicht in erster Linie politisch als Staatsbürger einer Demokratie, sondern beziehen ihre Identität aus dem Sozialstaat. Sozialetatismus und Arbeitskorporatismus, Erbschaften aus beiden deutschen Diktaturen, sorgen bis heute dafür, daß Gleichheit und soziale Gerechtigkeit in unserer Gesellschaft immer noch höhere Güter sind als die Freiheit des Staatsbürgers. Derart in Mißkredit geraten, ist die Freiheit jenseits ihrer ökonomischen Bedeutung buchstäblich auf der Straße liegengeblieben. Es ist also höchste Zeit, ihren Wert ins öffentliche Bewußtsein zurückzuholen, sich darauf zu besinnen, wie sie bis in die kleinsten Fugen des Alltagslebens hinein unsere demokratischen Gesellschaften prägt. Denn »Freiheit ist Freiheit, nicht Gleichheit oder Fairneß oder Gerechtigkeit oder Kultur oder menschliches Glück oder ruhiges Gewissen.« (Isaiah Berlin)

Erst mit dem Beitritt der Ostmitteleuropäer und der baltischen Länder in die EU hat allmählich ein Erinnerungsprozeß begonnen, der die Erhebungen für die Freiheit und ihre gewaltsame Unterdrückung und Vereitelung nach 1945 im gespaltenen Europa in ein breiteres Bewußtsein rückt. Damit eröffnet sich eine Perspektive, den Freiheitskampf vom 17. Juni 1953 in Berlin, die blutig niedergeschlagene Revolution in Ungarn 1956, den von den Sowjets gewaltsam beendeten Prager Frühling 1968, den Polnischen Sommer 1981 und letztendlich den Sieg der Demokratie 1989 im Zusammenhang einer antitotalitären Tradition in Europa zu sehen und – im besten Falle – zu begreifen, dass Freiheit schon immer unteilbar gewesen ist.

Karl Marx schied in seinen Frühschriften die sogenannte »formelle Freiheit« der bürgerlichen Gesellschaft von der noch zu schaffenden »reellen Freiheit«, die erst in der klassenlosen Gesellschaft, im Himmelreich auf Erden ökonomisch zum Zuge kommen sollte. Ein Echo davon schwang noch bis 1989 in der westlichen Skepsis gegenüber den Bürgerrechtsbewegungen in Ostmitteleuropa mit: denn sie kämpften ja – im Unterschied zum Prager Frühling '68 – »nur« für bürgerliche Freiheiten und die Marktwirtschaft und seien vornehmlich konsumorientiert. Die Entwertung der errungenen politischen und individuellen Freiheiten ging im Westen einher mit der Weichzeichnung des Kommunismus, seine totalitären Elemente wurden ausgeblendet. Der Marxismus hatte den Ehrgeiz, die Gesellschaft von Grund auf zu gestalten und umzugestalten, sie mit Staat und Wirtschaft zu verschmelzen. Getreu seinem historischen Determinismus sollte dabei ein neuer Mensch erschaffen werden, ein Himmelreich auf Erden, in dem dem neuen Kollektivmenschen der gerechte Anteil im geschichtlichen Jenseits, d.h. in der Zukunft versprochen wurde. »Erlöse uns von dem Bösen« der kapitalistischen, bürgerlichen Gesellschaft, so das Motto dieser »säkularen Religion« (Raymond Aron).

Der Haß auf die »Dekadenz« des Westens, seinen Kapitalismus, Konsumismus und Individualismus war der kommunistischen Ideologie ebenso eingeschrieben wie dem radikalen Islam heute. In der Verschmelzung von Glauben und Gesellschaftsordnung, von Wahrheit, Hierarchie und sozialer Realität entstand eine »säkulare Umma« (Ernest Gellner), in der der einzelne vergemeinschaftet werden sollte. Das Individuum ist allen ideokratischen Totalitarismen suspekt: unberechenbar, triebgesteuert, egoistisch, eigensinnig und anarchisch soll ihm die jeweilige Umma die Zügel anlegen und es zum Wohle der Volksgemeinschaft, der Klassengemeinschaft oder der Religionsgemeinschaft domestizieren. Millionen Tote waren der Preis für das kommunistische Gesellschaftsexperiment, Millionen Tote waren die Opfer von Nationalsozialismus und Faschismus.

Die Angst vor der Freiheit und die Sehnsucht nach Einheit, Ordnung und Harmonie haben den schmerzlichen Prozeß der Aufklärung und Säkularisierung auf dem Weg in die Moderne schon immer begleitet. Der Freiheitsgewinn ging einher mit einem Bindungsverlust, mit Zersplitterung und »Entzauberung« (Max Weber) vormals ganzheitlicher Kulturen und Lebenswelten. Vernunft trat an die Stelle der Gottesfürchtigkeit und den Glauben ans Jenseits. Doch die Anziehungskraft der totalitären Ideologien im letzten Jahrhundert, ihre Versprechen, den einzelnen aus seinen komplizierter gewordenen Verhältnissen zu erlösen, zeigte, wie tief verwurzelt der Wunsch, sich einem Kollektiv oder Führer zu überantworten, ist. Er ist verbunden mit der Sehnsucht nach einem letzten Sinn, nach Erhabenheit, Vollkommenheit, Homogenität und Reinheit – angesichts der vermeintlichen Sinnleere und Profanität der bürgerlich-kapitalistischen Moderne, der »transzendentalen Obdachlosigkeit« (Georg Lukács).

Diese Neigungen scheinen bis heute fester Bestandteil der menschlichen Natur zu sein. In seiner Schrift *Die Zukunft einer Illusion* widmet sich Sigmund Freud diesen Sehnsüchten und Wünschen des Menschen nach einer behaglichen, gerechten Welt, in der für ihn gesorgt wird, seinem Schutzbedürfnis entsprochen und damit seine eigene Hilflosigkeit erträglich wird. In der Religion, bei Gottvater findet der Mensch solche tröstlichen Versicherungen. »Der Vater hat das schwache, hilflose, allen in der Außenwelt lauernden Gefahren ausgesetzte Kind beschützt und bewacht; in seiner Obhut hat es sich sicher gefühlt. Als Erwachsener mag er auch jetzt nicht auf den Schutz verzichten, den er als Kind genossen hat. Längst hat er aber erkannt, daß sein Vater ein in seiner Macht eng beschränktes, nicht mit allen Vorzügen ausgestattetes Wesen ist. Darum greift er auf das Erinnerungsbild des von ihm so überschätzten Vaters der Kindheit zurück, erhebt es zur Gottheit und rückt es in die Gegenwart und in die Realität.« An anderer Stelle schreibt Freud: »Wenn wir die religiösen Lehren als Illusionen erkannt haben, erhebt sich die Frage, ob nicht auch anderer Kulturbesitz, den wir hochhalten und von dem wir unser Leben beherrschen lassen, ähnlicher Natur ist. Ob nicht die Voraussetzungen, die unsere staatlichen Einrichtungen regeln, gleichfalls Illusionen genannt werden müssen?«

Desillusionierung ist bekanntlich ein schmerzhafter Prozeß, aus dem im günstigten Fall die Skepsis als Siegerin hervorgeht und Wissen den Glauben ablöst. In der modernen, offenen Gesellschaft des Westens haben sich die Verstrickungen von Glauben, Macht und Gesellschaft weitgehend aufgelöst. Ihre Errungenschaft ist die Trennung der Sphären von Staat, Gesellschaft, Wirtschaft, Recht, Religion und Privatheit – damit ist sie das Gegenteil einer Umma. Ihre Ordnung ist nicht heilig, gesellschaftliche Bindungen und Zusammenschlüsse sind freiwillig und können jederzeit wieder gelöst werden. Die Pluralität der über Jahrhunderte hart erkämpften individuellen und politischen Freiheiten steht heute unter dem Schutz der jeweiligen Verfassung, und geregelte Prozeduren garantieren die politische Teilhabe der Bürger am Gemeinwesen. Die Institutionen und demokratischen Einrichtungen schaffen die Bedingungen für die Entfaltung der Freiheit. Pluralistische und der staatlichen Macht entgegenwirkende politische Zusammenschlüsse und Institutionen der Wirtschaft sorgen für Dynamik und Balance; der Wettbewerb ist dabei Entdeckungsverfahren und Entmachtungsinstrument zugleich. Und Akteur ist das Individuum, mit seinem »Leben, seiner Freiheit und dem Streben nach Glück«, wie es als unveräußerliches Recht des Menschen in der amerikanischen Unabhängigkeitserklärung von 1776 proklamiert ist. Ein jedes Individuum kann wählen, auf welche Weise es sein Glück findet; just in dieser Vielfältigkeit der Freiheiten und Wahlmöglichkeiten spiegelt sich die Pluralität der offenen Gesellschaft wider. Skepsis, Ambivalenz, Streit und Spott begleiten den Menschen seit der Aufklärung auf der Suche nach seinem Glück. Denn Freiheit ist ein offener Prozeß, ein Experiment und keineswegs eine Garantie auf das angestrebte Glück. Sie bedeutet daher weder den Sieg des Guten noch die Suspendierung des Bösen. Dennoch ist der Wunsch nach »Erlösung von den Übeln dieser Welt«, nach Sicherheit und Führung zäh, und Propheten des Heils sind immer wieder gefragt. Mißtrauisch und ängstlich wird die Freiheit beäugt. Kann es denn, so fragen sich die Zweifler, überhaupt eine gesellschaftliche Ordnung ohne Erlösungsversprechen, Transzendenz und Utopien geben? Der Mensch brauche doch Orientierung in der »Kälte« der offenen Gesellschaft, gepeinigt vom Wettbewerb der Interessen und einer Rationalität, die bar jeder Herzenswärme den einzelnen sich selbst überlasse? Und plötzlich stehen die errungenen Freiheiten des mühseligen Säkularisierungsprozesses des Westens wieder zur Disposition. Papst Benedikt XVI. hat in seiner Regensburger Rede 2006, bevor er auf den Islam zu sprechen kam, ausdrücklich den säkularen Westen kritisiert, dessen »Vernunft dem Göttlichen gegenüber taub ist und Religion in den Bereich der Subkultur abdrängt«. Er sieht in der Abwendung vom Religiösen die Krise der Gegenwart begründet und geißelt dem zufolge die »Diktatur der positivistischen Vernunft«.

Es ist an der Zeit, daß der Westen seine Freiheiten – im Kern den Vorrang des Rechts des Individuums vor allen politisch oder religiös motivierten Visionen des »guten Lebens« – und die daraus folgenden Lebensstile gegen seine Kritiker und fundamentalistischen Feinde angesichts neuer totalitärer Tendenzen verteidigt. Teils explosiver Haß schlägt ihm entgegen: auf den »habgierigen Kapitalismus«, auf die »Hure Großstadt«, die für einen dekadenten Kosmopolitismus steht, auf seinen Geist, bar jeder Spiritualität, wie er in Wissenschaft und Vernunft zum Ausdruck kommt, auf seinen »Materialismus« und »Hedonismus«, auf die Sexualität und ihr Urbild, den weiblichen Körper, auf den Gottlosen, der im schlimmsten Fall vernichtet werden muß, um den Weg frei zu machen für eine Welt des reinen Glaubens, für die globale Herrschaft des Kalifats. Archaische, vormoderne Denk- und Lebensweisen, die sich am religiösen Kollektiv orientieren, prallen auf moderne, säkularisierte, in denen die Freiheit, das Individuum und seine Suche nach persönlichem Glück im Zentrum stehen. Gegen die Moderne gerichtete Kritik und fundamentalistische Strömungen finden sich auch im Westen, Selbstzweifel, die in Selbstverleugnung oder gar Selbsthaß münden. Aber die grundlegendste Infragestellung erfahren die westlichen Freiheiten im Islam und seinen radikalen Zuspitzungen. Deshalb spricht die ehemalige niederländische Parlamentsabgeordnete und Filmautorin Ayaan Hirsi Ali, die Europa inzwischen verlassen hat und nach Amerika ging, davon, »daß der Islam mit der liberalen Gesellschaft, wie sie sich im Gefolge der Aufklärung herausgebildet hat, nicht vereinbar ist«. Sie hatte zusammen mit Theo van Gogh den Film Submission gedreht, in dem die Frauenunterdrückung im Islam kritisiert wird. Auf offener Straße wurde van Gogh in Amsterdam von einem Moslem ermordet. Ayaan Hirsi Ali lebte danach unter ständigen Todesdrohungen und Polizeischutz. Ihre Kritik weckt offensichtlich nicht nur den Zorn und Widerspruch ihrer ehemaligen Glaubensbrüder, sondern auch jenen europäischer Intellektueller. Ian Buruma und Timothy Garton Ash warfen ihr vor, eine »Fundamentalistin der Aufklärung« zu sein, die mit ihren Einlassungen Öl ins Feuer gieße. Buruma hält ihr entgegen, sie betreibe eine »Politik der Wut«. Für Hirsi Ali sind die Errungenschaften der Aufklärung, die Trennung von Staat und Religion, die politischen und individuellen Rechte und Freiheiten, die Selbstbestimmung des Individuums, die Vernunft und die Gleichberechtigung der Geschlechter allerdings von fundamentaler Bedeutung. Angesichts der »schleichenden Scharia« (Hirsi Ali) in Europa ist diese Kritik an ihr sehr beunruhigend. Zumal sie eingebettet ist in eine in Europa weit verbreitete Appeasementhaltung gegenüber dem Islam und seinen radikalen Ausformungen. Der Perlentaucher hat seit Februar 2007 eine internationale Debatte darüber im Internet angestoßen.* Der französische Intellektuelle Pascal Bruckner verteidigt darin Hirsi Ali gegen die Anwürfe von Buruma und Garton Ash. Ihr progagierter Multikulturalismus sei ein »Rassismus des Antirassismus«. Der von Buruma und Garton Ash verteidigte Kulturrelativismus ist auch für Necla Kelek nicht hinnehmbar. Religionen sind nicht gleich, denn der Islam versuche, »die vertikale Trennung von Männern und Frauen in den demokratischen Gesellschaften zu etablieren.« Die Verharmlosung des Islam erinnert an jene des Kommunismus vor 1989. Zeigte sich damals der westliche Selbsthaß und die Entwertung der Errungenschaften der freiheitlichen Demokratie in der Weichzeichnung des Kommunismus, so können wir dies heute gegenüber dem Islam beobachten – nicht zuletzt aufgrund seines Antikapitalismus und Antiamerikanismus. Bis in den Sprachgebrauch hinein liegt die Analogie nahe: die Stalinismuskritik war hoffähig, aber der Kommunismus als solcher wurde mit Samthandschuhen angefaßt;

heute ist die Islamismuskritik fast zum common sense geworden, aber der Islam darf nur maßvoll kritisiert werden. Der Hinweis auf seine totalitären Elemente ist immer noch verpönt. Aber dem Islam ist es im Gegensatz zum Marxismus tatsächlich gelungen, in der modernen Welt eine Gesellschaft zu schaffen, die die Bindungskraft, die das Wort umma beschreibt, nicht verloren hat. Nicht das Individuum, seine Selbstbestimmung und Autonomie zählt, sondern das Kollektiv, die Glaubensgemeinschaft.

In der vorliegenden Anthologie habe ich Autoren und Autorinnen dazu eingeladen, sich über die Freiheiten zu verständigen, die uns am Herzen liegen und unseren Grundkonsens in der offenen Gesellschaft ausmachen. So wie es keine einzige, unumstößliche Wahrheit gibt, so verhält es sich auch mit der Freiheit: sie ist plural und heterogen und setzt sich aus einer Vielfalt von Freiheiten zusammen. Diese Pluralität spiegeln die versammelten Stimmen wider und begeben sich zugleich in eine Konstellation, die in dieser Gestalt neu ist. Die eigensinnigen und sich unterscheidenden Reflexionen über die Freiheit aus deutschen, ukrainischen, französischen, britischen, ungarischen, amerikanischen oder iranischen Blickwinkeln öffnen eine Perspektive auf Zusammenhänge von Denktraditionen, die bisher eher versteckt waren. Gerade vor dem Hintergrund der Erfahrungen der Diktaturen in Europa im vergangenen Jahrhundert und angesichts neuer totalitärer Herausforderungen, geht es den Autoren darum, sich der Gefährdungen der Freiheiten erneut zu vergewissern und sich klarzumachen, was ihren jeweiligen Kern ausmacht. Die unterschiedlichen autobiographischen und politisch-historischen Erfahrungen der Freiheit und Unfreiheit, die den Essays zugrunde liegen, kreisen allesamt um ein Magnetfeld: das Spannungsverhältnis von politischer und individueller Freiheit und die Selbstbestimmung des Individuums gegenüber jedweden Übergriffen und Domestizierungsversuchen eines Kollektivs.

Es ist kein Zufall, daß hier gleichrangig ideengeschichtliche, historische, philosophische, literarische, soziologische und sozioökonomische Betrachtungen über die Potentiale und Zumutungen der Freiheit versammelt sind. Denn sie bereichern und vertiefen gegenseitig diese Suchbewegung, nicht zuletzt aus der Differenz der Perspektiven, die aus dem unterschiedlichen Lebensalter der Autoren erwachsen. Jedes Essay steht für sich und erschließt sich aus sich selbst heraus. Und dennoch ist der rote Faden, der sich durch die Anthologie zieht, immer anwesend, wenn zuweilen auch erst auf den zweiten Blick sichtbar.

Die Anthologie erhebt keinen Anspruch auf Vollständigkeit der Aspekte, die die Freiheit und ihre Gefährdungen ausmachen, sie folgte ausdrücklich keinem Länderproporz oder einem standardisierten Fragenkatalog. Denn alle Autoren und Autorinnen haben sich bereits früher schon mit der Freiheit auseinandergesetzt und anknüpfend daran ihre Reflexionen darüber für dieses Buch weiterentwickelt.

Der in London lebende zeitgenössische Doyen des liberalen Denkens Ralf Dahrendorf beginnt den Band mit einer ideengeschichtlichen Definition. Freiheit, verstanden als Abwesenheit von Zwang ist für ihn der Ausgangspunkt einer Theorie der Freiheit. Aber jede Verfassung der Freiheit bedeutet zugleich ihre Begrenzung. Selbst die liberale Ordnung ist nicht mehr die reine Freiheit. Denn absolute

Freiheit wäre Anarchie. Aber wieviel Zwang und Einschränkung verträgt sie? Die Pendelschläge zwischen negativer Freiheit (Freiheit von...) und positiver Freiheit (Freiheit zu...) und der Streit darüber durchziehen die großen Freiheitstheorien seit dem 17. Jahrhundert in England, dem 18. Jahrhundert in Schottland, Frankreich und Amerika bis heute. Je nachdem in welche der Richtung es ausschlug, formierten sich liberale, sozialliberale oder sozialdemokratische Positionen, die in Konflikt miteinander gerieten – bis heute, wie die Debatte um Freiheit, Gleichheit und Verantwortung zeigt.

Für den in Göttingen lebenden Soziologen und Autor Wolfgang Sofsky ist das vornehmste Freiheitsrecht des einzelnen, in Ruhe gelassen zu werden, von neugierigen Nachbarn, selbsternannten Moralaposteln oder ehrgeizigen Meinungsmachern. Keinesfalls schließt die Freiheit die Pflicht ein, Gutes zu tun, sie eröffnet sogar die Chance, Böses zu tun, dafür allerdings auch die Konsequenzen tragen zu müssen. Unter dem Banner der Fürsorge und Vorsorge sieht Sofsky auch in demokratischen Regimes die Freiräume immer enger werden. Denn die vorherige Willkür und Gewalt sind in westlichen Demokratien durch Recht, Fürsorge und Observation ersetzt worden.

Der in Bamberg Soziologie lehrende Gerhard Schulze unterscheidet in seinem Essay zwischen der objektiven und der subjektiven Freiheit und analog dazu die zwei Ebenen der Modernisierung. Denn das Wählen zwischen den objektiven Wahlmöglichkeiten zwingt dazu, sich ständig mit eigener und fremder Subjektivität auseinanderzusetzen. In unserer Kultur, in der das Individuum im Zentrum steht, finden zwar Auseinandersetzungen über Sinn, Symbole,

Alltagsroutinen, Weltbilder, Gefühle, Ästhetik und Moral statt. Doch Reden über die eigene, fremde und gemeinsame Subjektivität will gelernt sein, der Diskurs hat gerade erst begonnen.

Die aus Kroatien stammende Philosophin und Publizistin Dunja Melcic unterzieht Hannah Arendt einer Relektüre. Da stößt sie unweigerlich nicht nur auf die Errungenschaften, sondern auch auf die Unzulänglichkeiten der Freiheit in der Moderne. »Der Sinn der Politik ist Freiheit«, sagt Arendt. Im Ringen mit dem krisenhaften Wesen der Moderne geht es ihr darum, einen ursprünglichen Zusammenhang zwischen dem politischen Handeln und dem »Frei-Sein« offenzulegen. Im Unterschied zur Antike ist Arendt zufolge in der Neuzeit der Raum des Politischen, zu dessen ausgezeichnetsten Komponenten die Öffentlichkeit und die öffentliche Rede gehören, verdrängt und verschüttet, er wird regiert von »Privatinteressen«. Das Politische im emphatischen Sinne Arendts ist allerdings ein Handeln, das sich ereignet, wenn man sich allein um der Gemeinschaft willen zusammentut und sich über die Belange des Gemeinwesens mit- und untereinander verständigt. Was wir gegenwärtig im globalen Islamismus erleben, so Melcic, ist eine andere und noch massivere Art, den politischen und öffentlichen Raum durch das Private zu besetzen; wir sind Zeitzeugen einer weltweiten Bewegung, die den Glauben zum politischen Mittel gemacht hat.

Der in Teheran lebende politische Philosoph Ramin Jahanbegloo setzt sich in einer für den arabischen Raum ganz außergewöhnlichen Weise mit der Arbeit des Freiheitstheoretikers Isaiah Berlin auseinander. Er porträtiert und würdigt diesen autonomen Denker und dessen Konzeptionen des Wertepluralismus und der Freiheit, derzufolge es viele Wege des Glücks, keine perfekte Gesellschaft und kein perfektes menschliches Leben gibt. An Denkern der Aufklärung hatte Berlin deren Idee, es gebe eine universell gültige Antwort auf die Lösung der menschlichen Angelegenheiten, ihre Fortschrittgläubigkeit und ihren zuweilen vertretenen historischen Determinismus und Utopismus kritisiert. Eine Gesellschaft ist jedoch erst wirklich frei im Zustand eines über Konflikte zustande kommenden Konsenses, in dem ihre Mitglieder darin übereinstimmen, daß sie frei sind, weil sie unterschiedliche Ziele verfolgen.

Rainer Hank, der das Wirtschaftsressort der Frankfurter Allgemeinen Sonntagszeitung leitet, geht der Staatsverliebtheit der Deutschen nach und erinnert demgegenüber an die in Vergessenheit geratenen Ideen Wilhelm von Humboldts über die Grenzen der Wirkmacht und die Zwecke des Staates. Für den »deutschen Schotten« ist der Staat zwar für die Sicherheit des einzelnen verantwortlich, die Planung des Wohlstands steht ihm hingegen nicht zu. Humboldt sieht hinter dem Schleier wohltätiger Absichten und Glückseligkeit fördernder Politik nichts anderes als das Ziel puren Machterhalts.

Detmar Doering macht sich auf die Spurensuche nach dem, was Ludwig von Mises in seinem Buch »die antikapitalistische Mentalität« nannte. Denn die Feindschaft gegenüber einer liberalen Gesellschaft, die in der Marktwirtschaft gründet, setzt sich aus Elementen zusammen, die selten die Ökonomie selbst betreffen. Doering sieht im Herdeninstinkt, im moralisierenden Antiökonomismus und der großen Skepsis gegenüber dem Westen die Hauptelemente dieser Mentalität. Paradoxerweise wollen aber gerade jene Menschen, die noch nicht im kapitalistischen Westen angekommen sind, trotz aller Warnungen vor seiner Brutalität und Unmenschlichkeit gerade dorthin gelangen.

Die Publizisten Michael Miersch und Dirk Maxeiner sehen im Ökologismus, der zur Zeit populärsten Heilslehre, hartgesottene Ideologen am Werk. Die Natur ist gut, der Mensch schlecht, so die zugrundeliegende Idee. Inzwischen hat sich, wie die Autoren in ihrem Essay zeigen, eine neue Klasse von Akteuren herausgebildet, die in Medien, Wissenschaft, Politik und Verbänden der NGOs ein Milliardengeschäft mit der Angst betreiben. Der Ökologismus, so ihre Schlußfolgerung, hat sich bei uns inzwischen als stärkste Ideologie im scheinbar postideologischen Zeitalter etabliert.

Für den ungarischen Literaten Péter Nádas ist es in seinem Land und dessen Nachbarn fast zwei Jahrzehnte nach den demokratischen Revolutionen um die Freiheit schlecht bestellt. Selbst bei der jüngsten Generation hat sich das Erbe der Diktaturen stärker niedergeschlagen als die Kraft und Selbständigkeit der ersten zehn Freiheitsjahre. In Ermangelung einer demokratischen Alltagssprache und eines demokratischen Habitus funktionieren die Institutionen der Demokratie im Leerlauf. Die neuen demokratischen Staaten konnten bis dato weder untereinander noch mit der großen europäischen Gemeinschaft eine gemeinsame Sprache finden. Nach den Verwüstungen der Diktaturen gibt es dort bloß Einwohner, aber keine freien Bürger und v.a. keine Mittelklasse – Erbschaften, die sich recht nachhaltig in die Mentalitäten eingegraben haben.

Lebt man nicht mehr in der Diktatur, so der in Budapest lebende Schriftsteller Péter Esterházy, ist man geneigt, die Freiheit als naturgegeben hinzunehmen – eine Unvorsicht, die heute in Europa sehr verbreitet ist. Er erzählt eine kurze, prägnante Geschichte darüber, wie es passieren kann, daß man seine Freiheit schon lange verloren hat, ohne es auch nur zu merken. Rückblickend wird dann klar, daß der scheinbar autonome Spielraum längst der Selbstdemütigung vor der Macht geopfert wurde.

Die in Kiew lebende ukrainische Autorin Oksana Sabuschko erinnert sich in ihren Variationen über die Freiheit an den Schrecken, den ihr der allseits propagierte Sowjetmensch früher einjagte. Später, zu Zeiten ihres Studium, als die Perestroika schon eingesetzt hatte, fragte sie sich: »Wie kann es einen Roman in einem Land geben, in dem polizeiliche Wohnortregistrierung alles regelt?« 70 Jahre lang hatte ihr Land unter einem Regime gelebt, das alle Mittel für die Entwicklung »der marxistischen Konzeption des Menschen«, des Herdentieres einsetzte. Tiefstes Mißtrauen herrschte gegenüber der Annahme, der Mensch besitze den Willen, sein Leben nach anderen Beweggründen zu organisieren als den »Basisgründen« (Wohlstand für sich und seine Familie). Als sie in die Freiheit entlassen wurden, wußten sie nicht mehr, was man in Freiheit noch alles machen könnte, außer ordentlich zu essen und sich zu vermehren, eine Eindimensionalität, die die Schriftstellerin tief beunruhigt.

Der in Den Haag geborene, in London und New York lebende Ian Buruma bewegt sich in seinem Essay auf den Straßen Amsterdams. In Gesprächen mit Schülern, Lehrern und Politikern ergründet er die Krise, in die die scheinbar so erfolgreiche multikulturelle niederländische Gesellschaft nach dem Mord an Theo van Gogh geraten ist. Er porträtiert den Mörder Mohammed Bouyeri, der vom gut integrierten, hilfsbereiten jungen Mann zum heiligen Krieger mutierte, den Filmemacher und großen Polemiker Theo van Gogh und die ehemalige Parlamentsabgeordnete und Autorin Ayaan Hirsi Ali. Der Mörder hatte seinem Opfer eine Botschaft an sie mit einem Messer an den Körper geheftet, sie werde an den harten Diamanten des Islam zerschellen.

Die in Instanbul geborene und in Deutschland aufgewachsene Necla Kelek zählt zu den »Dissidentinnen«, die in ihren Büchern die Frauenfeindschaft des Islam und die patriarchalischen Strukturen muslimischer Migrantenfamilien kritisiert. In ihrem Essay beschreibt sie den Alltag einer jungen Frau, die in Anatolien eine Fabrik leitet. Sie verdient gut, hat einen Dienstwagen und lebt alleinstehend in einer Gästewohnung auf dem Fabrikgelände. Einmal im Jahr fährt sie ins Ausland, um sich frei bewegen zu können. In der Fabrik ist sie der Direktor, aber keine Frau. Und jenseits der Arbeit ist der öffentliche Raum für sie als Frau tabu. Sie genießt mehr Freiheit als die meisten anderen Frauen, aber es ist die Freiheit des Vogels, im Käfig zu singen.

Als Fallstudie rekonstruiere ich in meinem Text die Auseinandersetzungen und Tumulte, die anläßlich der Veröffentlichung der Mohammed-Karikaturen losbrachen. Darin spiegeln sich Konfliktlinien zwischen dem Westen und der islamischen Welt, die spätestens seit dem 11. September 2001 nicht mehr zu verleugnen sind. In dieser stattfindenden Kollision der Kulturen geht es nicht nur um den radikalen Islam, sondern um die Frage, ob und inwieweit der Islam mit unserer westlichen, liberalen Gesellschaftsordnung und unserem Selbstverständnis zu vereinbaren ist.

Matthias Rüb, seit Jahren Korrespondent der Frankfurter Allgemeinen Zeitung in Washington, analysiert in seinem Essay das Freiheitsverständnis der USA als Grundpfeiler ihrer Zivilreligion. Derzufolge muß die Freiheit immer wieder und auf der ganzen Welt verteidigt werden. In der Selbstwahrnehmung Amerikas fallen nationales und universales Interesse, der Menschheit die Freiheit zu bringen, zusammen. In den Bill of Rights von 1791 wird das allgemeine Gottesgeschenk der Freiheit in einzelnen Rechtstiteln ausbuchstabiert: an 1. Stelle das Recht auf freie Religionsausübung, gefolgt von der freien Rede und Presse und dem Versammlungsrecht. Als sie mit ihren Schiffen an der Küste Neuenglands landeten, verstanden die Pilgerväter Freiheit und Religion nicht als Freiheit von der Religion, sondern Freiheit für die Religion. Seit dieser Zeit sind beide ein Zwillingspaar, es gibt demzufolge auch keine Staatskirche. Ganz anders als in Europa, wo sich die revolutionären Freiheitsbewegungen gegen die Aristokratie und den mit ihr verbündeten Klerus richteten. George W. Bush ist deshalb keineswegs der erste Präsident, der sich in seinen Reden auf Gott bezieht. Nahezu alle seine Vorgänger, ob Demokraten oder Republikaner, haben besonders in Krisenzeiten eine göttliche Freiheitsmission verkündet.

Der französische Philosoph André Glucksmann schließt die Anthologie mit einem Essay ab, in dem ein Tyrannenmord zugunsten der Freiheit im Zentrum steht; ein für das europäische Denken paradigmatischer Diskurs über die widerstreitenden Werte der Freiheit. Es ist eine fiktive, ins Heute verlagerte philosophische Selbstbefragung Charlotte Cordays über die Motive, die sie zum Mord an Marat getrieben haben. Ihre Tugend lag gerade darin, Tugenden in Frage zu stellen, ohne neue geistige Gewißheit zu schenken oder ein anderes Glück zu versprechen. Sie handelt allein, auf eigene Verantwortung und stellt die Autorität radikal in Frage – Salman Rushdie ist ihr Geistesverwandter.

Die hier versammelten Autoren und Autorinnen plädieren für eine offene Gesellschaft, in der erst unter dem Schutz der politischen Freiheiten das Individuum seine persönlichen entfalten kann, für ein bewußtes Leben im Diesseits. Sie müssen immer wieder verteidigt und neu erschaffen werden; ein stetiger Befreiungsprozeß mit offenem Ende. Irrtümer, Revisionen, Verwerfungen, Aufbrüche, Mut und gleichermaßen Angst und Skepsis begleiten diesen Prozeß. »Wenn aber die Toleranz nur aus dem Zweifel geboren wird, dann lehre man den Zweifel an den Vorbildern und Utopien, man lehre, die Propheten des Heils und die Verkünder von Katastrophen in ihre Schranken zu weisen. Rufen wir mit unseren Wünschen die Zweifler herbei, wenn sie es vermögen, den Fanatismus zu töten.« (Raymond Aron)

* Vergleiche www.perlentaucher.de und www.signandsight.com

Ralf Dahrendorf
Freiheit – eine Definition

Freiheit ist die Abwesenheit von Zwang. Menschen sind in dem Maße frei, in dem sie ihre eigenen Entscheidungen treffen können. Im Zustand der Freiheit finden wir Verhältnisse, die Zwänge auf ein Minimum reduzieren. Das Ziel des Liberalismus bzw. der Politik der Freiheit ist, daß es unter gegebenen Beschränkungen ein Maximum an Freiheit gibt.

Der moderne Freiheitsbegriff ist durch zwei unterschiedliche Merkmale charakterisiert: Er gilt für Individuen und hat zugleich einen universellen Anspruch. Aber nur Individuen können frei sein. Es handelt sich deshalb nur um Metaphern, wenn man von einem »freien Volk« oder einem »freien Land« spricht, es sei denn, man bezieht sich explizit auf die »Verfassung der Freiheit«. Alle Individuen haben das Anrecht, frei zu sein. Aristoteles war einer der ersten Denker, der für Freiheit als politisches Ziel eintrat. Seine Unterscheidung zwischen »von Natur aus frei zu sein« und »Sklave der Natur zu sein« zeigt jedoch ein vormodernes Denken. Alle Menschen sind Wesen, die ihr eigenes Leben leben. »Das ist Freiheit, wie sie von Liberalen der modernen Welt verstanden worden ist, von den Tagen des Erasmus bis zu unseren.« (Isaiah Berlin)

Freiheit als das Fehlen von Zwang bildet den Kern des Freiheitsbegriffs, ist aber nur der Ausgangspunkt für die (politische) Freiheitstheorie. Jenseits nicht nur der sozialen, sondern auch der natürlichen Beschränkungen des menschliches Verhaltens, gehören Begrenzungen durch andere zum Leben und müssen folglich Bestandteil des Gesellschaftsvertrags sein. Insbesondere in den letzten zwei Jahrhunderten geht es daher in der Freiheitsdebatte weniger um die Idee von Freiheit als vielmehr darum, wie Freiheit in der wirklichen Welt umgesetzt wird. Dort liegen die Wurzeln von Mehrdeutigkeiten und daraus folgenden Kontroversen, deren wichtigste Aspekte im Weiteren dargestellt werden.

Die Verfassung der Freiheit

Zunächst geht es um die unvermeidlichen Begrenzungen der Freiheit in der menschlichen Gesellschaft. An welchem Punkt gerät die Freiheit einer Person mit der von anderen in Konflikt? Welche Beschränkungen der unbegrenzten Freiheit müssen daher hingenommen werden, und wie können sie für die, die Freiheit als höchsten Wert setzen, akzeptabel gestaltet werden? Auf Fragen dieser Art gründet die seit langem geführte Debatte über den »Gesellschaftsvertrag«. Seit dem 17. Jahrhundert haben Autoren innerhalb dieser Debatte sehr unterschiedliche »Naturzustände« formuliert, von Thomas Hobbes' »Krieg aller gegen alle«, den es zu zügeln gilt, bis hin zu Jean-Jacques Rousseaus arkadischen Verhältnissen, die wiederhergestellt werden müssen, indem die durch die Zivilisation entstandenen

Hindernisse abgebaut werden. (»Der Mensch wird frei geboren, aber er liegt überall in Ketten.«)

Welcher Meinung man sich auch anschließt – und natürlich sind alle »Naturzustände« Fiktionen zum Zwecke der Analyse –, klar ist, daß Freiheit in einer *Verfassung der Freiheit* (Constitution of Liberty) festgelegt werden muß. So lautet auch der Titel von Friedrich von Hayeks großem Werk zu diesem Thema. Er sieht die Verfassung der Freiheit als den Rahmenvertrag von menschlichen Gesellschaften, der die Grenzen der Freiheit festlegt. Die Verfassung kann, muß aber nicht schriftlich vorliegen, in jedem Fall muß aber in bezug auf Freiheit sichergestellt sein, daß durch sie die Zwänge auf einem akzeptablen Minimum gehalten werden.

Die Verfassung der Freiheit besteht aus zwei Teilen. Der eine ist das Recht, genauer gesagt die Herrschaft des Rechts bzw. das Prinzip der Rechtstaatlichkeit. Alle Gesetze stellen Elemente von Zwang dar und sind somit Beschränkungen der Freiheit. Ob sie annehmbar sind, läßt sich daran prüfen, ob die Beschränkungen nur nachweisbar notwendige Bereiche betreffen oder ob sie darüber hinausgehen. Diese wesentlichen Voraussetzungen werden durch den Begriff der Herrschaft des Rechts um die formale, aber entscheidende Festlegung ergänzt, daß das Gesetz die oberste Instanz darstellt. Niemand steht über dem Gesetz, das Gesetz »gehört« allen freien Bürgern.

Wo es Gesetze gibt, gibt es auch Macht. Gesetze müssen verkündet und durchgesetzt werden. Sie entstehen und existieren nicht in einem Machtvakuum. Daher ist das zweite Hauptelement der Verfassung der Freiheit die Art, wie Macht organisiert ist und, was sehr wichtig ist, wie Macht begrenzt wird. An dieser Stelle treffen sich Freiheit und Demokratie. In der Demokratie wird die Rechtmäßigkeit über die Zustimmung des Volkes oder zumindest über das Fehlen einer mehrheitlichen Ablehnung definiert. Garantiert wird das durch Institutionen wie Wahlen, Parlamente und möglicherweise Volksabstimmungen, die gewaltlose Veränderungen ermöglichen. Die Demokratie ist daher ein sinnvolles Instrument, um die für die Aufrechterhaltung der Herrschaft des Rechts nötige Macht zu beschränken.

Absolute Freiheit ist Anarchie. Eine Spur von Anarchie finden wir in allen Freiheitsbegriffen. Damit jedoch Freiheit in der wirklichen Welt effektiv sein kann, muß sie verfaßt werden. Dafür brauchen wir eine Regierung, John Locke nennt sie »civil government«, Bürgerregierung. Dann müssen wir uns fragen, wie viel Staat wir brauchen und wie er organisiert sein soll. Auf Institutionen bezogen lautet die Frage: Wie viel Zwang und Beschränkung sind gerechtfertigt? Das bringt uns wieder zurück zur Klärung der Freiheitsbegriffe.

Zwei Begriffe der Freiheit

Isaiah Berlins Essay *Two Concepts of Liberty* (Zwei Begriffe der Freiheit) – dem er in seinem Buch *Four Essays on Liberty* wichtige Ausführungen und Warnungen hinzufügte – hat die Debatte auch außerhalb der angelsächsischen Welt beeinflußt. Im Abschnitt »Negative Freiheit« liefert er eine hervorragende und durchaus originelle Zusammenfassung der Freiheitsidee bei John Locke, John Stuart Mill, Benjamin Constant und Alexis de Tocqueville. Die Abwesenheit von Zwängen bedeutet, daß es einen streng zu wahrenden »privaten« Bereich geben muß, »der unter keinen Umständen verletzt werden darf«. Er liegt prinzipiell außerhalb der Befugnisse des Staates. Jenseits dessen stimmt Berlins Definition von persönlicher Freiheit mit der vorliegenden im großen und ganzen überein.

Berlin geht noch auf einen weiteren bemerkenswerten Aspekt ein, der nur kurz genannt werden soll: »Negative Freiheit« war selten »Anlaß für einen Aufschrei der Massen. Der Wunsch, nicht beeinflußt und in Ruhe gelassen zu werden, ist ein Zeichen höchster Zivilisation von Individuen und Gemeinschaften.« Vielleicht hätte Berlin hinzufügen sollen: zu normalen Zeiten. Denn als die totalitären Systeme begannen zusammenzubrechen (wie es 1989 der Fall war), war elementare Freiheit ein Anlaß für einen gemeinsamen Aufschrei vieler.

Berlins Hauptthese ist die Unterscheidung zwischen »negativer« und »positiver« Freiheit. Verfechter der positiven Freiheit haben Berlin zufolge ein anderes Menschenbild. Für sie ist der Mensch nicht sein eigener Herr, der nur durch natürliche Grenzen beschränkt wird (z.B., daß er nicht drei Meter hoch springen kann), sondern Teil eines größeren Ganzen, eines Stammes, einer Nation, eingebunden in den Lauf der Geschichte, in den »Weltgeist«. Freiheit setzt damit voraus, daß die Menschen die Ansprüche dieser »höheren« Kräfte, also die Einsicht in ihre Notwendigkeit, akzeptieren. Berlin lehnt diesen Freiheitsbegriff ab, wie auch Karl Popper in seiner Polemik gegen Platon, Hegel und Marx in seinem Werk *The Open Society and Its enemies* (Die offene Gesellschaft und ihre Feinde). Es ist tatsächlich vorgekommen, daß durch Stammesdenken oder Historismus dieser Art die Abschaffung von Demokratie und Rechtsstaatlichkeit und die Zerstörung dessen, was Popper die »offene Gesellschaft« der Freiheit nennt, gerechtfertigt wurde.

Soziale Freiheit

Man mag bedauern, daß Berlin den von ihm bevorzugten Freiheitsbegriff als »negative Freiheit« bezeichnet. Er läßt etwas Unerwünschtes vermuten, dabei handelt es sich doch eigentlich um eben jene positive Idee, die in allen Traditionen des aufgeklärten Denkens im England des 17. Jahrhunderts, im Schottland, Frankreich und Amerika des 18. Jahrhunderts und von den großen Freiheitstheoretikern des 19. und 20. Jahrhunderts vorangebracht wurde. Besonders letztere waren noch mit einem weiteren Begriff von »positiver Freiheit« konfrontiert, der häufig mit Berlins verwechselt wird und der aus der Überzeugung entstand, daß Freiheit von Zwang nicht ausreichend ist. Um frei zu sein, braucht es mehr. Einen extremen Ausdruck fand dieser Ansatz, als Präsident Roosevelt (in die im August 1941 gemeinsam mit Winston Churchill veröffentlichte Atlantikcharta) die »Freiheit von Furcht« und »Freiheit von Not« in die Liste der Ziele für eine künftige

Friedensordnung aufnahm. Unsicherheit und Armut gelten damit als Verletzung der Freiheit.

Die Debatte darüber hält bis heute an und sorgt für heftige Auseinandersetzungen. Oft wird unter sozialen Rechten etwas verstanden, das durch Freiheit gewährleistet werden muß. Und in der Tat unterscheiden sich die Ideen der »Liberalen« (heute oft »Neoliberale« genannt) von denen der »Sozialliberalen« und »Sozialdemokraten« gerade in diesem Punkt. In internationalen Kontexten wird die Verbindung von sozialen Rechten mit Freiheit häufig von autoritären Regimen als Rechtfertigung benutzt, die damit argumentieren, daß sie zwar die Redefreiheit einschränken, dafür aber zumindest niemand arm ist. Sogar demokratische Politiker haben von der »Freiheit von Angst vor Terrorismus« als erster und wichtigster Freiheit gesprochen.

Das alles hilft uns nicht weiter und man kann gut und gerne mit Isaiah Berlin antworten: »Aber nichts ist gewonnen mit der Verwirrung der Begriffe.« »Alles ist, was es ist: Freiheit ist Freiheit, nicht Gleichheit oder Fairneß oder Gerechtigkeit oder Kultur oder menschliches Glück oder ein ruhiges Gewissen.« Zwei Verwechslungen müssen vermieden werden. Eine beruht darauf, daß Freiheit nicht der einzige Wert ist. Sie ist vielmehr als ein eher begrenzter Wert zu betrachten, und natürlich ziehen einige Menschen Werte wie soziale Sicherheit, Wohlstand oder vielleicht sogar Glück dem Wert der Freiheit vor. Die andere Verwechslung entsteht, wenn man Freiheit und die Bedingungen, unter denen Freiheit herrschen kann, nicht unterscheidet. Es ist sehr gut möglich, daß durch extreme Armut Freiheit zu einer Illusion wird (obwohl Indien zur Zeit der Durchführung von Zwangssterilisierungen ein Gegenbeispiel ist, als die Kongreßpartei unter Indira Gandhi und ihrem Sohn Sanjay trotz wirtschaftlicher und sozialer Rekordzahlen nicht wiedergewählt wurde). Freiheit in ihrem elementaren, strengen Sinn ist und bleibt aber selbst in Zeiten von Angst und in Umständen der Not ein Wert.

Freiheiten

Für wirkliche Menschen in der wirklichen Welt (also nicht für politische Philosophen) erhält Freiheit erst durch bestimmte einzelne Freiheiten eine Bedeutung. In den letzten zweihundert Jahren standen dabei besonders drei Komplexe von Freiheiten im Vordergrund.

Bei dem ersten handelt es sich um die elementare Freiheit des »freien Menschen« bzw. Bürgers. Selbst Adam Smith war der Auffassung, daß Freiheit als das Ende der Unterdrückung und der Sklaverei zu definieren und großzuschreiben sei. Das Ende der Sklaverei war sicherlich ein großer Fortschritt in der Geschichte der Freiheit. Andere Formen der Abhängigkeit folgten, manche bestehen jedoch in vielen Teilen der Welt bis zum heutigen Tage fort. Zudem wäre es falsch, davon auszugehen, daß die Abschaffung der physischen Abhängigkeit ein für allemal durchgesetzt ist. Durch Massenmigration entstanden neue Arten von Unfreiheit, insbesondere in Form von Zwangsarbeit einschließlich der Semi-Versklavung von Frauen. Durch solche Formen von Zwang verliert der einzelne den

Status einer zu eigenen Entscheidungen fähigen Person und damit seine Freiheit.

Ein zweiter Komplex von Freiheiten betraf (und betrifft auch weiterhin) die wirtschaftliche Betätigung. Geschichtlich gesehen ging es dabei um die Aufhebung von Regeln, die der unternehmerischen Freiheit entgegenstanden, um die Möglichkeit, Eigentum zu erwerben, und später zunehmend um die Schaffung von Rahmenbedingungen für den »freien Handel«. Für solche Freiheiten wurde gekämpft, sie wurden erlangt, von einigen mißbraucht, im Zuge politischer Maßnahmen eingeschränkt, dann wurde in neuer Form um sie gekämpft. Das Mantra und die Wirklichkeit des freien Handels sprechen für sich. Am Ende des 20. Jahrhunderts hat die Globalisierung dazu geführt, daß die Spielregeln der wirtschaftlichen Freiheiten neu geschrieben werden mußten, oder daß zumindest ein Großteil des alten Regelwerks im Reißwolf landete. Zum »neoliberalen« Credo gehört der Versuch, die Entscheidungsmöglichkeiten einzelner wirtschaftlicher Akteure durch eine Reduzierung der Regeln, denen sie unterworfen sind, auszuweiten. Die Marktwirtschaft mit ihren umfangreichen Freiheiten wird vielfach kritisiert, es ist aber gleichzeitig weithin anerkannt, daß sie die wirksamsten Rahmenbedingungen zur Förderung des Wohlstands bietet.

Seit den dunklen Tagen des Totalitarismus im 20. Jahrhundert hat ein dritter Komplex von Freiheiten immer größere Bedeutung erlangt. Er geht auf John Stuart Mill und seine Vorgänger zurück und kann mit dem umfassenden Begriff der Presse- und Meinungsfreiheit umschrieben werden. Darunter fallen Redefreiheit, Meinungsfreiheit, Religions- und Glaubensfreiheit, Freiheit der Veröffentlichung und anderer Arten der Verbreitung von Ansichten, Freiheit der Künste, Freiheit der Wissenschaften und auch die Vereinigungsfreiheit. Viele Autoren haben aufgezeigt, daß es sich bei diesen Freiheiten keineswegs um den Luxus einer kleinen intellektuellen Elite handelt. Sie bilden das Fundament der politischen Verfassung der Freiheit. (Nicht zufällig hat Präsident Gorbatschow sein Programm zur Liberalisierung der Sowjetunion mit der Einführung von *Glasnost*, also der Presse- und Meinungsfreiheit, begonnen). Diese Freiheiten garantieren in gut funktionierenden (sozialen) Marktwirtschaften die Verbreitung von Informationen, wie sozialliberale Nachfolger von John Stuart Mill gezeigt haben. Sie haben sogar unmittelbare soziale Folgen, schließt man sich der Argumentation von Amartya Sen in seinem Essay *Poverty and Famines* (Armut und Hungersnöte) an, laut der Hungerkatastrophen dort weniger wahrscheinlich sind und Armut wirksamer bekämpft wird, wo Presse- und Meinungsfreiheit herrscht. Und natürlich ist die Presse-und Meinungsfreiheit das Lebenselixier der Bürgergesellschaft. Aus diesen Gründen wird sie zu Recht als das Herzstück des praktischen Strebens nach Freiheit betrachtet.

Freiheit und …

Freiheit ist, wie wir in Übereinstimmung mit Isaiah Berlin festgestellt haben, nicht der einzige Wert. Teil des menschlichen Dilemmas ist, daß wir gezwungen sind, mit einer

Vielzahl von oft widersprüchlichen Werten zu leben. Zu versuchen, diese Tatsache durch die Ausweitung des Freiheitsbegriffs zu verschleiern oder Unvereinbares miteinander in Einklang zu bringen, hilft wenig. Wir müssen akzeptieren, daß es mehr als nur einen Wert gibt und daß Werte in Widerspruch zueinander stehen können. Zwei Beispiele sind dabei im Zusammenhang mit Freiheit von besonderer Bedeutung.

Bei dem einen geht es um das Verhältnis zwischen Freiheit und Gleichheit. Beide Begriffe tauchen – zusammen mit einem dritten, der Brüderlichkeit – in dem berühmten Programm der Französischen Revolution auf. Von ihnen wird oft behauptet, sie ergänzten einander, oder sogar, sie seien identisch. Doch obwohl das universelle Wesen der Freiheit gleiche Rechte für alle Bürger impliziert, hat die staatsbürgerliche Gleichheit für einige Menschen (wenn nicht gar für alle) zur Folge, daß sie bestimmte Freiheiten opfern müssen. Allgemeiner gefaßt heißt das, daß Freiheit und Gleichheit zu unterschiedlichen politischen Ansätzen führen. So kann der ungleiche Status von Menschen, soweit er nicht durch Privilegien begründet wurde, sehr wohl mit Freiheit einhergehen. Eine solche Ungleichheit kann sogar ein Ausdruck von Freiheit sein. Soll Gleichheit als Wert dominieren, muß immer ein Stück Freiheit geopfert werden. Es mag Zeiten geben, in denen die Freiheitspartei und die Gleichheitspartei eine Koalition bilden, doch wenn sie fusionieren, entsteht ein hybrides Gebilde, das vornehmlich Verwirrung stiftet. In der wirklichen Welt der Politik mag das zu verkraften sein, in der Welt der Gedanken und Ideen muß es jedoch geklärt werden.

Eine komplexe Beziehung besteht auch zwischen Freiheit und Verantwortung. Freiheit ist nicht bloß ein Zustand, eine feststehende Situation, sondern setzt ein bestimmtes Verhalten voraus. Männer und Frauen müssen auf eine bestimmte Weise tätig werden, um das Überleben der Freiheit zu sichern; zumindest in diesem Sinne müssen sie verantwortlich handeln. Freiheit überlebt nur als tätige Freiheit. Das ist eine relativ neue Erkenntnis. Die meisten Freiheitstheoretiker sind davon ausgegangen, daß die Menschen von sich aus nach Freiheit streben. Sie haben nicht mit der Apathie der Menschen gerechnet. Doch wenn stabile Zustände über lange Zeiträume hinweg andauern, tendieren gesellschaftspolitische (wie auch wirtschaftliche) Zustände dazu, starr zu werden. Die Bürger beteiligen sich dann immer weniger an der Gesellschaft. Mancur Olson hat diesen Zustand in seinem *Aufstieg und Niedergang von Nationen* (Rise and Decline of Nations) vorhergesehen.

Olson war auch ein Verfechter drastischer Mittel wie Krieg und Revolution, um diesem Zustand abzuhelfen. Ein verantwortungsbewußter Umgang mit der Freiheit kann jedoch dazu beitragen, solche extremen Ereignisse zu vermeiden. Er sollte auf der Erkenntnis basieren, daß Freiheit eine bürgerliche Errungenschaft und nicht etwa ein natürlicher Zustand ist. Freiheit muß gestaltet und durch die Tätigkeit aufgeklärter Menschen am Leben erhalten werden. Wenn das aktive Streben nach Freiheit nachläßt, ist sie in Gefahr.

Gefahren für die Freiheit in unserer Zeit

Der Kampf um Freiheit gehört seit den Tagen des Erasmus, wenn nicht schon früher, zur modernen Geschichte. Zu Beginn des 20. Jahrhunderts schien er schon fast gewonnen, doch dann tauchten neue Gefahren für die Freiheit auf. Die größte von ihnen war der Totalitarismus, der in den zwei Gewändern des Kommunismus und des Faschismus auftrat. Der erste zeigte im Stalinismus, der Regentschaft Stalins über das Sowjetreich, seine extremste Gestalt, der zweite im Nationalsozialismus unter Hitlers Herrschaft über Deutschland und große Teile Europas. Führerschaft, Ideologie und Mobilisierung sind die Kennzeichen des Totalitarismus, und alle drei stehen in eklatantem Widerspruch zur Freiheit. Die entsprechenden Regime waren mörderisch. Man kann sagen, sie haben den Krieg gebraucht. Auch mündeten sie in Katastrophen, konnten also nicht von Dauer sein. Die zu Beginn noch kleinen Gruppen von Verteidigern der Freiheit, denen Kräfte von außen zu Hilfe kamen, die sich diesem Wert verpflichtet hatten, obsiegten letztlich. Die Jahreszahlen 1945 und 1989 sind Meilensteine auf dem Weg zur Freiheit.

Die Frage, ob der Totalitarismus zurückkehren kann, bleibt offen. Sicherlich gab es und gibt es noch immer in vielen Teilen der Welt üble Diktaturen. Einige Intellektuelle sind der Meinung, der militante Islamismus berge die Gefahr eines neuen, »dritten« Totalitarismus in sich. Vielleicht handelt es sich dabei aber auch nur um eine Verteidigungshaltung von Verlierern der Moderne mit großem Störpotential, doch ohne Zukunft.

Eine weit größere Gefahr für die Freiheit im 21. Jahrhundert ist wohl der Autoritarismus, d.h. das Zusammenwirken der Herrschaft einer kleinen Gruppe – einer Nomenklatura, einer Bürokratie – und der Apathie der großen Masse. Autoritarismus kann ohne weiteres mit wirtschaftlichem Wohlstand einhergehen, wie das in Teilen Südostasiens der Fall ist. Auch kann er sich in kleinen, fast unmerklichen Schritten entwickeln (»schleichender Autoritarismus«). Der Kampf gegen den Terrorismus hat solche Tendenzen selbst in den alten Demokratien begünstigt. Die Machtausweitung der Exekutive geht hier mit einer Einschränkung der Bürgerrechte und rückläufiger politischer Beteiligung einher. Freiheit wird zum Anliegen einer Minderheit, die Verteidiger der Freiheit geraten unter Beschuß.

Vielleicht sollte man solche Tendenzen nicht überbewerten. Sie dienen uns jedoch als Mahnung dafür, daß Freiheit dem Menschen weder von Natur aus gegeben noch ewig ist, wenn sie einmal gewonnen wurde. Der Kampf für die Lebenschancen des einzelnen gegen die Beschränkungen durch andere ist nie zu Ende.

Aus dem Englischen von Friederike Meltendorf

Wolfgang Sofsky
Das Prinzip Freiheit

Auf der Überfahrt sperrte man die Kreatur in einen Verschlag, zu niedrig zum Aufrichten, zu schmal zum Niedersitzen. Mit eingebogenen Knien hockte sie im Dunkeln. Gitterstäbe schnitten ihr ins Fleisch, die Lücke zwischen den Brettern reichte nicht einmal, um den Schwanz hindurchzustrecken. Das neue Leben begann ohne Ausweg. Dumpf klopfte der Schädel an die Kistenwand, im Halbschlaf waren nur das Hämmern der Maschinen und die schweren Schritte auf den Planken zu hören.

Ein Ausweg öffnet nur einen schmalen Spalt. Irgendwo, rechts, links, vorn oder hinten geht es hinaus. Er ist die einzige Chance zum Entkommen. Doch endete die Ausflucht in einem neuen Käfig. Der Affe ahmte die Menschen nach, aber deren Blick schien ohne Leben. Ihre Gesichter glichen sich, ihre Gesten, Bewegungen, Gedanken. Alle hockten sie im Verlies ihrer selbst. Unter dem Joch der menschlichen Zivilisation mußte sich der Affe jeden Eigensinn verkneifen. Je mehr er sich seinen Herren anverwandelte, desto weiter entfernte er sich von der alten Freiheit. Nur an der Ferse kitzelte es ihn manchmal, dort, wo ein kühler Luftzug ihn an die tödliche Gefahr der Freiheit erinnerte.

* * *

Es gibt einen leiblichen Impuls, dem jede Macht zuwider ist. Franz Kafkas »Bericht für eine Akademie« erinnert an die Herkunft dieses Instinktes in der Anatomie des Affen. Der Freiheitsdrang sucht mehr als einen Ausweg aus der geknebelten Existenz. Zwar fürchtet der Mensch häufig die haltlose Freiheit nach allen Seiten, die bodenlose Behendigkeit des Springens, Tobens und Schwebens, da alle Lasten abgeschüttelt sind. Im Rausch der Freiheit ist er nicht mehr er selbst. Seine körperliche Doppelexistenz, seine Selbstdistanz ist aufgehoben. Er ist nur noch Leib in Bewegung. Aber diese Verlockung läßt ihn nicht mehr los. Immer wieder bricht sie sich Bahn, im ungestümen Drang, Gepäck abzuwerfen, Mauern zu schleifen, Gitterzäune einzureißen, sich tanzend in den Lüften zu verlieren. Nicht auf Ankunft ist dieser Impuls aus, sondern auf die Überwindung des Selbst, auf die Entgrenzung der Existenz. Im Zustand der Autonomie möchte sich der Mensch nach allen Seiten wenden können. Hindernisse räumt er beiseite, Hemmungen durchstößt er. Ohne klare Sicht und kühle Luft kann er nicht mehr atmen. Und ohne die Lust der Bewegung fühlt er sich eingepfercht im Kerker seiner selbst.

Nicht umsonst beginnt die Modellierung der Kreatur mit der Beschneidung ihrer Freizügigkeit. Das Kind wird von sicherer Hand im Zaum gehalten, in ein Korsett oder einen Laufstall gesteckt, von ferne mit Worten gerufen, mit Befehlen, welche die Barrieren des Verbots errichten. Die soziale Entwicklung des Gattungswesens beginnt nicht im Zustand ursprünglicher Freiheit. Sie beginnt in Ohnmacht und Hilflosigkeit. Aber sobald sich die ersten Kräfte regen, wird der Bewegungsdrang sofort gezügelt. Seitdem dürfen Menschen nicht mehr gehen, wohin sie wollen.

Verpflichtungen binden sie an ihren sozialen Kreis, Verkehrsregeln kanalisieren ihre Bewegungen, Mauern und Schlagbäume halten sie auf den Territorien der Macht.

Hin und wieder, in seltenen Momenten der Emanzipation lebt die Erfahrung der großen Freiheit wieder auf. Es sind die Augenblicke der biographischen Verwandlung und der politischen Revolution. Der Jüngling, welcher der Familie, dem Dorf, dem Land den Rücken kehrt und sich aufmacht zu den Abenteuern der Welt; die junge Frau, welche die Stadt verläßt, Kleidung, Gedanken und Gefühle wechselt und sich auf einmal frei weiß von dem dumpfen Ehrenregime ihrer Sippe; der treusorgende Ehegatte, der morgens das Haus mit all seiner leidlichen Ordnung verläßt, um nie mehr wiederzukehren, und auf einmal den Albdruck auf der Brust vergessen hat; schließlich die Angestellte, die ihrem Chef die Kündigung vor die Füße wirft, grußlos auf dem Absatz kehrtmacht und geht – sie alle erleben den biographischen Einschnitt als einen physischen Akt der Befreiung. Sie gehen fort, ohne irgendwo anzukommen. Sie entledigen sich der alten Bürde, ohne zu wissen, was sie erwartet. Es ist eine große Erleichterung. Der Atem reicht tiefer, die Beklemmung löst sich, die Muskeln entspannen sich, frei schweift der Blick umher.

Es ist nur die Kehrseite der Physiologie der Freiheit, daß sich auch die Unfreiheit in Körpergefühlen eingenistet hat. Zwang sitzt den Menschen in Knochen und Gewebe, er bestimmt ihre Haltungen, Gebärden, ihre Stimme. Die Schultern sind hochgezogen, Bauch und Brustkorb eingeengt, Spannungen wandern über den ganzen Körper, der Nacken drückt sich nach vorn, der Blick ist gesenkt. Zentnergewichte scheinen auf den Schultern zu lasten, die Beine schleppen sich mühsam voran, unaufhörlich kreisen die Gedanken in denselben Bahnen. Gesten der Unterwerfung sind der Spezies längst in Fleisch und Blut übergegangen. Vor der Macht beugen die Menschen das Haupt, falten die Hände, sinken auf die Knie, werfen sich zu Boden, um im letzten Augenblick Gnade zu erflehen. Taucht der Machthaber auf, ducken sie sich ab oder springen beiseite. Um Schuld und Strafe zu entgehen, ziehen sie sich in sich zusammen. Klein, unsichtbar möchten sie sich machen. Unfreiheit bricht den Menschen das Rückgrat. Der Stolz der Folgsamen ist nur ein notdürftiges Stützkorsett. Mit der Zeit verstummen die Hörigen. Sie haben nichts mehr zu sagen. Verstockt folgen sie allen Weisungen.

All dessen sind die Menschen ledig in den lauten Stunden der Anarchie, wenn die Mauer niedergerissen, das Gefängnis gestürmt, die Statuen des alten Regimes gestürzt werden. Jubel bricht aus, Begeisterung, eine unbändige Freude. Die Menge begnügt sich nicht mehr mit alten Versprechen und Verheißungen. Mit Zusagen im letzten Augenblick ist sie nicht mehr zu beschwichtigen. Sie will ihre animalische Leidenschaft selbst erleben. Endlich sind die Ketten des alten Regimes gesprengt. Seine Drohung ist aufgehoben, die Angst verflogen. Keinen Herrn wollen die Menschen mehr über sich dulden. Die Insignien der Macht werden zerstört, die Zwingburgen geschleift, die Helfershelfer gelyncht. Im Fest der Freiheit überschreiten die Untertanen die alten Grenzen. Türen werden eingetreten, Kornspeicher gehen in Flammen auf, Riten und Zeremonien werden achtlos gestrichen. Nichts soll den Siegeszug der Freiheit aufhalten. Lange waren die Auswege versperrt, und nun öffnet sich plötzlich die ganze Welt.

Was der einzelne als Erweiterung seiner selbst erlebt, das genießt die Menge als eine ungeheure Machtfülle, die auf einmal alle Hindernisse niederzuwalzen vermag.

* * *

Freiheit ist stets Freiheit von etwas. Sie ist ganz und gar negativ. Freiheit bedeutet Abwesenheit von Ketten und Käfigen, von Knechtschaft, von Zwang und Bevormundung, von Angst und Gewalt. Sie wird verteidigt, indem man Verschläge aufsprengt, Übergriffen trotzt, fremder Einmischung Schranken setzt. Weil Menschen verletzbar sind, können sie einander stets gefährlich werden. In der physischen Konstitution des Menschen findet die Freiheit daher ihren letzten Grund. Der eine versucht, den anderen beiseite zu drängen, zu unterwerfen, seine Bewegungen einzuschränken, seine Gefühle, Gedanken und Gesten zu lenken, sich seines Leibs und seines Verstandes zu bemächtigen. In jeder Gesellschaft ist der einzelne bedroht von Übergriffen anderer. Er muß seinen Platz in der Welt behaupten. Neid, Haß und Niedertracht gehören ebenso zur Grundausstattung des Gattungswesens wie die Fähigkeit zu Liebe, Großmut oder Freundschaft. Die Menschen können voneinander nicht lassen, aber wohl leiden können sie einander auch nicht. Ein Wesen von ungeselliger Geselligkeit ist der Homo sapiens. Getrieben von Habsucht, Herrschsucht oder Ehrsucht will er sich unter seinesgleichen hervortun und fremdes Terrain erobern. Gegen fremde Mächte schützt ihn seine Freiheit. Sie setzt ein Bollwerk gegen Eindringlinge, und sie bewahrt vor den Käfigen der Zivilisation.

Freiheit beginnt nicht im sozialen Vakuum, wenn alle Hindernisse beseitigt sind. Niemals ist die Freiheit bedingungslos, denn der Mensch existiert nur »in Situationen«. Aber nicht jede Bedingung kommt einer Freiheitsbeschränkung gleich. In offenen sozialen Situationen, deren Themen und Relevanzen nicht festgelegt sind, können sich Gedanken, Sinne und Aktivitäten frei bewegen. Nicht jede Norm oder Regel grenzt die Freiheit ein. Nur Verbote und Gebote limitieren die Möglichkeiten, Erlaubnisse nicht. Oft stellt erst die Situation die Mittel und Werkzeuge zur Verfügung, die freie Aktionen gestatten. Ohne Rad kein rascher Ortswechsel, ohne Sprache keine freien Gedanken, ohne Maske keine Verwandlung und ohne Takt nicht der Rhythmus des Bewegungsrauschs.

Freiheit bietet Chancen. Doch ist die Freiheit nicht zu verwechseln mit den Bedingungen ihrer Ausübung. Ein Mensch, welcher durch innere Zwänge daran gehindert ist, frei zu agieren, ist zweifellos ebenso unfrei wie jemand, dessen Leib Eigentum eines Herrn ist. Innere und äußere Umstände können verhindern, daß jemand sein eigenes Leben führen kann. Von dieser Unfreiheit zu unterscheiden sind alle Bedingungen, welche Menschen beim Ausnutzen ihrer Chancen behindern. Fehlende Bildung, ärmliche Lebensverhältnisse, kollektive Gewohnheiten oder die Todsünde der Trägheit mögen den Gebrauch der Freiheit beeinträchtigen, nicht aber die Freiheit selbst. Die Erfüllung materieller Bedürfnisse, Bildung, sozialer Ausgleich, Sicherheit oder moralische Vervollkommnung haben mit einer Erweiterung der Freiheit nichts zu tun.

Es gehört zum angestammten Recht eines jeden, von seiner Freiheit keinen Gebrauch zu machen. Ungenutzte

Freiheiten sind nicht dasselbe wie fehlende Voraussetzungen für die Nutzung der Freiheit. Niemand ist dazu verpflichtet, die Freiheit, welche sich ihm bietet, tatsächlich zu nutzen. Niemand ist gehalten, sich selbstkritisch seiner Wünsche und Handlungen zu versichern. Niemand ist dazu verurteilt, seinen Begabungen zu folgen, sich selbst zu verwirklichen, über sich nachzudenken oder gar ein besserer Mensch zu werden. In einer freien Gesellschaft muß sich niemand für politische Angelegenheiten interessieren, sich an Wahlen beteiligen, mit anderen Menschen Freundschaften pflegen oder Eigentum anhäufen. Er kann seinen Besitz verkaufen oder vermehren, verschenken oder verprassen. Das Freiheitsprinzip fordert lediglich, daß niemand dazu gezwungen werden darf, seine Stimme abzugeben, für andere zu arbeiten, Freundlichkeiten auszutauschen oder sein Vermögen zu teilen. Bildungs-, Militär- oder Steuerpflichten widersprechen dem Prinzip der Freiheit von vornherein, auch wenn die Klugheit dem einzelnen mitunter gebietet, seinen Verstand zu schulen und seinen bürgerlichen Verpflichtungen nachzukommen, um sich vor weiteren Übergriffen zu schützen und seine letzten Freiheiten zu retten.

Freiheit garantiert keine Tugend, aber sie ist die unabdingbare Voraussetzung aller Tugend. Nur wer in einer offenen Situation eine Entscheidung treffen kann, vermag überhaupt Verantwortung zu zeigen und sich als tugendhaft zu erweisen. Wer lediglich Vorschriften um ihrer selbst willen befolgt, beweist nichts als Konformismus. Die besorgte Frage, wozu die Freiheit denn verwendet werde, zeugt von Kleinmut. Das Erstaunen über die banalen Vorlieben freier Gemüter beruht auf der Verwechslung von

Freiheit und Moral. Freiheit, die nicht mißbraucht werden kann, ist keine. Freiheit schließt nicht die Pflicht ein, Gutes zu tun. Sie eröffnet die Chance, Böses zu tun – und dafür die Konsequenzen zu tragen. Untaten sind nicht das Ergebnis der Freiheit, sie sind ihr Beweis. So ist Freiheit stets ein riskanter Gewinn. Sie zerstört Sicherheiten und verlangt Mut und Initiative. Sie spornt zu Experimenten an, toleriert Dummheiten und Bosheiten, und sie fördert Konkurrenz und Rivalität. Wo die Freiheit regiert, müssen die Menschen ihr Leben in eigener Regie führen und für ihr Tun selbst einstehen.

Freiheit betrifft keineswegs nur die äußeren Lebensbedingungen. Sie fordert auch die Abwesenheit innerer Zwänge. Dennoch läßt sie sich mitnichten auf einen mentalen Zustand reduzieren. Der Rückzug in die Innerlichkeit verhindert häufig die Verteidigung äußerer Freiheit. Sind die Handlungschancen begrenzt, wird nur zu gern die Freiheit des Willens und der guten Gesinnung bemüht. Mit dem Rückzug in die innere Zitadelle ist jedoch kein Millimeter Freiheit gewonnen. Der Appell an die Bescheidenheit fördert nur die Anpassung an die Notwendigkeit. Die Empfehlung, man solle lernen, nur das zu wollen, was man bekommen könne, und freiwillig auf alles verzichten, was nicht zu erhalten sei, verleiht der Unfreiheit falsche Weihen. Zwar verlangt Freiheit auch Abstand zu fixen Ideen, zu gierigen Wünschen und wilden Leidenschaften, aber die innere Freiheit von blinden Triebkräften ersetzt keine einzige soziale oder politische Freiheit. Askese gehört zu den biographischen Chancen in einer freien Gesellschaft. Doch bietet sie keinen Ausweg aus den Käfigen sozialen Zwangs.

Freiheiten können einander widersprechen und untergraben. Die Verfügungsfreiheit des Sklavenbesitzers steht in krassem Gegensatz zur Freiheit des Menschen von Zwangsarbeit und Ausbeutung. Die Freiheit von Eltern oder Lehrern, über die Erziehung von Kindern zu befinden, widerspricht nicht selten der Freiheit der Kinder vor willkürlicher Bevormundung, Demütigung, seelischer Erpressung oder Mißhandlung. Die Freiheit einer Gesellschaft kann von einzelnen das größte Opfer verlangen, das Menschen darbringen können: die eigene Unversehrtheit und das eigene Leben. Freiheit garantiert keine Selbsterhaltung und beseitigt nicht die Dilemmata der politischen Wirklichkeit. Sie garantiert weder Wohlstand noch Sicherheit. Allerdings begründet sie den entschiedenen Kampf gegen alle Übel, welche dem Freiheitsprinzip widersprechen. Der Kampf gegen Ausbeutung und Unterdrückung ist ein Kampf für die Freiheit, nicht für Gleichheit oder Gerechtigkeit.

* * *

Freiheit schützt vor der Freiheit der anderen. Sie errichtet ein Bollwerk gegen Übergriffe. Der Kern aller sozialen Freiheit ist der Abstand des Individuums zur sozialen Situation. Nur mit Distanz kann es sich fremder Zumutungen und Aufdringlichkeiten erwehren. Indem es sich die anderen vom Leibe hält, bringt es sich selbst in Sicherheit. Das Bestreben, andere auf Abstand zu halten, ist seit je ein Zeichen freier Kultur. Zivilisation ist kein Privileg der Moderne. Wie zivilisiert eine Gesellschaft ist, zeigt sich daran, inwiefern die Menschen einander in Ruhe lassen und einander vor Zumutungen bewahren. Wie zivilisiert ein Individuum ist, erweist sich an dem Abstand, das es zu sich und seinen willkürlichen Regungen hat. Um der Freiheit willen unterliegt der Mensch der Notwendigkeit, sich sein Gesetz selber geben und sich in selbst geschmiedete Ketten legen zu müssen. Wer sich selbst eher fern steht, ist auch davor gefeit, anderen allzu nahe zu treten.

Im sozialen Alltag sorgt die Abwehr fremder Erwartungen für den Erhalt der Freiheit. Rollendistanz bewahrt das Bild, welches die Person von sich selbst hat. Indem sie der Rolle eine eigene Kontur verleiht, unklare Situationen mit eigenen Leistungen ausfüllt und dem Zwang der Pflichten widersteht, vermag sie den situativen Oppressionen zu entrinnen. Mit zunehmender Identifizierung mit der Rolle hört nicht nur der Spaß, sondern auch die Freiheit auf. Distanz zeigt man durch Überbetonung der Rollenvorschriften, durch abrupte Wechsel in andere Rollen, durch Scherz, Satire, Ironie, schließlich durch den Rückzug in die Phantasie. Man läßt den anderen reden und denkt sich seinen Teil. Augenzwinkernd tut man, was gefordert ist, drosselt das Tempo oder führt durch ironische Botmäßigkeit die Aufführung ad absurdum. Vor Dritten verulkt man die Anforderungen, verrichtet alles getreulich nach Vorschrift und demonstriert so seine Reserve. Rollendistanz rettet die Freiheit innerhalb des Rollenspiels. Das Skript wird nicht brüsk zurückgewiesen, sondern mit sichtbarem Abstand befolgt, halb mürrisch, halb lächelnd, ohne Anzeichen inneren Engagements. So kann man das soziale Spiel mitspielen, ohne sich in Konformismus zu verlieren.

Vor dem Gehäuse der Organisationen schützt die Freiwilligkeit der Mitgliedschaft. Dies gilt für Ehe und Familie, Betriebe und Behörden, Vereine und Verbände, Parteien, Gewerkschaften oder Versicherungen gleichermaßen. Eine Heirat wider Willen, Zwangsmitgliedschaft in Berufsverbänden, Staatsparteien, Dorfvereinen oder Jugendgruppen, all diese institutionellen Käfige lassen dem Individuum kaum einen Ausweg. Wer seine Existenz nicht riskieren will, kann sich oft nur unter hohen Sanktionskosten verweigern. Nicht umsonst ist der Freiheitsentzug durch Zwangseinweisung in Erziehungsheime, Arbeitshäuser, Gefängnisse oder Heilanstalten eine der schärfsten Strafen, welche die Gesellschaft über ein Individuum verhängen kann.

Aber schon vor den totalen Institutionen gibt es Einrichtungen der Freiheitsbeschränkung. Kein Kind kann sich seine Familie selbst aussuchen, und nicht wenige verbringen ihr restliches Leben damit, die Fesseln ihrer Familie abzustreifen. Kein Jugendlicher ist von der Schulpflicht ausgenommen, kein Jüngling vom Dienst in der Armee oder einem Ersatzdienst. Der Raub freier Lebenszeit ist ein Grundelement organisierter Gesellschaften. Monopolverbände verbieten die Interessenvertretung nach eigener Wahl, Monopolanbieter für Arbeitsplätze, Wohnungen, Energie oder Medikamente nutzen die Abhängigkeit für Preisdiktate. Der Mitgliedschaft in der größten Institution der Gegenwart, dem modernen Staat, kann man nur entkommen, indem man seinen Bürgerstatus aufgibt und staatenlos umherirrt.

* * *

Den sichersten Schutz vor den Zwängen der Rollen, Kollektive und Institutionen bietet die Privatheit. Sie ist die Festung der persönlichen Freiheit. Unbefugten ist der Zutritt verwehrt. Das Private umfaßt, was nicht offenkundig ist, was nicht für anderer Augen, Ohren und Hände bestimmt ist, was nicht mit anderen geteilt wird und ihnen nicht zugänglich ist. Diese Rückzugszone bewahrt sowohl vor der Zudringlichkeit der Gesellschaft als auch vor den Eingriffen des Staates. Sie sichert Selbständigkeit und Selbstbestimmung. Unerbetene Eingriffe in die eigene Lebensführung prallen an den Bastionen ab. Der Zugang zu persönlichen Informationen ist ebenso versperrt wie der Zutritt zu den Räumen der Intimität. Die Mauern des Privaten werden verteidigt, indem man seine Geheimnisse wahrt, fremder Einmischung einen Riegel vorschiebt, ein Glacis der Distanz planiert. Das private Individuum legt Wert auf angemessene Entfernung. Seine Entscheidungen trifft es in eigener Verantwortung. Dem Konformismus der Mehrheit mißtraut es ebenso wie den leeren Versprechen der Obrigkeit.

Nur wenn private Angelegenheiten den Menschen selbst überlassen bleiben, kann sich eine Vielfalt von Lebensformen entwickeln, die einer Gesellschaft Farbe und Dynamik verleihen. Soziale Mannigfaltigkeit schwindet mit dem Grad der äußeren Einmischung. Meinungsdruck gleicht die Haltungen und Vorstellungen der Menschen einander an. Vorschriften unterdrücken die freie Selbsttätigkeit. Fremde Belehrung, fremde Leitung, fremde Hilfe nehmen dem einzelnen den Ansporn, selbst auf Auswege zu sinnen und die eigenen Kräfte einzusetzen. Jede Freiheitsbeschränkung dämpft die Energie des Handelns und raubt den Menschen die Chance, den Enthusiasmus eigener Leistung für sich zu verbuchen. Was nicht von dem Menschen selbst gewählt, worin er eingeschränkt und geleitet wird, das geht nicht ein in sein Selbstbewußtsein. Es bleibt ihm fremd. Für soziale Vielfalt und persönliches Wachstum ist die freie Selbsttätigkeit gleichermaßen unabdingbar.

Wie jede Freiheit garantiert auch die Privatheit nicht das moralisch Gute. Die persönlichen Vorlieben und Entschlüsse der Menschen sind selten wertvoll, tugendhaft, edel oder schön. Doch solange niemand geschädigt oder seiner Freiheit beraubt wird, bleiben die privaten Angelegenheiten tabu. Was den Privatmann angeht, geht niemanden sonst etwas an. Privatheit ist – wie die Freiheit – ein Wert, den Menschen um seiner selbst willen schätzen. Sie ist kein Mittel zum Zweck, sondern Selbstzweck. Es wäre eine unzulässige Einschränkung, wollte man die private Freiheit nur gnädig zugestehen, wenn Menschen vermeintlich höheren Werten nachstrebten. Wer nichts aus sich macht, verdient ebenso private Freiheit wie derjenige, der die Gelegenheit zur Vervollkommnung seiner selbst zielstrebig ergreift.

Die Angriffe auf die private Freiheit sind zahllos. Das Heer der Eindringlinge reicht von neugierigen Nachbarn, selbsternannten Moralpredigern, ehrgeizigen Meinungsmachern und Gesinnungspädagogen über Steuereintreiber, Spitzel und Kontrolleure bis zu den Wachposten der Fürsorge. Sie alle verstoßen gegen das Freiheitsrecht des einzelnen, in Ruhe gelassen zu werden.

Der ärgste Feind des Privaten ist die soziale Verdichtung. Sie ergibt sich aus dem Integrationsgrad der Gesellschaft. Wo jeder jeden kennt, ist Privatheit kaum zu wahren. Je lückenhafter hingegen das soziale Geflecht, desto größer die Freiheit des Individuums. Solange Menschen in geschlossenen Gruppen mit starken Bindungen leben, zahlen sie für ihre Vertrautheit mit dem Verlust der Freiheit. Ein Wechsel des sozialen Kreises scheint unmöglich. Vollständige Integration heißt, in sozialen Ketten zu liegen. Nichts bleibt der Aufmerksamkeit der Nachbarn, der Sippe, der Gemeinschaft verborgen. Alles Private ist öffentlich. Erst wenn sich die Abstände vergrößern und die Mobilität zunimmt, steigen auch die Freiheiten. Flüchtige Begegnungen unter Fremden ersparen dem einzelnen aufwendige Darstellungen seiner selbst. Seine Persönlichkeit ist nicht gefragt, sein sozialer Status ohne Belang, sein Rang nicht einmal erkennbar.

Der natürliche Ort der modernen Privatsphäre ist die große Stadt. Sie bietet den Marktplatz für Güter und Eitelkeiten. Hier zählen nicht die Individuen, sondern die Käufer der Dinge und die Verkäufer ihrer selbst. Beim Tausch der Werte muß keiner den anderen kennen, aber jeder kann mit dem anderen in Kontakt treten. Die Tauschakte sind flüchtig, die Begegnungen willkürlich, denn mit dem Geld in der Tasche ist man frei. Anonymität hat sich schon immer als Schutz der Freiheit bewährt.

Es gehört zu den Paradoxa sozialer Freiheit, daß sie fortwährend erstritten werden muß. Man wird die anderen nicht los, ohne gegen sie vorzugehen. Angesichts der Attacken von Staat und Gesellschaft sind Sperriegel und Gräben zu errichten. Rechtliche Garantien zählen wenig, wenn andere sie nicht akzeptieren. Geheimnisse müssen gegen Neugier, Reviere gegen Eindringlinge gesichert werden.

Die Grenzwälle der Freiheit sind kein Ort friedlicher Eintracht. In einer freien Gesellschaft herrscht keine freudetrunkene Brüderlichkeit. Der Schutz der Freiheit ist eine fortwährende Aufgabe. Denn die Freiheit des einen endet, wo jene des anderen beginnt. Jedem ist es aufgegeben, seine Freiheit selbst zu verteidigen. Dies verlangt Courage und Entschiedenheit. Daß sich die Subjekte ins Gehege kommen, ist unvermeidlich. Der Streit aber wehrt den Übergriff ab und begrenzt expansive Gelüste durch Widerspruch und Widerstand. Er entspricht der natürlichen Gabe des Menschen, zu den Zumutungen anderer Nein sagen zu können. Der Zwist klärt die Fronten und fördert Intelligenz, Mut und Kreativität. Der Dämmerzustand der Unentschiedenheit vergeht augenblicklich, wenn der Streit beginnt. So ist die freie Gesellschaft ein unruhiges Terrain voller Kollisionen, Reibungsflächen, Animositäten, Feindseligkeiten. Zuletzt aber bindet der Konflikt die Menschen stärker aneinander als jeder verbale Konsens. Und er sichert die Pufferzonen, welche die Menschen einander ertragen lassen. Solange der Streit ohne physische Gewalt auskommt, erspart er die autoritative Intervention des Staates. Je mehr sich die Bürger selbst voreinander schützen, desto geringer die Ansprüche an die staatliche Macht.

* * *

Zu Unrecht wird Freiheit mit Demokratie in eins gesetzt. Politische Freiheit erschöpft sich mitnichten in einem geheimen Wahlverfahren oder im geregelten Wechsel der Eliten. Freiheit bedeutet auch nicht Herrschaft der Mehrheit oder Gleichheit der Lebenschancen. Der Zustand einer politischen Ordnung bemißt sich zuerst an der Stärke der Barrieren, die den einzelnen vor den Maßnahmen der Obrigkeit und den Attacken der Gesellschaft schützen. Von dem Regime einer Mehrheit, welche von den Leidenschaften der Gleichheit, Gemeinschaft und Sicherheit beseelt ist, hat die Freiheit nichts zu erwarten. Das Recht aller, sich in Privatangelegenheiten einzumischen und über den einzelnen zu bestimmen, hat mit Freiheit nichts zu tun. Zwischen Freiheit und Demokratie besteht daher kein notwendiger Zusammenhang. Eine demokratische Regierung ist nicht die Regierung eines jeden über sich selbst, sondern jedes einzelnen durch alle übrigen. Auch Demokratie ist Herrschaft. Sie kann das Leben der Bürger in unerträglicher Weise einschnüren. Die Mehrheit kann eine Minderheit derart unterdrücken, daß sie eines eigenen Schutzwalls bedarf. Auf der Tagesordnung steht daher nach wie vor, den Staat in seine Grenzen zu weisen.

Nicht Fürsorge begründet die Existenz des Staates, sondern einzig die Garantie jener Rechte, welche die Person und ihr privates Leben vor fremden Übergriffen bewahren. Nur die Verletzung des Rechts bedarf einer politischen Macht, welche die Handlungskraft des Individuums übersteigt. Sicherheit vor Krieg und Verbrechen ist die vornehmliche Aufgabe des Staates, und nur diese Aufgabe rechtfertigt die Existenz der Zentralmacht. Für alle anderen Aufgabenbereiche gilt der Grundsatz: Fortschritt der Freiheit heißt Rückzug der Obrigkeit, Beschneidung staatlicher Vollmacht, Zähmung der Regelungswut, Vergesellschaftung politischer Macht, Selbsttätigkeit der Bürger. Die beste Regierung ist diejenige, welche gar nicht regiert.

Mit dem Wachstum des modernen Staates ist die Freiheit jedoch in höchster Gefahr. Mehr und mehr muß das Eigene dem inneren Imperialismus der Staatsmacht abgetrotzt werden. Es sind nicht nur totalitäre Diktaturen, die mit Denunziation, Propaganda, Terror und Verfolgung die Freiheit vernichten. Unter dem Banner der Fürsorge und Vorsorge engen auch demokratische Regimes immer mehr Freiräume ein. Niemals hat sich der Staat mit der Sicherung der Freiheit begnügt. Zu Beginn des 21. Jahrhunderts ist er weit davon entfernt, es seinen Untertanen zu überlassen, ihr Leben nach eigenem Gutdünken zu führen. Was einst als Gehäuse der Hörigkeit prophezeit wurde, ist längst Wirklichkeit geworden.

Information ist die zentrale Machtquelle des modernen Verwaltungsstaates. Ohne Registrierung der Arbeit und des Einkommens, des Wohnorts und Familienstands, der Gesundheit und Krankheit keine Steuererhebung, kein Versicherungswesen und keine öffentliche Wohlfahrt. Ohne Daten keine innere und äußere Sicherheit, kein Schutz vor dem Verbrechen und kein Schutz vor fremden Invasoren. Der Sicherheitsstaat beruht auf der Kontrolle der Untertanen und auf der Transparenz ihrer Lebensverhältnisse. Je umfangreicher seine Aufgaben, desto geringer der Wert der Privatsphäre. Schul-, Steuer- und Wehrpflicht, Hilfsfonds und Arbeitsbehörden, Renten- und Krankenkassen wären gar nicht denkbar, ohne daß die Untertanen akten- und datenbankkundig wären.

Der Wohlfahrtsstaat geht einher mit einer Explosion der Datenerfassung. In dem Maße, wie er Arme, Alte und Kranke versorgt und jedermann ein Existenzminimum zusichert, überzieht er die Gesellschaft mit einem Erfassungs- und Verteilungssystem, das keinen Lebensbereich mehr ausläßt. Die Sorge um materielle Subsistenz und politische Stabilität höhlt die private Lebensführung aus. Mit dem Übergang von der summarischen Gleichheit zur individuellen Gerechtigkeit steigt die administrative Informationsgier nochmals an. Gleichheit begrenzt nämlich zunächst den Informationsbedarf. Generelle Entscheidungen benötigen nur wenige Indizien. Liegen die Staatsfinanzen im Plus, kommt es nicht auf jede Einzelheit an. Großzügigkeit begnügt sich mit allgemeinen Daten. Doch je knapper die Mittel, desto strikter die Kontrolle. Mißbrauch kann nun keinesfalls mehr geduldet werden. Finanznot verstärkt den staatlichen Datenhunger. Beschlüsse im Einzelfall erfordern die Durchleuchtung aller privaten Details. Soll jeder das Gleiche erhalten, erübrigt sich die Ausforschung des Individuums. Soll dagegen jeder das Seine erhalten, dann muß jeder individuelle Bedarf geprüft werden. Gerechtigkeit führt unweigerlich zur Erosion des Privaten.

* * *

Eine parallele Entwicklung zeichnet sich im Kampf gegen das Böse ab. Wirkliche und vermeintliche Bedrohungen der inneren und äußeren Sicherheit, Terror, organisiertes Verbrechen, unkontrollierte Zuwanderung, politischer Extremismus und religiöser Fanatismus ziehen den stetigen Ausbau der Überwachung nach sich. Fortlaufend werden Sicherheitspakete geschnürt und Kontrollorgane mit neuen Vollmachten ausgestattet. Immerzu sind Sicherheitsbehörden dabei, die Techniken der Observation zu verbessern und ihre Anwendung auszudehnen. Immer neue Gruppen kommen in den Blick, immer weiter werden die gesetzlichen Befugnisse gezogen, und wenn die Erlaubnis einmal versagt wird, operieren die Beamten jenseits der Regeln. Die Schwellen zum öffentlichen Raum werden von Kameras bewacht, deren Objektive, Erkennungsfilter und Mikrophone jede verdächtige Gestalt, jedes Gesicht, jedes Wort erfassen. Damit niemand spurlos im sozialen Dickicht verschwindet, sollen die Daten möglichst lange aufbewahrt werden. Wenn schon die Zukunft nicht zu lenken ist, so will der Staat doch zumindest die Vergangenheit vollständig dokumentieren. Leviathan hat riesige Ohren und Augen – und ein langes Gedächtnis.

Die resolute Prävention beschneidet die Freiheit, welche die Angreifer zu ihren Zwecken nutzen: das Vorrecht des Individuums, unerkannt und unbehelligt sein Leben zu führen. Die Freiheitsbeschränkungen sind keineswegs unpopulär. Der Untertan sucht nicht Schutz vor dem Staat, sondern Schutz durch den Staat. Lieber opfert er seine Freiheit als seine Sehnsucht nach Sicherheit. Er fordert weitere Maßnahmen, und der Staat, besorgt um seine Glaubwürdigkeit, erläßt neue patriotische Dekrete. Zuletzt dienen viele Vorkehrungen jedoch weniger der Sicherheit als der Festigung des Staatsvertrauens.

Seit je mißtraut der Staat seinen Untertanen. Er will genau wissen, was sie im Schilde führen. Die Sicherheitsmaßnahmen der letzten Jahre setzen den säkularen Trend des inneren Staatsimperialismus nur fort. Der Verdacht gegen den Bürger ist niemals auszuräumen. Solange er frei ist, kann er auf eine Untat sinnen, kann die Obrigkeit um die geforderte Botmäßigkeit betrügen. Für den Sicherheitsstaat ist die offene Gesellschaft eine Ansammlung finsterer Gestalten, jeder Menschenkopf eine Quelle schwarzer Gedanken, jeder private Raum ein dunkler Abgrund, der bis in den letzten Winkel ausgeleuchtet werden muß. Die Überwachung ist niemals beendet. Der Erfindungsgabe des Verbrechers waren noch nie Grenzen gesetzt. Im Wettlauf der Innovation ist er den Behörden meist voraus.

Zudem ist der Staat darauf aus, die sozialen Netzwerke zu erfassen. Er will wissen, wer mit wem in Verbindung steht, welche Kommunikationskanäle zwischen den Untertanen bestehen, wo geheime Gruppen, Sekten und Zellen ihr Unwesen treiben. Die Herrschaft des Staates über das Individuum erweitert sich zur Herrschaft über das Soziale, über jenes flüchtige Zwischenreich der Gesellschaft, das die Menschen miteinander verknüpft. Der Sicherheitsstaat formiert die Gesellschaft, nicht indem er für Ordnung und Vertrauen sorgt, sondern indem er Angst und Mißtrauen sät. Durch Prävention erzeugt er ein Klima stetiger Alarmierung. Der Staat schafft selbst das Übel, das zu bekämpfen er vorgibt. Wird überall kontrolliert, muß die Gefahr nämlich überall lauern. Wer kennt schon alle Masken des Bösen? Jeder Zeitgenosse kann ein Täter sein. Je weniger einer auffällt, desto verdächtiger ist er. Unauffälligkeit war schon immer die beste Tarnung. Und die größte Gefahr lauert immer dort, wo es alle sehen, aber niemand vermutet.

Der Generalverdacht macht keine Ausnahme. Aber je mehr man weiß, desto sicherer weiß man, daß man noch nicht alles weiß. Jede Wissenslücke fordert weitere Ermittlungen. Große Schrifttafeln ermahnen daher die Bürger, sich gegenseitig zu beobachten. Verdächtige Subjekte sind sofort zu melden. Jeder Bürger – ein Agent der nationalen Sicherheit. Die Maßnahmen zerstören nicht nur die Freiheiten, um deretwillen sie verhängt werden. Sie treiben die Individuen auseinander und zerschneiden ihre sozialen Bindungen. Am Ende fühlt sich keiner mehr vor einem anderen sicher.

* * *

Jede Macht hegt den Traum von der endgültigen Überwältigung der Freiheit. Bis in die letzte Nische will sie die Vorstellungswelt der Menschen besetzen. Einst galt eine Macht als totalitär, wenn sie alle Bereiche des sozialen Lebens zu durchdringen vermochte. Mittlerweile haben die westlichen Demokratien Willkür und Gewalt durch Recht, Fürsorge und Observation ersetzt. Die Verwaltungsmacht hat ihre Befugnisse stetig ausgedehnt. An die Stelle brutaler Gehirnwäsche ist eine sanfte Politik des Geistes getreten. Sie ist darauf aus, den Privatraum freier Imagination zu besetzen. Die Gedankenpolitik will nicht ausforschen, was der einzelne denkt, sie will ihm einprägen, was er überhaupt denken kann. Ihr Arsenal reicht von der lockenden Belohnung, der unbemerkten Manipulation bis zur öffentlichen Ächtung verbotener Ideen. Ohne direkten Zwang dringt sie den Menschen ins Gehirn und sperrt sie in einen inneren Käfig. Sie formiert die Vorstellungen und Wahrnehmungen, lenkt die Erinnerungen, die Gefühle und Begierden. Am Ende sollen alle Untertanen dasselbe Weltbild teilen, dieselben Wörter benutzen, dieselben Gedanken denken. Die Vorstellungen werden standardisiert, die Sprache reglementiert. Jede Aufgabe wird wiederholt, jeder Fehler korrigiert, jeder Fortschritt geprüft und dokumentiert. Unerbetene Erinnerungen werden aus dem Gedächtnis gestrichen, Kreativität und Phantasie sind aus den Gehirnen zu löschen. Es ist eine langwierige, gelegentlich von Rückfällen bedrohte Unterweisung, die jedes Subjekt zu absolvieren hat.

Kafkas Affe bezahlte seine Humanisierung mit dem Verlust der ursprünglichen Freiheit. Nach zahllosen Übungen erlangte er die durchschnittliche Bildung seiner Zeitgenossen. Die Nachahmung half ihm aus dem Käfig. Es war der einzige Ausweg, der ihm geblieben war. So räkelte er sich klaglos im Schaukelstuhl und schaute aus dem Fenster. Anders als die Menschen hatte er jedoch noch nicht jede Erinnerung verloren. Im Blick seiner Artgenossen erkannte er den Irrsinn der dressierten Kreatur, der man die Freiheit aus dem Leib gepeitscht hatte. Im stumpfen Blick der Zeitgenossen sah er die Folgen einer Zivilisation, welche den Menschen den Sinn für die Freiheit schon seit langem abgewöhnt hat.

Gerhard Schulze
Das Drama der Freiheit

Freiheit und Moderne

Eiskalt, böse, sündig – die Stigmata der Moderne folgen ihr wie ein Schatten bei ihrem Gang durch die Jahrhunderte; ewig neu wie die Moderne selbst, spiegeln sie den jeweils aktuellen Stand des Fortschritts als immer gewaltigeres Verhängnis. Eiskalt weht der Wind der kapitalistischen, von der Gier des Marktes getriebenen Globalisierung; böse gibt die Technik den Militärs und Warlords immer perfidere Waffen in die Hand; sündig verführen Frauen mit feuchten Lippen und nackten Schenkeln zum Konsum der ganzen Welt, sich selbst inbegriffen. Immer schärfer wurde in den vergangenen Jahren das Profil der historischen Unperson sichtbar, an die sich die drei Stigmata gegenwärtig heften: Es ist »der Westen«, das Netzwerk der demokratischen, früh industrialisierten, ökonomisch und technisch führenden Staaten, der Teil der Welt, der sich »frei« zu schimpfen anmaßt und damit, folgt man der Sicht seiner Feinde, seine Perversion mit einem Euphemismus zur höchsten Tugend umlügt. Welche Freiheit ist denn gemeint? Die des Geldes, der Gewalt und der entfesselten Lust. Von Sodom und Gomorrha wendet sich der Blick der Fundamentalkritiker zum Licht. Wahre Freiheit findet sich in der Abkehr, in der Selbstzucht und im Gehorsam unter dem Leitstern eines höheren Prinzips.

Reinheit, Reinheit! Verunsichert durch das häßliche Gesicht des Westens im Spiegel seiner Gegner zweifelt die Kultur der Moderne an sich selbst. Sie reagiert mit jener Tugend, die sie zu dem gemacht hat, was sie ist: mit Skepsis, Selbstkritik, Veränderungswillen. Und wie eh und je stellt sich die Frage, welche Richtung der Wandel nehmen soll: vorwärts oder zurück? Es mag dem Westen dabei helfen, sich zum Vorwärts zu entschließen, wenn er das Zurück in seinen aktuellen Erscheinungsformen in Augenschein nimmt – Wiederkehr der Charismatiker, Unterdrückung des Eigensinns, Mißbilligung des Menschlichen, Heiligung der Mittel durch den Zweck: Zensur, Religionspolizei, Nachplappern als pädagogisches Prinzip, Gefängnis, Unterdrückung der Frau, Terror.

Wen diese Aussichten genug schockieren, um das Zurück nicht zu wollen, der ist gegen seine weicheren, vertrauteren, in der unmittelbaren Nachbarschaft vorfindbaren Formen noch lange nicht gefeit. Zurück heißt auch: Verbot der Evolutionstheorie, Ächtung von Kondomen, Technik-, Wirtschafts- und Konsumfeindschaft bei gleichzeitiger Beanspruchung aller Vorteile, Wiederkehr der mythischen, textgläubigen Religion, geführt von Autoritäten der Frömmigkeit, denen die Herde es abnimmt, daß sie auf geheimnisvolle Weise mehr von Gott wissen als die Geführten, Ruf nach Rückkehr der Werte, als wären sie verlorengegangen. Und noch weiter abgeschwächt, liegt ein Zurück auch schon im Mißtrauen gegen den Common

Sense – das einzige, worauf sich die Menschen der Moderne zu verlassenen entschlossen haben. Bullshit, wohin man blickt.

Bestand kann die Moderne nur haben, wenn der Westen sie – Bullshit hin oder her – trotz allem als immer noch besten Weg – oder kleinstes Übel – begreift. Skeptisch stellt die Moderne sich selbst gleichermaßen in Frage wie die Fundamentalkritik. Was aber alle Selbstkritik und alle fundamentalen Angriffe überdauert hat, ist der Entschluß, den Weg der Moderne weiter zu gehen. Aber welchen Weg? Was heißt »weiter«, »vorwärts« oder »zurück«? Lassen wir uns nicht täuschen von der Zerstrittenheit des Westens – nach wie vor wird er zusammengehalten durch die Vorstellung der Menschen, einer zeit- und gesellschaftsübergreifenden Transformationsgemeinschaft anzugehören, die ein klares Ziel vor Augen hat. Gerade die endlosen Diskussionen darüber, welche Umwege dabei zu gehen sind, die Erbitterung über Stillstand und Rückschritte, die Empörung über jeden angeblichen oder tatsächlichen Verrat bezeugen den Grundkonsens: das regulative Prinzip, das die Richtung vorgibt, ist die Freiheit des einzelnen. Erst dadurch wird »vorwärts« und »zurück« definierbar.

Gelächter von allen Seiten, Protest, Einwürfe: Guantánamo, Irak, Streubomben im Libanon, faule Kompromisse mit Diktatoren, unfaire Welthandelsordnung, soziale Ungleichheit...! Ja, das ist die Moderne auch. Aber sie ist es in viel geringerem Maß als alle anderen Systeme, denn ihre eigenen Ansprüche an sich selbst sind höher als irgendwo sonst. »Wo gehobelt wird, fallen Späne«, hieß es noch vor

Jahren, wenn es um das Unrecht in den Ostblockstaaten ging. Solche Nonchalance legen die Verteidiger des Westens nicht an den Tag, und seine Kritiker würden sie erst recht nicht gelten lassen. Aber diese Kritiker dürfen sich äußern; in allen kommunistischen, religiös-fundamentalistischen oder diktatorischen Systemen würden sie ins Gefängnis gesteckt, gefoltert, umerzogen oder einfach umgebracht.

Jede Kultur hat die Anlage der Menschen zur Freiheit auf ihre Weise ausbuchstabiert, keine jedoch hat sich so sehr dafür geöffnet wie die Kultur der Moderne. Freiheit: Nur mit dieser Formel erschließt sich die Einheit der Moderne, nur so tritt zutage, was den Westen dazu bringt, sich in der Kontinuität eines Gesamtprozesses zu sehen, zu dem Renaissance, Humanismus und Reformation gehören; englische, amerikanische und französische Revolution; Aufklärung und Romantik; Demokratisierung und Verankerung der Menschenrechte in den Verfassungen westlicher Staaten; Religionsfreiheit und Säkularisierung; Arbeiterbewegung und Frauenbewegung; sexuelle Befreiung und Psychoboom; Marktliberalisierung, Industrialisierung und internationale Arbeitsteilung; Technik und Wissenschaft in unabschließbarer Vorwärtsbewegung.

Das schlechte Image der Moderne – eiskalt, böse, sündig – geht teils auf die verstörende, nie aufhörende Veränderungskraft des Freiheitsstrebens zurück, teils auf die Unbequemlichkeit errungener Freiheit, teils auf Neid, in besonderem Maß aber auf die Perversionen der Moderne im Lauf der Geschichte, die vielen Menschen das Leben gekostet haben. Aber wie anders sollte man mit den Perversionen umgehen als in Form der Besinnung auf das Grundanliegen? Perversionen sind kein Beweis für die Unmöglichkeit der Moderne, sondern Katastrophen des Mißbrauchs und Anlaß für Maßnahmen zu ihrer Vermeidung. Dieses Argument ist dem religiösen Denken nachgebildet. Wie Gläubige einen Verstoß nicht als Widerlegung ihrer Religion sehen, sondern ihren Glauben umgekehrt in Beichte und Buße bestätigen, so kann auch die Moderne aus ihren Niederlagen lernen und gestärkt daraus hervorgehen.

Eine schwächere, aber besonders häufige Form der Kritik erklärt Rationalität, Nüchternheit und Zweifel zur Hauptsache. Zu sehr prägt in den Augen vieler das Odium der Entzauberung der Welt das Bild der Moderne, der Verdacht großtechnisch administrierter Lebensfeindschaft, der Eindruck idiotisch girrenden Hedonismus, um sie als das erscheinen zu lassen, was sie wesentlich ist: ein Befreiungsprojekt. Das kritische, analytische Denken, das doch nur ein Instrument sein sollte, wird als oberster Zweck fehlgedeutet.

Doch auch die Kritik der Kälte der Moderne, ihres Mangels an Romantik, ihrer Abstraktheit und Menschenferne ist modern. In genau diesen Attacken leuchtet das wesentliche Ziel der Moderne auf: Menschlichkeit, Spiel, Sinnlichkeit, Begegnung. Gerade die Kritik gerät zur heimlichen Rückbesinnung auf Modernität im ursprünglichen Sinn. Nüchternheit, Rationalität, Zweifel sind nur Mittel, nicht das Ziel. Letztlich geht es darum, den Raum der

Freiheit ständig zu erweitern. Gewiß: Ohne das nüchterne, klare, kontrollierte, objektivierende Denken wäre Freiheit nicht zu haben, aber es soll dienen, nicht herrschen. Daß der Schuß nach hinten losgehen und der Diener sich zum Herrscher aufschwingen kann, gehört zu den längst erkannten Risiken der Moderne. Der Protest gegen die stets drohende Tyrannei der Mittel ist alles andere als antimodern; er ist Teil moderner Selbstreflexion.

Es liegt an der Überzeugungskraft der Moderne, daß sie bis heute vital geblieben ist. Menschen sind von Natur aus auf Freiheit angelegt. Sie können als Gattung nur überleben, wenn sie sich den Möglichkeitsraum dafür schaffen. Mit dem bloßen Überleben begnügen sich Menschen auf die Dauer aber nicht. Sie wollen Sinnlichkeit, Schönheit, berührende Erzählungen, faszinierende Begegnungen. Sie wollen Freiheit im objektiven Sinn, um Freiheit im subjektiven Sinn zu erfahren. Daß Idealisten und Theologen das Freiheitsstreben der Menschen als Zeichen ihrer Göttlichkeit interpretiert haben, läßt sich diesseits der Metaphysik als Metapher verstehen: Freiheit ist das Höchste. Man kann die Anlage der Menschen zur Freiheit aber auch naturwissenschaftlich angehen, ganz ohne metaphysisches Raunen: Nichts bringt einen größeren Überlebensvorteil ein als die Lust auf *mehr* als bloßes Überleben. Die Obsession für das Zweckfreie, für Schmuck, Spiel und Kunst, für Vergnügen pur war schon in den frühen Tagen der Menschheit gut für das Überleben der Gattung. Erst diese Lust entfesselte die Perfektionierung des Zweckmäßigen, weil sie das Zweckmäßige lohnend erscheinen ließ.

Was heißt Freiheit? Oscar Wilde starb 1900, zwei Jahre nach Verbüßung einer Zuchthausstrafe, die ihn gesundheitlich ruiniert hatte. Verurteilt worden war er wegen Homosexualität. Seine im Zuchthaus entstandenen Texte geben Zeugnis davon, wie die Unfreiheit schmeckt, wenn man vorher die Freiheit in vollen Zügen genossen hat. Das Gegenbeispiel zu Oscar Wilde ist Kaspar Hauser, der 1828 als Halbwüchsiger in Nürnberg auftauchte, anscheinend in fast völliger Isolierung aufgewachsen. Oscar Wilde war vor seiner Einkerkerung ein Lebenskünstler gewesen, ein Genie der Freiheit; Kaspar Hauser dagegen faßte außerhalb seines Gefängnisses nie richtig Tritt.

Um frei zu sein, muß man objektiv die Wahl haben. Aber dies genügt nicht, man muß auch subjektiv etwas mit den Optionen anfangen wollen und können. Oscar Wilde ging vor die Hunde, weil er gebrochen war durch die Gefangenschaft, in der er keinen Gebrauch mehr von seinem Genie zur Freiheit machen konnte. Bei Kaspar Hauser war es umgekehrt. Als er unter die Menschen kam, war sein angeborenes menschliches Talent zur Freiheit bereits weitgehend verkümmert.

Zusammengefügt zeigen die Schicksale beider, daß Freiheit zweidimensional ist. Wir können uns die Freiheit als Fläche vorstellen, aufgespannt zwischen zwei Achsen: objektive und subjektive Freiheit. Wenn man die objektive Freiheit hat, besitzt man die subjektive noch lange nicht; aber ohne objektive Freiheit ist die subjektive wertlos. In der *Ballade vom Zuchthaus zu Reading* verdichtet Wilde die Sehnsucht nach Freiheit im Blick des Häftlings zwischen den Gefängnismauern nach oben. Den blauen Himmel deutet Wilde in dieser Metapher als grenzenlosen Möglichkeitsraum für subjektive Freiheit. Als Kaspar Hauser zum ersten Mal den Himmel sah, blickte er nur ins Leere. Betreten konnten sie den Raum der Freiheit beide nicht. Jeder hatte nur noch eine Achse zur Verfügung: Fähigkeit ohne Möglichkeit bei Oscar Wilde, Möglichkeit ohne Fähigkeit bei Kaspar Hauser.

Erst diese zweidimensionale Bestimmung der Freiheit erlaubt eine Selbstbeschreibung und Selbstbeurteilung der Moderne. So sehr es stimmt, daß es erst einmal auf die objektive Freiheit ankommt – worin sollte ihr Sinn bestehen, wenn nicht in der dadurch ermöglichten subjektiven Freiheit? Wer immer nur nach objektiver Freiheit strebt, wie viel davon er sich auch bereits erarbeitet haben mag, gleicht einem Haftentlassenen, den Agoraphobie befällt – er zieht sich in ein Zimmer zurück und läßt die Jalousien herunter.

Das Subjektive: Blinder Fleck der Moderne

Allein in der Kombination von objektiver und subjektiver Freiheit gelangt die Moderne ans Ziel. Liest man die Geschichte der Moderne als Befreiungsgeschichte, so hat man freilich den Eindruck, sie sei im ersten Kapitel stecken geblieben. Hat sie sich nicht ausschließlich um die Bedingungen gekümmert, um Technik, Wissen, Maschinen, Institutionen? Nicht immer – am Anfang stand der sich selbst gehörende und entfaltende Mensch im Zentrum. Den Aufklärern und Idealisten ging es nachdrücklich um den subjektiven Gebrauch der Freiheit. Daß die meisten Leser des Buchs der Moderne das Kapitel der objektiven Freiheit schon für den ganzen Text halten und die Frage nach weiteren, völlig anderen Kapiteln gar nicht erst stellen, zeigt sie von der gleichen Eindimensionalität befallen wie die Moderne selbst.

Wie konnte es dazu kommen? Die Arbeit der objektiven Modernisierung, das schwierige Vorankommen auf den Pfaden von Technik, Wissenschaft, Wirtschaft, Lebensstandard, politischer Ordnung und Alltagsleben, hat jahrhundertelang die Köpfe mit Beschlag belegt. Innovation, Reform, Revolution und Konventionsbruch beanspruchten alle Aufmerksamkeit und verlangten die Anspannung aller Kräfte. Man muß bauen, bevor man wohnen kann. Auf der Baustelle der Moderne drängte sich das Objektive in den Vordergrund, das Mehrkönnen und der institutionelle Schutz des Subjektiven. Und so ist es immer noch. Es geht um Apparate, Software, Wissen, Handelsbeziehungen, Währungsordnungen, Verfassungen, Grundrechte.

Der Blick auf die zweite, subjektive Dimension wurde dabei immer abstrakter und unbestimmter. Längst erschöpft sich der Platz des Subjektiven innerhalb des Projekts der Moderne im bloßen Postulat der persönlichen Suche nach Glück. Daß es Menschen möglich sein soll, ihrem Eigensinn zu folgen, ist schon die ganze Zielbeschreibung. Die Pointe der Moderne – das Leben selbst im ständig erweiterten Möglichkeitsraum – wurde vollständig der Privatsphäre jedes einzelnen überantwortet.

Über das (objektive) Können verständigen sich die Menschen in verbindlicher, regelgeleiteter Weise, über das (subjektive) Sein verständigen sie sich nur exemplarisch in Form von Bildern, Romanen, Musik und Interviews. Sie nehmen einander zur Kenntnis, denken jeder alleine über sich selbst nach, lassen sich durch Beispiele fesseln oder irritieren. Objektive Modernisierung bewegt sich nach wie vor in einem festen gemeinsamen Rahmen vorwärts, sie gleicht einem Zug in seinen Schienen. Das Subjektive dagegen ist der blinde Fleck der Moderne. Dafür gibt es freilich zwei starke Gründe.

Warum das Objektive dominiert

Erstens genießen Mangelzustände und noch nicht erreichte Ziele ein Aufmerksamkeitsprivileg. Objektive Modernisierung ist ja nur möglich, wenn man etwas *noch nicht* hat oder kann. Das Fehlende fordert Wahrnehmung, Intelligenz und Gefühl heraus. Was man hat und worüber man jederzeit verfügen kann, wird schnell uninteressant. Das objektive Nichtkönnen ist es, was Techniker nicht ruhen läßt, das objektive Nichtwissen treibt Wissenschaftler um. Leidenschaftlich wurden die Menschen der Reformationszeit, weil sie objektiv religiös unfrei waren; im säkularisierten Westen ist uns dagegen die Religionsfreiheit so selbstverständlich geworden, daß wir kaum einen Gedanken daran verschwenden. Auf die Barrikaden gingen die Menschen in Revolutionsjahren, weil sie objektive

Fesseln abschütteln wollten: Zensur, Willkür, Despotismus und politische Unmündigkeit. Als sie Rechtsstaatlichkeit, Meinungsfreiheit und Demokratie schließlich erkämpft hatten, verloren sie begreiflicherweise das Interesse daran. Wozu sich noch weiter damit beschäftigen? Das Fehlende zieht Menschen in Bann, das Vorhandene läßt sie kalt. Schnell verschwindet das Neue im Alltagsleben. Was will man viele Worte darum machen – soll doch jeder auf seine Weise damit umgehen.

Noch mehr fällt zweitens ins Gewicht, daß man über Objektives weit besser kommunizieren kann als über Subjektives. Man kann messen, vergleichen und definieren. Objektive Modernisierung läßt sich relativ leicht zu einem Projekt der vielen machen, weil sie sich dabei gut innerhalb gemeinsamer Begriffswelten verständigen können. Die kollektive Bezugnahme auf Objektives hat das größte soziale Phänomen in der Geschichte der Menschheit hervorgebracht: das Steigerungsspiel – eine Ordnung der Transformation hin zu einem immer größeren Möglichkeitsraum. Über Menschenrechte, Preise und Produkteigenschaften kann man auf der ganzen Welt reden. Weil es um Objektives geht, ist Intersubjektivität möglich. Fortschritt kann zur Methode werden, weil sich Fehler und Erfolg definieren lassen. Im Lauf der Moderne entstanden immer mehr Pfade systematischer Möglichkeitserweiterung, auf denen jede Generation dort weiter machte, wo die vorangegangene aufgehört hatte.

Überwältigt vom Eindruck der Selbstorganisation eines immer umfassenderen Zusammenspiels, verloren die

Menschen jedoch das Hauptanliegen der Moderne aus den Augen und empfinden es inzwischen oft als eine Angelegenheit jenseits, nach oder neben der Moderne. Kaspar Hauser wurde aus dem Verlies geholt, er bekam Auto, Mobiltelefon, Antibiotika, Viagra, Südfrüchte zu jeder Jahreszeit, All-Inclusive-Urlaube und perfekten Zahnersatz. Da hast du dein Leben, fang damit an, was du willst! Aber weil nicht jeder das Format von Oscar Wilde hat, gibt es Trendscouts, Werbeagenturen, Computerspiele und Psychotherapeuten.

Subjektive Modernisierung – ein Achselzucken

Doch wie auch anders? Muß das Subjektive nicht sich selbst überlassen bleiben, um frei sein zu können? Welche Ergebnisse die öffentliche Regulierung von Schönheit, Glück und Sinn zeitigt, trat in Arbeiterdenkmälern und sozialistischen Hymnen ebenso zutage wie auf Reichsparteitagen und bei Bücherverbrennungen. Sobald die subjektive Seite der Freiheit objektiviert wird, scheint es aus mit ihr. Lebensart heißt Eigenart; jede Kollektivierung aber definiert Lebensart als Entartung. Die Ausstellung *Entartete Kunst* von 1937 in München ist bis heute das historisch herausragende Symbolereignis der Perversion persönlicher Freiheit in totalitären Systemen. Was im Faschismus »entartet« genannt wurde, hieß im Sozialismus »dekadent«. Hier wie dort wurde die moderne Idee des schönen Lebens ersetzt durch Monumentalbauten und vorbildlich edle Skulpturen, schön steril wie die Plastiken Arno Brekers oder ungewollt grotesk wie das in Marmor gehauene Panoptikum der Sportarten, die das unter

Mussolini erbaute Olympiastadion in Rom bis heute säumen: Monumentale Skiläufer, Gewichtheber und Rennrodler aus Marmor machen dort weiter, wo die Griechen aufgehört haben.

Die Moderne hat den totalitären Zugriff auf die Subjektivität nach schweren Kämpfen hinter sich gelassen und bewegt sich seither in zwei Welten: unendliche Fortentwicklung der Möglichkeiten einerseits, unendliche Eigenart der Inanspruchnahme von Möglichkeiten andererseits. Das kalte Denken schafft die Voraussetzungen für das heiße Leben; das kollektive, globale Steigerungsspiel baut den Raum ständig weiter aus, in dem, jedenfalls in der pessimistischen Sicht Michel Houellebecqs, ratlos wirkende Kaspar-Hauser-Menschen als »Elementarteilchen« erratisch herumschwirren.

Was Menschen mit ihrem Gerätepark anfangen; wofür sie die gewonnene Lebenszeit verwenden; wie sie essen; ob und wie sie sich binden – erst in der konkreten persönlichen Inanspruchnahme von Freiheit verwirklicht sich der Sinn der Moderne, aber ohne System, ohne Kriterien, ohne eine Idee von Fortschritt. Moderne Menschen leben im Spagat zwischen Ordnung und Offenheit. Sie disziplinieren sich, um sich Enklaven völligen Eigensinns zu schaffen. Sie unterwerfen sich der Zucht des Objektiven, um das Subjektive zu entfesseln. Sie beschreiten in der einen Dimension ihrer Existenz Generationen überspannende Fortschrittspfade, um in der anderen Dimension jeder für sich Ankunft, Annäherung und Begegnung zu versuchen.

Houellebecq ist nur einer von vielen, die diese zweite Sphäre als Hölle der Freiheit schildern, in der das größte mögliche Glück noch darin besteht, ab und zu das eigene Scheitern zu vergessen. Kunst und Literatur des ganzen 20. Jahrhunderts zeigen die Moderne mit solcher Ausschließlichkeit im Kaspar-Hauser-Schock, daß man geneigt ist, den modernitätskritischen Zentralbefund nicht bloß für einen Spiegel der Wirklichkeit zu halten, sondern für die Wirklichkeit selbst. Es handelt sich aber nur um einen von vielen möglichen Reflexen, um eine Perspektive neben anderen, die manches erfaßt und vieles ausläßt. Weitgehend unerprobt ist der Blick auf das Gelingen, das Schöne, das Glück jenseits von Werbung und Soaps. Subjektive Erfolge bekommen keine intellektuell anspruchsvollen Auftritte – was soll man sich auch darunter anderes vorstellen als Kitsch und verlogenes Idyll?

Von subjektiver Modernisierung als einem gemeinsamen Projekt, das der objektiven Modernisierung auch nur annähernd vergleichbar wäre, kann so lange keine Rede sein, wie die Meinung vorherrscht, über das Subjektive lasse sich nicht reden, man könne sich nur darüber verständigen, es überhaupt zuzulassen, in den Grenzen der Straßenverkehrsordnung, der Höflichkeit und des Strafrechts. Die Zeit des Achselzuckens scheint jedoch allmählich zu Ende zu gehen, aus zwei diametral entgegengesetzten Gründen: wegen des Wunsches nach Fortsetzung der Moderne zum einen und wegen der erstarkenden Feindschaft gegen die Moderne zum anderen.

Die Moderne findet zwar im Objektiven durchaus noch Nahrung, ihre Fortsetzung aber verlangt nach einem neuen Umgang mit dem Subjektiven – ohne Achselzucken. Energie, Wasserknappheit, Aids, atomare Bedrohung und absolute Armut sind aktuelle Beispiele klassischer objektiver Modernisierungsherausforderungen. China, Indien, Russland, Brasilien und andere Nationen wollen aufschließen, die früh industrialisierten Länder der OPEC wollen sich nicht überholen lassen. Die klassischen Akteure der objektiven Modernisierung, Naturwissenschaft, Technik, Politik, Produzenten, Konsumenten und Kapitalanleger haben genug zu tun.

Aber je weiter objektive Modernisierung kommt, desto unabweislicher wird die Frage nach dem Subjektiven. Wahlmöglichkeiten sind Fragen an die Person: Was willst du eigentlich? Was siehst du als gelingendes Leben an? Wie definierst du »Sinn«? Was verstehst du unter Schönheit, Glück, Moral? Fragen dieser Art lassen sich nicht einfach als Luxusfragen verwöhnter Narzißten abtun, die sich gefälligst schnell wieder einer sinnvollen Arbeit und guten Werken zuwenden sollten – sie ergeben sich zwingend aus der Entwicklungslogik eines langfristigen, ständig weiter gehenden objektiven Befreiungsvorgangs, verstanden als Optionserweiterung. Was vor allem gebraucht wird, sind zutreffende Selbst- und Fremdbeschreibungen: Wer bin ich? Wer bist du? Wer sind wir? Wer seid ihr? In der Situation von Kaspar Hauser scheinen diese Fragen nicht so wichtig. Im entgrenzten globalen Möglichkeitsraum kann man ihnen aber nicht mehr ausweichen. Das Leben wird zu einer Serie von Gestaltungsaufgaben, das Wählen zwischen Optionen zwingt dazu, sich ständig mit eigener und fremder Subjektivität auseinanderzusetzen.

Spektakuläre Beispiele für den Zwang zur subjektiven Freiheit, wie erfolgreich oder scheiternd auch immer, sind die von Jahr zu Jahr steigende Lebenserwartung und die voranstürmende Gentechnologie: Hier habt ihr zusätzliche Zeit, fangt etwas damit an! Hier habt ihr euch selbst zum Gegenstand – was macht ihr damit? Dieselbe Aufforderung zur Inanspruchnahme von Freiheit kommt uns jedoch auch schon in den alltäglichen, jedermann verfügbaren Möglichkeitsuniversen entgegen – Fernsehgeräte, Internet, Mobiltelefone, Zeitschriftenkioske, Flughäfen, Werbung, Partnerbörsen, Chatrooms, Weblogs ...

Damit nicht genug: Es geht nicht bloß um die jeweils eigene Subjektivität. Wir sind in einer Zeit angekommen, in der das Verstehen anderer wichtiger wird als das Rechnen. Wie kann man miteinander auskommen? Was kann man gemeinsam machen? Wo verlaufen die Grenzen der Gemeinschaft? Die Fragen des Wohnens übertönen allmählich die Fragen des Bauens, im Privatleben ebenso wie im Horizont der globalisierten Öffentlichkeit.

Der Druck, das Subjektive nicht einfach sich selbst zu überlassen, entsteht aber nicht nur aus der immanenten Logik der Moderne heraus. Auch die Feinde der Moderne zwingen zu einer weitergehenden, spezifisch modernen Erschließung des Subjektiven. Diese Feinde wenden sich ja nicht gegen perfektionierte Autos, sie verdammen es vielmehr, daß man sich darin küßt.

Die stärker werdenden Angriffe auf die Moderne machen Front gegen das unvermeidliche Hervortreten des Subjektiven, aber genau dadurch machen sie subjektive Modernisierung zu einem wichtigen Anliegen. In einer feindlicher werdenden Umwelt hat die Moderne nur dann eine Zukunft, wenn Menschen sich für sie begeistern und sie als ihre Heimat empfinden. Die perfektionierte objektive Moderne kann jedoch als Boden eines widerstandsfähigen Wertbewußtseins nicht mehr genügen, denn Möglichkeiten sind nur Mittel und sonst nichts. Alles, was die objektive Modernisierung hervorbringt, verweist auf das Subjekt. Für wertvoll kann man die Moderne nur dann halten, wenn man sie auf sich selbst als Person bezieht. Verteidigen kann man sie nur dann, wenn man Einschnitte in die Freiheit als schmerzlichen Verlust empfindet. Das Bewußtsein, etwas Wertvolles zu verlieren, ist aber ohne Reflexion, ohne gute Selbstbeschreibungen und Diskurse nicht zu haben; es setzt subjektive Modernisierung voraus.

So spürt der Westen immer deutlicher die Herausforderung, das Projekt der subjektiven Modernisierung in Angriff zu nehmen. Freilich: Wo etwas sein müßte, ist so gut wie nichts. Subjektive Modernisierung macht sich gegenwärtig vor allem als Phantom bemerkbar – man entbehrt sie schmerzlich, aber wo es schmerzt, ist eine Leerstelle.

Nun gibt es zwar bis heute keinen Begriff von subjektiver Modernisierung – im Gegenteil wird Modernisierung als ein Objektivierungsvorgang angesehen, dem sich das Subjektive grundsätzlich verschließt. In einem Akt kollektiver erkenntnistheoretischer Resignation wird das Subjektive als Raum kartographiert, über den man nicht objektivierend sprechen kann, in dem mithin kollektives Lernen nicht möglich ist. Genau genommen hat die Kultur der Moderne aber schon damit begonnen, über diesen Punkt hinauszugehen, obwohl sich die meisten noch dort wähnen. Es gilt einerseits als ausgemacht, daß man sich über Persönlichkeit, Geschmack, Werte, Sinn, Bedürfnisse, Weltbilder, Kultur und Religion nicht streiten kann, andererseits wird über nichts so viel geredet wie darüber, mit ständig wachsender Intensität. Der Pfad subjektiver Modernisierung besteht in der Objektivierung des Redens über Subjektivität. Er ist noch am Anfang – aber dies hat für den Pfad der objektiven Modernisierung auch einmal gegolten.

Was zu dieser Objektivierung gehört, läßt sich hier nur andeuten: Ausbildung des Blicks für wiederholte Episoden als einer Grundsubstanz von Subjektivität und Kultur; wissenschaftliche Aufwertung und Veralltäglichung methodisch kontrollierten Verstehens (es gibt gutes und schlechtes Verstehen, wie es gute und schlechte Software, Autos oder Supermärkte gibt); Akzeptieren von Unschärfe, Geschichtlichkeit und unkalkulierbarer Reflexivität als Eigenschaften des Subjektiven und Kulturellen im Gegensatz zu Naturgesetzen und logischen Axiomen; Explizitmachen einer Handlungslogik der subjektiven Freiheit als zweiter Dimension moderner Kulturkompetenz neben der historisch ersten Dimension der objektiven Freiheit.

Was macht den Unterschied der beiden Handlungslogiken aus? In der ersten Dimension geht es um das Können; man operiert mit Abstraktion, mit dem Vergleich von mehr und weniger, mit einem Arsenal von Methoden, mit Handlungsplänen der Steigerung. In der zweiten Dimension geht es um das Sein; dabei kommt es auf größtmögliche, das Singuläre betonende Konkretisierung an, auf die Enthierarchisierung von Vergleichen (»anders« statt »mehr«), auf Erfahrungswissen und Improvisation mehr als auf standardisierte Methoden; auf Annäherung an Idealvorstellungen mehr als auf Steigerung ins Ungemessene.

Die Erneuerung westlichen Wertbewußtseins aus dem Geist der Negation

Die Form einer begeisternden Erweckungsbewegung wird die Besinnung auf die zweite Dimension der Freiheit aber gewiß nicht annehmen. In den immer heftigeren Angriffen auf den Westen liegt zwar die Chance einer Erneuerung modernen Wertbewußtseins; gerade der Vorwurf der Wertevergessenheit läßt die Grundwerte der Moderne wieder deutlich werden. Aber die Situation ist unentschieden; die globale antimoderne Strömung wurde in den letzten Jahren immer stärker und selbstbewußter. Im Vergleich zum Auftrumpfen der Angreifer wirkt der Westen unsicher und in seinen Prinzipien schwankend.

Arm und unterdrückt, verstanden die Menschen am Anfang der Moderne den Wert der Freiheit sofort und konkret als Verminderung von Leid. Auf hohem Lebensstandard und in einer offenen Gesellschaft lebend, kennt man das Leiden nicht mehr, das einem erspart geblieben ist. Unfrei weiß man um den Wert der Freiheit, freigesetzt verliert man ihn aus den Augen. Die Achillesferse der fortgeschrittenen Moderne ist das blaß gewordene Bewußtsein für den Wert ihrer Lebensumstände. Paradoxerweise liegt darin gleichzeitig eine Bestätigung und eine Gefährdung moderner Identität.

Bestätigt wird die Moderne insofern, als Negation, Kritik, schöpferische Zerstörung, Paradigmenwechsel und revolutionärer Neuanfang ihr zentrales, für außenstehende Beobachter verstörendes Fortschrittsmuster darstellen. Ihre Ordnung ist eine Ordnung der Transformation, sie lebt von der ständigen Aufhebung alter Ordnung, oft unter Risiko und Unklarheit über die neue Ordnung – so in der Wissenschaft, in der Technikentwicklung, im Management, in der Politik, in der Kunst, im Privatleben. In der Ordnung der Transformation ist ein Bewußtsein für den Wert des Bestehenden nicht vorgesehen, also auch nicht für den Wert des Fortbestehens der Ordnung der Transformation. Daß man in der Kultur der Moderne eher abschätzig auch über die Moderne selbst denkt, ist ein Ausdruck der Verallgemeinerung ihrer negativen, alles einreißenden Denkweise, die ihr an dieser Stelle gefährlich werden kann.

Gefährdet ist die Moderne immer dann, wenn ihre Selbstkritik den Grundwert der Freiheit ins Visier nimmt, der nicht zur Debatte stehen kann, wenn sie eine Zukunft haben soll. Alles fällt auseinander, die Moderne verliert ihre Richtung und die Menschen ihre Verständigungsmöglichkeit, wenn die Klarheit darüber verschwindet, worum es im Kern geht. Aber ist nicht oft genug genau dies – Orientierungslosigkeit und Sprachlosigkeit – als Kennzeichen der Kultur der Moderne konstatiert worden? Gewiß, aber es handelt sich dabei um ein Element der intellektuellen und religiösen Folklore, das mit der Wirklichkeit nichts zu tun hat. Die Menschen in der Moderne verstehen sich sehr wohl innerhalb des Bezugsrahmens der Freiheit; erst ohne diesen Bezugsrahmen bricht alles zusammen.

Auch die moderne Kultur der Negation kommt deshalb nicht ohne ein Minimum von grundlegendem Konsens aus, aber es fällt ihr – im Gegensatz zur Anfangszeit der Moderne – schwer, sich ihre Grundwerte emotional anzueignen. Daß keine Inbrunst aufkommen will, wenn Politiker in westlichen Medien das Lob der Freiheit singen, liegt gewiß auch an der Abgegriffenheit des Wortes »Freiheit« und an der Abstraktheit seiner Bedeutung. Vor allem aber gehört Inbrunst nicht zum Formenschatz moderner Kommunikation. In der Kultur der Negation bleibt man zurückhaltend, skeptisch und rational gerade dann, wenn es um grundlegende Werte geht. Der Stil des Zweifels und der Distanz ist zu sehr mit der Logik objektiver Modernisierung verwoben, als daß er sich bei Bedarf schnell einmal in sein Gegenteil verkehren ließe.

So stehen die Menschen des Westens vor dem Dilemma, daß einerseits auch sie nicht umhin können, sich das Prinzip der Freiheit immer wieder zu vergegenwärtigen und neu anzueignen, daß ihnen andererseits aber zur Mobilisierung ihrer Gefühle keine Formen wie Gebet, Predigt,

Erweckungserlebnis und moralisch erregte Großdemonstrationen zur Verfügung stehen. Ihr Weg, sich ihrer Identität als Freie zu versichern, nimmt nur in Ausnahmefällen und für kurze Zeit den Charakter eines Bekenntnisses an, wie dies zum Beispiel nach Terrorattentaten zu erleben ist.

Dem modernen Kommunikationsstil angemessener ist eine zunächst überraschend wirkende, aber schon erprobte und bewährte Lösung: die Bejahung der Freiheit auf dem Umweg der Negation. Indem man zweifelt, bejaht man implizit das Prinzip, das den Zweifel begründet.

Dies kann zum einen die Form einer Selbstkritik annehmen: Wie modern sind wir eigentlich? Wie frei? Wie gerecht? Wie menschlich? Wie ist der »chronisch neue Horizont«, in den sich die Moderne selbst immer wieder hineinstellt, ethisch zu interpretieren? Und schließlich die in Technik, Wissenschaft und Ökonomie geradezu institutionalisierte Frage: Welche Innovationen von früher sind heute antiquiert? So altgewohnt das Denkmuster moderner Selbstkritik ist, so wenig hat es Schritt gehalten, wie im nächsten Abschnitt zu zeigen ist.

Doch moderne Identitätsbildung durch Negation muß noch eine ganz andere Form annehmen: Neben die Kritik nach innen tritt die Verteidigung nach außen, tritt die Abwehr von fundamentalen, gegen die Moderne und die Freiheit überhaupt gerichteten Angriffen. Die Verneinung der Verneinung bestätigt das Ja zur Moderne und erneuert ihr Wertbewußtsein.

Die Selbstkritik der Moderne hat sich schon früh auf Technik, Wirtschaft, Wissenschaft und Konsum spezialisiert. Hier haben sich hochdifferenzierte Verfahren der Selbstbeobachtung und Selbstkorrektur herausgebildet, die auch heute noch weiter verfeinert werden. Immer geht es dabei, auch wenn diese Betrachtungsweise in Vergessenheit geraten ist, um Freiheit im objektiven Sinn: um die Vermehrung der Optionen. Ein Mobiltelefon, ein Internetanschluß oder eine Digitalkamera von der Größe eines Geldbeutels: jede einzelne neu geschaffene Möglichkeit macht freier, auch wenn sie zu so viel bereits vorhandenen Möglichkeiten hinzu kommt, daß man die weitere Ausdehnung des Möglichkeitsraums kaum noch wahrnimmt. Das Bessere läßt sich definieren und messen: als Perfektionierung und Funktionserweiterung des modernen Apparateparks; als Kostensenkung und Wachstumsrate; als Erweiterung der wissenschaftlich erfaßten Wirklichkeit und Steigerung der in theoretischen Modellen subsumierbaren Datenmenge; als Warentest und Warenvergleich. Das Muster der Negation des Bestehenden durch das Bessere ist ein zentraler Bestandteil der Kultur des Westens.

Unter dem Gesichtspunkt der Freiheit bleiben jedoch Themen offen, die schwieriger zu verhandeln sind als die Frage, welcher Werkstoff sich am besten für die Beschichtung von Bratpfannen eignet – schwieriger deshalb, weil es um Ermessenentscheidungen geht, um unscharfe Phänomene, um Kultur, um Kompromisse. Die diskursiv einfachen Themengebiete der Selbstkritik der Moderne haben die Akteure mit Eindeutigkeit verwöhnt. Es war sogar möglich, große Teile des Diskurses völlig zu entpersonalisieren und in Maschinen und Standardprozeduren, in Meßgeräten, Computern, Software und Statistik zu inkorporieren. In der perfektionierten Welt schieben sich nun aber andere, schwerer zu verhandelnde Themen in den Vordergrund, die gleichwohl freiheitsrelevant und damit modern sind. Ihre Schwierigkeit hat zum einen mit der gewachsenen Komplexität des Objektiven zu tun, zum anderen mit dem unabweisbaren Hervortreten des Subjektiven.

Der objektive Möglichkeitsraum ist so riesig und vieldimensional geworden, daß er kognitiv kaum noch zu bewältigen ist. Am Anfang der Menschheit läßt sich Optionserweiterung noch als Vermehrung von Geräten abbilden: Faustkeil, Steinklinge, Grabscheit, Knochennadel. Heute dagegen wäre es völlig verfehlt, den inzwischen entstandenen Möglichkeitsraum bloß als Ansammlung von Artefakten abbilden zu wollen. Schon dies wäre ein aussichtsloses Unterfangen, aber das Wesentliche würde noch gar nicht im Blickfeld auftauchen: daß Wirtschaft, Wissenschaft, Technik, Politik und Alltagsleben den Charakter miteinander verbundener Systeme und Subsysteme angenommen haben, die jeweils auf bestimmte Möglichkeiten (die Systemtheoretiker sagen »Funktionen«) spezialisiert sind. Was auch immer man tut, ob man Geld aus dem Automaten holt, jemand anruft, das Abitur nachholt, Zeitung liest oder in Urlaub fährt: jede in Anspruch genommene Option setzt das Zusammenwirken einer kaum noch überschaubaren Menge von Akteuren, Maschinen, standardisierten Prozeduren, von Informationsverarbeitung und Informationsübertragung voraus.

Die Frage, wie man all dies am besten organisieren soll, ist für Freiheit im objektiven Sinn längst wichtiger geworden als die Frage, welche Funktionen man denn noch in Mobiltelefone hineinpacken könnte. Sie führt freilich in Argumentationsbereiche, in denen Begründbarkeit durch Fakten oft nur noch in homöopathischen Dosen zu haben ist – der Rest ist Ermessen, Probieren, Interpretieren. Völlig ungewohnt für die gewißheitsverwöhnten Akteure der objektiven Modernisierung ist die Notwendigkeit, sich nun mit Kultur so auseinanderzusetzen, wie sie es bisher mit Natur getan haben. Sinn, Symbole, Alltagsroutinen, Weltbilder, Gefühle, Ästhetik, Identität und Moral – das gemeinsame Subjektive ist tief in die Funktionssysteme hinein verwoben und damit zum Bezugsfeld auch der objektiven Modernisierung geworden. Über die Reorganisation eines Unternehmens, über die Reform der Sozialsysteme oder über die Welthandelsordnung kann man nur dann erfolgreich nachdenken, wenn man die unscharfen, hochvariablen, nur mit viel Intuition zugänglichen kulturellen Phänomene als Fakten ganz anderer Art einbezieht, die etwa mit physikalischen oder medizinischen Meßergebnissen in keiner Weise vergleichbar sind. Unumkehrbar wird objektive Modernisierung auf diese Weise immer unsicherer und geistig anspruchsvoller.

Bisher wurde das Subjektive als Bereich behandelt, über den man nicht reden kann und zu dem man folglich schweigen muß. Subjektive Modernisierung als Bemühung, über diesen Zustand der intellektuellen Resignation hinauszukommen, hat noch kaum eingesetzt, aber der Wille dazu artikuliert sich immer deutlicher, nicht nur, weil das Subjektive mehr und mehr zum Gegenstand objektiver Modernisierung wird, sondern vor allem auch deshalb, weil etwa seit den siebziger Jahren das Projekt des schönen Lebens immer mehr zum Zentrum eines alltagsbezogenen Diskurses geworden ist. Er hat zwar die Privatsphäre zum Gegenstand, wird aber über ihre Grenzen hinweg als gemeinsamer Diskurs geführt. Es geht um Begriffe, um Beschreibungsformen, um Maßstäbe subjektiven Gelingens, um eine explizite Handlungslogik des Seins, die der schon ausgearbeiteten Handlungslogik des Könnens ebenbürtig ist. Subjektive Modernisierung heißt: das Reden über Subjektivität – eigene, fremde, gemeinsame – zu lernen.

Zur noch unbearbeiteten Agenda der neuen, schwierigeren Selbstkritik der Moderne zählt schließlich die Beziehung zwischen objektiver und subjektiver Freiheit, vermittelt durch das knappe Gut Zeit. Was man objektiv kann, läßt sich subjektiv nur nutzen, wenn man Zeit hat. Weil Freiheit zweidimensional ist, muß auch der Diskurs über Ungleichheit und Gerechtigkeit zweidimensional werden. Ungerechtigkeit der Geldverteilung betrifft nur die objektive Dimension der Moderne, Ungerechtigkeit der Zeitverteilung dagegen das eigentliche Zielgebiet: das der subjektiven Freiheit. In der Selbstkritik der Moderne steht eine Ausweitung des Begriffs sozialer Ungleichheit an.

Daß Fragen dieser Art keineswegs »postmodern« sind, daß sie der Identität des Westens nicht etwa zuwider laufen, sondern sich genau aus dieser Identität ergeben, zeigt sich erst im Rekurs auf den modernen Grundwert der Freiheit. Das Projekt der Moderne mündet unweigerlich in eine Epoche der Ungewißheit, gerade deshalb ist es nicht zu Ende, denn wie könnte man besser mit Ungewißheit umgehen als modern: forschend, experimentierend, aus Fehlern lernend? Für die Erneuerung modernen Wertbewußtseins sind die einfachen Diskurse, etwa über die Perfektionierung oder Funktionserweiterung von Apparaten, schon zu weit in den Bereich des abnehmenden Grenznutzens vorgedrungen. Erst die neuen, schwierigen Diskurse werden wieder bewußt machen, worum es eigentlich geht.

Die Verteidigung wird dringender

Die zweite Form, modernes Wertbewußtsein durch Zweifel zu bilden, ist die Abwehr von Angriffen auf die Freiheit an sich. Hier bedarf es zunächst einer Unterscheidung. Eine fundamentale Ablehnung der Freiheit ist nicht zu verwechseln mit ihrer Begrenzung im Dienst der Freiheit. Debatten über Einschränkungen der Freiheit sind in modernen Gesellschaften geradezu an der Tagesordnung. Hierbei handelt es sich jedoch um das Gegenteil von Fundamentalkritik – um eine Bestätigung des Grundkonsenses. Einer Kultur der Freiheit ist der ständige Streit über ihre Grenzen in die Wiege gelegt, denn ohne Einschränkungen, ohne den Schutz des einen vor dem anderen, ohne Festlegung von Pflichten, ohne Geltung von Regeln im öffentlichen Raum bricht das ganze Freiheitsprojekt zusammen. Eine Gesellschaft der Freien kann es nur im Einverständnis darüber geben, daß die Grundentscheidung für Freiheit es unumgänglich macht, auch auf Freiheit zu verzichten.

Die Fundamentalkritik der Freiheit hat damit nichts zu tun. Sie betrachtet begrenzte Einschränkungen der Freiheit nicht als Kosten, die zu entrichten sind, damit »netto« möglichst viel Freiheit übrig bleibt, vielmehr hält sie Freiheit *an sich* für ein Übel. Der politische Islam ist gegenwärtig nur ein besonders auffälliger Gegner der Moderne, der einzige ist er keineswegs.

Wie schon die Selbstkritik der Moderne, so setzt auch die Abwehr der Fundamentalkritik ein bewußtes Bekenntnis zur Freiheit voraus, wenn auch reaktiv, eingepackt in einen Widerspruch. Hymnen, Strohpuppenverbrennungen und Selbstmordattentate gehören nicht zum Repertoire des modernen Kommunikationsstils, klare Worte und entschiedene Gesten im Fall fundamentaler Angriffe durchaus. Während nun die Angriffe in den letzten Jahren immer schärfer wurden, blieb die Verteidigung unsicher. Anteilnehmende westliche Zeitbeobachter äußern immer noch Verständnis; die Angreifer werden als Opfer und Verlierer gesehen; ihr Versagen gilt gar als Schuld der Moderne. Das Gefühl der Bedrohtheit ist gewachsen, doch die Klarheit darüber, was eigentlich bedroht ist, blieb dahinter zurück, weil der Genuß der Freiheit immer noch so alltäglich und selbstverständlich ist wie das Wasser, das aus der Leitung kommt.

Die Entwicklungen in Afghanistan, im Irak und im Libanon schüren inzwischen die Selbstzweifel des Westens.

Er sieht sich verantwortlich für Fehler, Lügen, Verstöße und Verbrechen. Die Erneuerung westlichen Wertbewußtseins wird von Bildern überlagert, die Folter, Rechtlosigkeit, Tod und Zerstörung zeigen. Es wird nichts übrig bleiben, als beides zu sehen: das eigene Versagen und die Moral der Freiheit, ohne die es das Eingeständnis des Versagens nicht geben kann, wie es alle historischen und aktuellen Beispiele zeigen. Weder die untergegangenen noch die gegenwärtigen totalitären Systeme – Faschismus, Sozialismus, Gottesstaat – sind zur Selbstkritik fähig oder gar in der Lage, das eigene Versagen einzugestehen.

Wo der Diskurs aufhört

In den letzten Jahrzehnten des 20. Jahrhunderts fiel die Abwehr der Fundamentalkritik oft auch einer Auffassung der Moderne zum Opfer, die Verständnis für jede Art von Kritik und jede Art von Kultur einklagte. Alle dürfen alles, niemand ist im Besitz der Wahrheit, alles ist relativ, es gibt keine Maßstäbe mit universellem Geltungsanspruch. Was aber tun, wenn man auf jemand trifft, der darauf aus ist, genau diese ehrenwerte, wohlmeinende Haltung mit Stumpf und Stiel auszurotten? Umfassender Relativismus respektiert sogar extremen Dogmatismus; grenzenlose Toleranz macht den grenzenlos Intoleranten Platz; die Allesversteher verneigen sich vor den Verweigerern jeglichen Verständnisses. Moderne Skepsis führt sich selbst ad absurdum, wenn sie ihre eigene Abschaffung duldet.

Es waren freilich keine Argumente, sondern Terroranschläge, die erst zu Beginn des 21. Jahrhunderts den Weg für eine Abwehr der Fundamentalkritik frei machten. Nicht die Einsicht in seine Dummheit schwächte den Relativismus, vielmehr machte ihn die Bedrohung intelligenter. Wer jede Freiheit, auch die Freiheit der Freiheitsberaubung, als legitim anerkennt, spürt den inneren Widerspruch spätestens dann, wenn er selbst zum Opfer wird.

Die Abwehr der Fundamentalkritik kann nicht damit rechnen, diejenigen zu überzeugen, gegen die sie sich richtet. Diskursiv kann sie nur unter Gleichgesinnten geführt werden, im Innenraum der Moderne. Es wäre unrealistisch, im Außenverhältnis verständnisvolle Zuhörer zu erwarten. Der erste Schritt moderner Selbstvergewisserung besteht in der Einsicht, daß eine undiskutierbare Entscheidung am Anfang steht, ein Apriori, mag man es Glauben nennen, Emotion oder Setzung. Die Entscheidung für Freiheit läßt sich allenfalls verdeutlichen, aber nicht begründen, nicht einmal durch die Natur des Menschen, denn aus Seinsaussagen lassen sich keine Sollensaussagen ableiten.

Entweder will man Freiheit oder man will sie nicht; entweder ist man Freund oder Feind; entweder kann man miteinander reden oder muß sich voneinander abgrenzen. Es ist eine fromme Illusion, seine Wertbasis gleichzeitig zur Diskussion zu stellen und auf ihre Beständigkeit zu vertrauen, weil schließlich doch jeder ihre Überlegenheit einsehen müsse. So gerne der Westen eine philosophisch unanfechtbare Letztbegründung für seinen Grundwert in Anspruch nehmen würde – es gibt sie nicht. Die Moderne ist nur eine Kultur von vielen möglichen, sie ist nicht etwa der einzig denkbare Ausdruck der Natur des Menschen und deshalb von zwingender Überzeugungskraft. In der Abwehr der Fundamentalkritik der Moderne kann es deshalb nicht um Diskurs gehen. Gefragt sind Grenzziehung, Warnung und Abwehr.

Es zählt zu den wichtigen Lektionen der letzten Jahre, daß »innen« und »außen« in diesem Zusammenhang keine geographischen, sondern kulturelle Ortsangaben sind. Das Erschrecken darüber, daß die Fundamentalgegner des Westens in ihren eigenen Territorien siedeln, führt gegenwärtig zu einer umfassenden Neuorientierung der Innenpolitik quer durch die Staaten. Aber wie die Vormoderne in die Territorien der Moderne eindringt, so umgekehrt auch die Moderne in die Territorien der Vormoderne. Überall jenseits der westlichen Länder leben Gesprächspartner ohne Ansprache – Selbstdenker, Zweifelnde, Veränderungsbereite, eigensinnige Freiheitsliebende mit Sinn für das schöne diesseitige Leben, vielfach bedroht, öffentlicher Einschüchterung ausgesetzt, eingekerkert. Und immer noch versäumt es der Westen, sie massiv zu unterstützen.

Der sündige Westen

Ein Cartoon von Gideon Kendall in der amerikanisch-jüdischen Zeitschrift *HEEB* vom Herbst 2005 zeigt die Hinteransicht des starr auf einem Felsvorsprung stehenden Moses mit den Gesetzestafeln in der Hand, zu seinen Füßen das wild kopulierende Volk Israel vor dem goldenen Kalb. Hier finden wir alles versammelt: die Fundamentalkritik der objektiven Modernisierung, symbolisiert durch das goldene Kalb; die Fundamentalkritik der subjektiven Modernisierung, dargestellt als Massenorgie; den fassungslosen Blick auf beides, verkörpert durch Moses; und die Erhabenheit des Prinzips sündloser Reinheit, versinnbildlicht durch die Gesetzestafeln. In dieser Szenerie sind alle Elemente der Ikonographie der Antimoderne vereint, die Kulturkritiker, Kleriker, Erweckungsprediger, Fundamentalisten und Selbstmordattentäter verwenden. Als Angriff auf die Angreifer ist die Karikatur ihrerseits ein Beispiel für die moderne Form des Bekenntnisses durch Negation.

Die positive Botschaft schwingt nur indirekt im Subtext mit: Ja, wir wollen das goldene Kalb und den Sex. Und das soll die Botschaft der Moderne sein? In der Tat, symbolisch gesehen ist sie das. Goldenes Kalb und Sex sind Zeichen der Freiheit. Man spürt bei dieser Lesart immer noch eine leichte Hemmung. Die Diskreditierung der Freiheit steckt uns tief in den Knochen; sie bezieht ihre Wirksamkeit aus Jahrhunderten der Freiheitsfeindschaft, die immer noch im kollektiven Gedächtnis nachhallen.

So haben die beiden uralten Kritikmuster, die sich gegen objektive und subjektive Freiheit richten, ihr Einschüchterungspotential bis auf den heutigen Tag ebenso bewahrt wie ihre missionarische Kraft. Sie mobilisieren immer noch Gefolgschaft und lösen Beißhemmungen aus, während sie selbst kräftig zubeißen. Wer wagt es, die ewigen Angeklagten zu verteidigen? Am Pranger stehen Technokratie, Materialismus, Kapitalismus, Globalisierung, Wachstumsfetischismus, Gewinnorientierung, Habsucht, Allmachtsphantasien, Beschleunigung und der Terror der instrumentellen Vernunft. Wer hat den Mut, für Egoismus, Zügellosigkeit, Gottlosigkeit, Unbescheidenheit, Genußsucht, Libertinage und Selbstverliebtheit einzutreten?

Die Fundamentalkritik, so zeigt schon diese Liste des Entrüstungsvokabulars, hält die objektive Vermehrung und den subjektiven Gebrauch der Freiheit an sich für unmoralisch, schädlich, gottvergessen, menschenfeindlich und würdelos. Daß beides diesen Charakter annehmen kann, ist trivial, denn es handelt sich um menschliches Tun – wie sollte es perfekt sein? Daß im Westen beides keineswegs überwiegend diesen Charakter annimmt, ist ebenfalls trivial, als Gegenargument jedoch riskant. Wer es vorträgt, muß es aushalten können, als schlechter Mensch angesehen zu werden.

Das Odium des schlechten Menschen führt direkt zu den religiösen Wurzeln der Fundamentalkritik. Die längste Zeit betrachtete die christliche Religion den Menschen als schlechten Menschen und den Kampf gegen sich selbst als Mittel der Annäherung an Gott. Wie keine andere Religion stellte sie den Menschen an sich unter Generalverdacht, wie keine andere mißtraute sie ihm. Aus der christlichen Mißbilligung des Menschlichen ergab sich die Mißbilligung der Freiheit unmittelbar. Die Kulturkritik der »hedonistischen Konsumgesellschaft« ist ein später Nachhall der donnernden Bußpredigten des Mittelalters. In der Theologie ist diese Lehre längst abgetan, und der westliche Lebensstil hat sich nach und nach gegen sie durchgesetzt. Aber ein übler Nachgeschmack ist geblieben, eine gewisse Verschämtheit, eine Bereitschaft zum schlechten Gewissen, die Duldung übler Nachrede und ein wenig Schizophrenie – Menschen arbeiten an ihrer Freiheit und nehmen sie in Anspruch, gleichzeitig aber nicken sie beifällig, wenn sie jemand dafür angreift.

Der Islam kennt keine Erbsündenlehre und glaubt daran, daß der Mensch als Geschöpf Gottes von Natur aus gut sei. Allerdings kann sich der Mensch versündigen und auf dieser Sünde beharren. Und so entfaltet auch hier der Sündenbegriff seine zerstörerische Kraft. Im islamischen Fundamentalismus wird der Kampf gegen den sündigen Westen als Heiliger Krieg aufgewertet; den Westen zu hassen, anzugreifen, zu zerstören ist Gottesdienst. Als sündig und unrein aber gilt der Westen, weil er sich der subjektiven Freiheit verschrieben hat.

Hätte es aber nicht anders kommen können? Warum haben die beiden größten monotheistischen Religionen dafür optiert, die Freiheit als Sünde zu begreifen und nicht umgekehrt als göttliches Gebot? Anthropologisch gesehen, scheint dies doch viel näher zu liegen. Bei dieser Betrachtungsweise kommen zwei weitere Motive in den Blick, die ebenso zum Menschen gehören wie das Streben nach objektiver und subjektiver Freiheit, dieser Anlage aber entgegengesetzt sind.

Das eine Motiv ist der Neid, das Unglück über das Glück eines anderen, wie Aristoteles den Neid definiert hat. Ohne den bitteren Preis der Ungleichheit ist Freiheit nicht zu haben. Objektive Ungleichheit ist schon schwer genug zu ertragen. Der Neidische denkt: Wenn ich genug habe, du aber mehr als genug, wäre es mir lieber, jeder von uns hätte gleichermaßen zu wenig. Oder: Wenn dein Einkommen mehr gestiegen ist als meines, wäre es mir lieber, es wäre bei jedem von uns gesunken. Bei subjektiver Ungleichheit schmerzt der Stachel des Neides noch viel stärker und führt zu noch absurderen Reaktionen, denn man kann nicht die Umstände haftbar machen – das Defizit liegt in einem selbst. Wie charmant, begabt, spontan und locker du bist! Wie du das Leben liebst und genießt, und wie dumm ich mich selbst dabei anstelle! Der Begriff der Sünde schützt vor Neid. Wenn Gott will, daß alle in Sack und Asche gehen, arm bleiben, daß die Attraktiven sich ebenso verhüllen wie die Häßlichen, daß Musik und Tanz unterbleibt und Frauen nicht alleine ausgehen, hat er dem Neid den Stachel gezogen.

Das andere Motiv ist die Angst vor Leere. Objektive Freiheit ist umso größer, je mehr Möglichkeiten man sich geschaffen hat. Desto größer ist freilich das Orientierungsproblem der subjektiven Freiheit. Beobachtungsstudien in Supermärkten haben gezeigt, daß Menschen nur kurz vor Regalen stehen bleiben und selten etwas kaufen, wenn die Regale von verschiedenen Artikeln überquellen. Wird dagegen ein leicht überschaubares Sortiment angeboten, bleiben sie länger stehen und kaufen mehr. Je mehr Möglichkeiten man hat, desto schwerer tut man sich, etwas damit anzufangen. Die Moderne hat die Menschen vor immer unübersichtlichere Wahlen gestellt und immer mehr Gestaltungsphantasie abverlangt. Zwar haben sie gelernt, mit all den Optionen umzugehen, aber viele sehnen sich insgeheim nach weniger. Der Begriff der Sünde befreit von Optionen. Sünde heißt weniger, weniger heißt Orientierung, Orientierung heißt Seelenfrieden. Vormoderne bedeutet Gewißheit und versorgte Unterordnung. Und umgekehrt: Moderne bedeutet Ungewißheit und die Mühen der Freiheit.

So klärt sich die merkwürdige Verschwisterung der religiös grundierten Modernitätsfeindschaft mit der Mißbilligung menschlicher Lebensfreude auf. Die gemeinsamen Eltern treten hervor: eine Verbindung der allgemeinen menschlichen Anlagen von Neid und Orientierungsbedürfnis einerseits mit der religiösen Tradition des Sündenbegriffs andererseits. Dieser konstruiert Gott als neidischen Gott, der sich zurückgesetzt fühlt und die Herrschaft nicht aus der Hand geben will. Die Abwendung von diesem Sündenbegriff ist keineswegs antireligiös, sie ist lediglich modern, weil sie der Suche nach Freiheit und selbstbestimmter Moral entspringt. Hat Gott etwas gegen die Moderne? Prediger, Erweckte und selbst manche Theologen mögen für sich in Anspruch nehmen, einen privilegierten Zugang zu ihm zu haben. Daß Glauben Nichtwissen bedeutet, ist eine Banalität. Es überrascht nicht, daß sie gerade von Gläubigen leicht vergessen wird.

Das Drama der Freiheit weiterschreiben

Die argumentativen Formen der Selbstvergewisserung der Moderne – Selbstkritik und Abwehr der Fundamentalkritik – klären die Verhältnisse, aber sie bewegen nicht die Herzen. Menschen brauchen Erzählungen, Bilder, Beispiele, um die Verbindung zwischen Werten und Handeln herzustellen. Was jedermann alltäglich denkt und tut, welche Lebensläufe daraus werden, welche Deutungen der Wirklichkeit sich durchsetzen und welche kollektiven Wege sich daraus ergeben, korrespondiert den elementaren Drehbüchern einer Epoche. Nicht philosophische Traktate und politische Manifeste, sondern Gedichte, Romane, Opern, Theaterstücke, Biographien, Talkshows und Klatschgeschichten leisten die Übersetzung der normativen Grundentscheidungen der Kultur der Moderne in die Alltagswirklichkeit. Sie dramatisieren und verbildlichen, was als abstraktes Prinzip die Menschen nicht erreicht.

Spannend werden Geschichten durch Konflikte, Defizite, Hoffnungen und Befürchtungen. Was nun die Menschen der Moderne unfehlbar neugierig macht und fokussiert, ist das Noch-Nicht-Haben und Noch-Nicht-Können: die Bewegung der Protagonisten auf ein Ziel hin, an dem sie noch nicht sind. Das ewige Noch-Nicht der Moderne ist die Freiheit. Die großen Erzählungen der Moderne berühren die Menschen als Drama der Freiheit: Jemand will sich ausleben, aber es gibt Hindernisse. Schafft er es?

Weil man sich der Freiheit immer nur annähert und dabei immer neue Hindernisse auftreten, muß es zu jeder Zeit Reformulierungen des Dramas der Moderne geben, die am schon erreichten Niveau ansetzen und von dort aus den Horizont des noch Unerreichten neu bestimmen. Die großen Erzählungen am Anfang der Moderne drehten sich um die Befreiung der Menschheit aus der babylonischen Gefangenschaft, um den Sieg über die Despoten, um das

Ablegen der Fesseln. Nicht von ungefähr erlangte der Sturm auf die Bastille eine Symbolkraft, deren geschichtliche Bedeutung die des Tagesereignisses weit überstieg. Englische, amerikanische und französische Revolution, die Befreiungskriege, die nationalen Bewegungen des 19. Jahrhunderts, die Sezessionskriege mit ihrem Leitthema der Sklaverei, die Arbeiterbewegung mit ihrem Motiv des Kampfes um menschenwürdige Lebensbedingungen für jeden: dies waren typische Varianten des damaligen Dramas der Moderne in der westlichen Welt. Ihre Grundemotion war die Sehnsucht nach Freiheit.

Im 20. Jahrhundert wurde das Drama der Moderne komplexer. Ursprünglich bestand die Pointe der Erzählung nur in der Befreiung im objektiven Sinn: Weg mit der Tyrannei! Nieder mit der Fremdherrschaft! Gleiches Recht für alle! Brot und Luft zum Atmen für jeden! Der Rest, so die unausgesprochene Annahme, würde sich dann schon finden. Aber als der Möglichkeitsraum immer weiter wurde, stellte sich heraus, daß sich der Rest keineswegs von selbst einstellte: das gelingende Leben.

Die totalitären Systeme des 20. Jahrhunderts übernahmen das Subjektive in staatliche Regie. Ihr anfänglicher Erfolg lebte von der Dramatisierung der Antimoderne: Das Kollektiv wagt einen großen, weltweiten Kampf gegen einen gefährlichen Gegner. Es benutzt alle Mittel, die die objektive Modernisierung bereitstellt, aber es hält eine Vision der Ankunft im Möglichkeitsraum bereit, in welcher der einzelne nichts, das Kollektiv alles sein soll. Letztlich scheiterten die faschistischen Diktaturen und der

Sozialismus auch daran, daß die großen Erzählungen der Moderne stärker waren. Sie beziehen ihren Stoff aus dem Leben des einzelnen und sind deshalb von nie versiegender Berührungskraft.

Im 20. Jahrhundert wandten sich die neuen Dramatisierungen der Moderne mehr und mehr der subjektiven Dimension zu. Es entstanden gleich mehrere Drehbücher – das Skript des subjektiven Desasters, das Skript des Himmels auf Erden und das Skript der Selbstverwirklichung.

Die Tragödie des subjektiven Scheiterns, die in der Hochkulturszene triumphierte, machte immerhin klar, daß Freiheit schwierig ist: zunächst ein durchaus überraschender Befund, dessen Neuigkeitswert aber inzwischen verbraucht ist. Scheitern ist freilich dramaturgisch dankbar, deshalb wird das Skript auch heute noch in Romanen, Filmen, Theaterstücken und in der bildenden Kunst inszeniert. Auch die Komödie der Dauerbefriedigung im Himmel auf Erden hielt sich das ganze 20. Jahrhundert über, aufgeführt von der Werbung. Die Menschen sehen sie inzwischen distanzierter, oft mit Ironie, Überdruß, Wut. Allmählich läßt die Wirkung beider Drehbücher nach.

Das Drehbuch der Selbstverwirklichung ist gegenwärtig das weitaus wirksamste. Es geht auf den Anfang des Jahrhunderts zurück, populär wurde es jedoch erst in den siebziger Jahren. Sein Thema sind die spezifischen Freiheitshindernisse des Subjekts im fortgeschrittenen Möglichkeitsraum. Nachdem man am Anfang der Moderne, gefangen durch die Umstände, zunächst sagen mußte »Ich kann nicht«, schallte einem bald, kaum daß man mehr Möglichkeiten hat, »Du sollst nicht!« entgegen.

Äußerer Zwang sorgt für klare Konfliktfronten, während die soziale Zumutung, den Gebrauch der Freiheit selbst einzuschränken, Verwirrung stiftet und den einzelnen in die Pflicht nimmt, sein eigener Gegner zu werden. Bespitzelung, Geheimpolizei, Ausplünderung und Willkür schaffen Verhältnisse, die eindeutig genug sind. Wer darunter zu leiden hat, kennt seine Feinde und ihre Motive: Machterhalt, Bereicherung oder Wahnsinn. Geht es aber gegen die subjektive Freiheit, so erscheint der Gegner als Freund, als einer, der es gut meint, weil er ja für Werte und Moral eintritt. Die Konfliktlinie verlagert sich in den Handelnden selbst hinein. Er soll sein eigener Gegner werden. »Du sollst nicht!« verwandelt sich auf diese Weise in »Ich will nicht«.

Diese Struktur aufzudecken und sich dagegen aufzulehnen, wurde zum Thema der Literatur des 20. Jahrhunderts, zum Kristallisationskern der Psychoanalyse, zum Angriffspunkt des Feminismus, zum Mythos der Achtundsechziger, zur großen Erzählung der Erlebnisgesellschaft, zum Drehbuch der Selbstverwirklichung. Die radikalste Form des »Du sollst nicht« ist die Erzwingung von »Moral« oder »Geschmack« durch öffentliche Gewalt, etwa in Form von Scharia, Religionspolizei oder Strafgesetzen gegen Homosexualität. Das Beispiel Oscar Wildes erinnert daran, daß es zwei Grundformen der gezielten Einschränkung subjektiver Freiheit gibt: gesellschaftlichen Zwang und Selbstzwang. Wilde nahm sich die Freiheit, sich keinen Selbstzwang anzutun und bekam dafür den gesellschaftlichen Zwang zu spüren. Im Lauf des 20. Jahrhunderts nahm der gesellschaftliche Zwang in den Ländern des Westens immer mehr ab. Fundamentalisten bekämpfen dies und machen sich für gesellschaftlichen Zwang stark, wenn der Selbstzwang »versagt«. Aber auch im verunsicherten, modernitätsmüden, freiheitssatten Westen sympathisieren viele mit einer Rückkehr des Selbstzwangs.

Wie wird das 21. Jahrhundert das Drama der Moderne fortschreiben? Das große Thema der kommenden Phase der Moderne heißt Reifung: Integration des scheinbar Widersprüchlichen, Selbstbewußtsein ohne imperiale Attitude, Selbstannahme bei aller Selbstkritik, Entschlossenheit im Grundsätzlichen. Der Blick der Moderne auf sich selbst könnte sich am Muster des Entwicklungsromans orientieren. Sie kann scheitern oder vorankommen; sie kann den anstehenden nächsten Schritt, die Objektivierung des Subjektiven angehen (soweit möglich und sinnvoll) oder in der Pubertät unartikulierter Selbstverwirklichung verharren; sie kann Angst vor der eigenen Courage bekommen oder sich zum verschwommen sichtbar werdenden nächsten Horizont voranwagen: zu gemeinsamen Erfindungen des gelingenden diesseitigen Lebens; sie kann sich von Zuchtmeistern einschüchtern lassen oder gegen sie durchsetzen. Damit sind einige dramatische Spannungen der reifer werdenden Moderne angedeutet. Sie eignen sich für Erzählungen aller Art, etwa für Soaps, Biographien, Kunstwerke, Spielfilme, Theaterstücke, Zeitdiagnosen, Geschichtsschreibung, Liebesbeziehungen, Werbespots, Alltagserzählungen und Romane. Gegenwärtig ist davon freilich noch wenig zu erkennen.

Am 4. September 2006

Heute ist der 4. September 2006. Unter dem schon herbstlichen blauen Himmel treibt der Westwind riesige weißgraue Wolken über das Land, wie Ruisdael sie oft gemalt hat. Eine ruhige Spätsommerstimmung, doch in den Zeitungen der letzten Tage spiegelt sich vor allem zunehmende Nervosität. Der fünfte Jahrestag der Attentate rückt näher. Al-Quaida hat die US-Soldaten im Irak dazu aufgefordert, sich zum Islam zu bekennen, noch sei es nicht zu spät. Ein Foto zeigt die Randszene einer Demonstration in London: Im Hintergrund Reihen von Muslimen, die eine Straße blockieren, um demonstrativ zu beten, im Vordergrund ein sichtlich um Fassung bemühter Polizist, den ein zornerfüllter junger Mann aus wenigen Zentimetern Distanz mit drohendem Zeigefinger anbrüllt. Vor kurzem scheiterten Terroristen nur knapp mit ihrem Vorhaben, in London Heathrow Bomben mit Flüssigsprengstoff in möglichst viele Flugzeuge gleichzeitig zu schmuggeln; in der nachfolgenden Diskussion wurde die Regierung Blair beschuldigt, solche Vorfälle durch ihre Politik zu provozieren.

Heute ist der 4. September 2006. In der Zeitung lese ich, daß die Rechtsanwältin und Autorin Seyran Ates, die sich, selbst eine Deutsche kurdisch-türkischer Abstammung, seit langem für türkische Frauen in der Bundesrepublik stark gemacht hatte, ihre Kanzlei in Berlin geschlossen hat. Wenige Tage zuvor war sie an einem U-Bahnhof in Berlin

Kreuzberg vom schreienden Ehemann einer Mandantin angegriffen worden. Ich lese, dass Ramin Jahanbegloo nach Monaten willkürlicher Einkerkerung in Teheran wieder auf freien Fuß gesetzt wurde – warum das Regime nun sein freies Denken nicht mehr fürchtet, das ihn international bekannt gemacht hatte, wird schnell klar: Man bedroht ihn mit Repressalien gegen seine Familie. Ich lese eine Würdigung des ägyptischen Literaturnobelpreisträgers Nagib Machfus, der vor kurzem gestorben ist. Sein Roman *Die Kinder unseres Viertels* war 1959 verboten worden, weil darin Gott, Jesus und Mohammed auftraten; 35 Jahre später stach ihn ein Fundamentalist nieder, er überlebte den Anschlag nur knapp.

Heute ist der 4. September 2006. Bayern fiebert dem Besuch des Papstes entgegen, der vor kurzem in einem Interview mit vier deutschen Chefredakteuren die Moderne als gottesfern gekennzeichnet hat, sowohl was den objektiven als auch was den subjektiven Aspekt der Freiheit betrifft – in ihren Artefakten sei das Quellwasser der göttlichen Wahrheit bis zur Unkenntlichkeit verwässert, und der subjektiven Freiheit seien die Menschen nur unter Rückgriff auf die Religion gewachsen.

Die Aufführung von Shakespeares »Sommernachtstraum« in Berlin unter Thomas Ostermeier und Constanza Macras, über die heute in den Feuilletons zu lesen ist, könnte dem Papst ein Beispiel dafür liefern, wie weit es ohne diesen Rückgriff kommen kann. In der Rezension ist von einer »Schweiß, Tränen und Sperma verspritzenden Orgie« die Rede, vom »ewigen Sog und Gegensog, der das

Leben ausmacht«, von einem »immer enthemmter, narzistischer, brutaler und grellbunter werdenden Sommernachtstanz … zwischen geschlechtlichen wie sexuellen Identitäten, Tierischem und Menschlichem, Entgrenzung und Ernüchterung, Trash, Blödigkeit sowie tieferer Bedeutung … Am Schluß steht der einsam einzelne … Gottverlassen zittert seine Stimme … Angst hat das letzte Wort. Und Trostlosigkeit. Die Welt ist irr, wir alle müssen es erleiden und erdulden.«

Das ist immer noch die Pubertät der Moderne, denke ich, das sind immer noch die Drehbücher des 20. Jahrhunderts: Himmel auf Erden, Selbstverwirklichung, Scheitern. Eine Pubertät, über die, was das Theater betrifft, schon in den siebziger Jahren Rezensionen zu lesen waren, deren Gedankenhintergrund und Diktion sich in nichts von der gerade zitierten Kritik unterscheiden. Die Pubertät ist Folklore geworden, die Avantgarde zur Trachtenkapelle.

Im selben Feuilleton wird Jonathan Franzens autobiographisches Buch *The Discomfort Zone* vorgestellt: ein Text über die Zeit der Unreife des Autors, über seine pubertären Jahre. Eine prominente Kritikerin verriß das Buch in der New York Times als ärgerliches »Porträt des Künstlers als junger Esel«. Franzen selbst sagt im Interview: »Das Mindeste, was ich tun kann, ist, mich versuchsweise in jene Regionen von Scham und Peinlichkeit zu wagen, die der Leser lieber meiden würde, und eine Art Vergil im Inferno der Demütigung zu sein und darauf zu hoffen, daß diese Reise den Leser unterhält und ihn sich an ihrem Ende ein wenig freier fühlen läßt.«

So könnte das neue Drama der Freiheit aussehen; sein Plot ist der Versuch, erwachsen zu werden. Im Eingeständnis der Schwäche, im distanzierten, fast anteilnehmenden Blick auf vergangenes Unvermögen liegt ein moderner, aus Skepsis geborener Entschluß zur Stärke, zur Reife, zur Freiheit und zum Gespräch über das Subjektive – jenseits der zur Konvention erstarrten Tabubrüche und ohne den bergenden Mantel religiöser Autoritäten. Franzens Buch ist nur ein Beispiel. Noch ein seltenes am 4. September 2006.

Dunja Melcic
Das Denken der Freiheit
Auf den Spuren Hannah Arendts

Vor nicht allzu langer Zeit hat Martin Meyer, der Feuilletonchef der altehrwürdigen liberalen Neuen Zürcher Zeitung, das Wertgefüge unserer in der Aufklärung gründenden Zivilisation der Moderne prägnant auf den Punkt gebracht: Es sei die große Errungenschaft der europäischen Aufklärung gewesen, das Politische als den Begriff der Verständigung über das Öffentliche vom Ideologischen als der Wirklichkeit privaten Bekennens und Glaubens abgetrennt zu haben, und diese Differenz anzuerkennen. Heute lebten die demokratischen Kulturen der Freiheit nämlich davon, daß wir Menschen politisch irgendwie zusammenkommen und uns in Mehrheiten konstituieren müssen, dabei aber als Individuen durchaus unseren persönlichen Ideen und Optionen folgen sollen.

Wer diese Tradition der demokratischen und politischen Kultur der Freiheit teilt, wird sie als schützenswürdig erachten. Wie kann sie jedoch gegenüber äußerer Bedrohung – wie dem islamistischen Fundamentalismus und seinem mit politischer Theologie aufgeladenen Terrorismus – ausgestattet werden, ohne sich selbst zu verleugnen? Man könnte allerdings auch den Blick auf diese unzweifelhaften Errungenschaften lenken und nach möglichen Defiziten – etwa bei der Konstitution des Öffentlichen und des Politischen – fragen. Wer z. B. Hannah Arendts Werk liest, deren 100. Geburtstag sich im September 2006 jährte, stößt unweigerlich nicht nur auf die Errungenschaften sondern auch für die Unzulänglichkeiten der Freiheit in der Moderne. Hannah Arendt hat von ihrem Lehrer Martin Heidegger gelernt, die Auseinandersetzung mit der Moderne auf der Folie der alten Begriffswelt der Antike, d.h. in erster Linie der griechischen Philosophie zu führen. Sie hat, einer Beobachtung des Kölner Philosophen Ernst Vollrath zufolge, »die Politik stets auch mit Augen gesehen, [...] die von der Philosophie sehend gemacht worden waren«. So wie sich Heidegger bei seiner Auseinandersetzung mit der Moderne durch den phänomenologisch-ontologischen Ansatz von anderen Strömungen abkoppelt, schafft sich Hannah Arendt einen Zugang zum politischen Wesen der Moderne, der weitgehend frei vom Einfluß der damals dominanten ideologischen und politischen Strömungen und Politiktheorien war. Mit diesem von Vorurteilen freien Ansatz wurde Hannah Arendt zur Pionierin des kritischen Totalitarismus-Denkens.

Von Heidegger hat sie die Methode des ursprünglichen Zugriffs auf die Phänomene gelernt und übertrug dann diese Verfahrensweise auf die Sphäre des Politischen. Einer der zentralen Begriffe ihrer Analyse ist jener der »öffentlichen Tugend«. Er ist angesiedelt im Spannungsverhältnis der zwei zu unterscheidenden Seinsweisen des Menschen. Die eine ist die Existenz als privater Bürger und Mitglied der Familie, die zurückgezogen von der Öffentlichkeit lebt. Die andere Seinsweise ist die politische. Das politische Wesen des Menschen verwirklicht sich in der Öffentlichkeit, *res publica*, eine Seinsweise, die Arendt der der privaten Existenz der modernen Bürger gegenüberstellt.[1] Doch antatt politisch zu agieren, verlagern die modernen Menschen ihre privaten Interessen in die Öffentlichkeit und verlangen von der Politik, ihre sozialen Probleme zu lösen. Sie bekennt sich zu dieser Unmittelbarkeit des Zugriffs auf die Themen: »Wenn wir aus dem, was geschieht und sich ereignet, Politik lernen wollen – und eine andere Lehre gibt es nicht –, so werden sich unsere Augen gewöhnen müssen, [im] … Zwielicht zu sehen«. (S. 112) Jürgen Habermas scheint dieses forsche Vorgehen nicht gefallen zu haben; mahnend ruft er in seiner Abrechnung mit Arendt Max Weber als Kronzeugen gegen die autonome Denkerin, deren Politikbegriff er attestiert, »auf moderne Verhältnisse unanwendbar« zu sein.[2] Die Einschätzung hängt allerdings davon ab, wie man die Moderne versteht und worin man ihre Gefahren und ihre Potentiale sieht. Es könnte sein, daß Arendt mit ihren philosophisch »sehenden« Augen mehr erblicken konnte als es gesellschaftstheoretischen Modellen möglich ist.

Der geschichtliche Kontext

Während Hannah Arendt in Marburg und Heidelberg studierte, stand die Frage der Krise Europas, der geistigen Krise der Moderne in den Universitäten im Brennpunkt. Der Einfluß der Katastrophe des 1. Weltkrieges war unübersehbar. Heideggers Seminare und Vorlesungen nahmen immer wieder unterschiedlich auf die Krise Bezug. Er ging dabei fundamentaler vor als seine Zeitgenossen. Damals entwarf er u.a. Perspektiven für einen neuen Anfang und das hieß im Grunde: eine andere Moderne. Heidegger ging davon aus, daß die erschütternden Erfahrungen des Weltkrieges Gründe lieferten für eine Wende aus der Krise – im und aus dem konkreten Leben.

Arendts Kritik der politischen Moderne hat eine ähnliche Doppelausrichtung: sie setzt sich einerseits mit der Moderne auseinander, weil sie in ihr eine Abwesenheit des Politischen diagnostiziert und andererseits dafür ein, den der Moderne entsprechenden Raum der Freiheit zu etablieren. Sie erkennt dabei immer klarer, daß es dafür eines anderen Denkens bedarf. Die »gegenwärtige Krise« nennt sie die »tiefstgehende Krise, die das Abendland seit dem Zusammenbruch des Römischen Reiches erfahren hat«. Diesem Zustand ist nicht mit »den platt gewordenen Regeln des gesunden Menschenverstandes, die keinem modernen Ereignis mehr adäquat sind«, beizukommen. »Der Verstiegenheit der Ideologien muß« ein Weg entgegengestellt werden, der sich erst zeigt, wenn man es gelernt hat, »auf viele liebgewordene Gewohnheiten und Methoden zu verzichten«.[3]

Deshalb greift sie auf die philosophischen Auseinandersetzungen mit der Politik der Antike zurück und läßt sich auf deren Herrschaftsformen als Folie ein, um zu einem neuen Begriff der (politischen) Freiheit zu gelangen. Wir haben es hier nicht mit einer vormodernen Nostalgie zu tun; vielmehr ist darin ein methodisch schlüssiges Verfahren zu sehen. Auch Heideggers Auseinandersetzung mit der modernen Metaphysik und sein Rückgriff auf die griechische Philosophie erklären sich aus methodischen Fragestellungen und Gründen. Durch die *vorchristlichen Denkerfahrungen* wird der Blick geschärft, um in der modernen Metaphysik, d.h. der Subjektivitätsphilosophie, die

Prägungen durch das Christentum und die Theologie wahrzunehmen und sie kritisch zu zerlegen. Diese Arbeit – die Heidegger »die Destruktion des überlieferten Bestandes der Ontologie« nennt (*Sein und Zeit*, § 6., S. 22) – zielt auf Gewinnung ursprünglicher Gehalte in den überlieferten Grundbegriffen. Sie versucht auch jene Knotenpunkte der Überlieferung freizulegen, die für ein wie auch immer bruchstückhaftes, jahrhundertelanges Weiterleben oder zumindest ein Nicht-Verschwinden der ursprünglichen Gehalte sorgten. Um die Krise der Moderne zu denken, muß man gegen die politische Tradition denken. Nur so kann das Denken und Forschen den modernen Ereignissen im bereits erwähnten Sinne »adäquat« werden. So war Hannah Arendt meines Wissens die erste, die sich einen neuen, einen freien Zugang zur politischen Philosophie von Niccolò Machiavelli verschaffte und es verstand, seine Modernität als ein bewußtes Entgegentreten der traditionellen politischen Philosophie zu verteidigen.[4] Sie würdigte seine »einzigartige Stellung unter den politischen Denkern« und seine Begriffe »virtù« und »fortuna« als Ausdruck der Abkehr vom platonisch-christlich geprägten Politikverständnis, das das eigentlich Politische vernichtet. Bezugnehmend auf Machiavelli betont Arendt: »...diese Begriffe von Freiheit und von Politik [stehen] im Widerspruch ... zu den Gesellschaftstheorien der Moderne. Dieser Sachverhalt legt natürlich nahe zu versuchen, hinter die Neuzeit und ihre Theorien zurückzugehen und uns älteren Traditionen anzuvertrauen«. Den geschichtlichen Kontext der Zwischenkriegszeit, die Wahrnehmung des totalen Zusammenbruchs, kann man als offensichtlichen Hintergrund für das Denken der Krise verstehen, das nicht nur Heidegger und Arendt, sondern auch Edmund Husserl zur – freilich jeweils anders verlaufenden – Auseinandersetzung mit der abendländischen Überlieferung bewogen hatten. Solchem Ringen mit dem krisenhaften Wesen der Moderne haftet eine Radikalität des Denkens an, die uns heute fremd vorkommt, zuweilen aber hilfreich sein könnte. So beruhigend es nämlich ist, daß die hysterische Stimmung der Zwischenkriegszeit mit den massenhaften Wendungen zu holistischen Lösungsrezepten und totalitären politischen Projekten der Vergangenheit angehört, so vermißt man in den Diskursen der Nachkriegsjahrzehnte in der Regel eine ernsthafte Beschäftigung mit den Ursprüngen der Krise der Moderne.

Freiheit und Moderne

Im Essay »Freiheit und Politik«, der in leicht unterschiedlichen Versionen mehrfach veröffentlicht wurde, stellt Hannah Arendt ihre Grundthese vor: »Der Sinn der Politik ist Freiheit«. Daß diese These zunächst befremdlich wirkt, führt sie darauf zurück, daß »die gesamte Neuzeit [...] Freiheit und Politik voneinander getrennt« hat. Es geht Arendt darum, einen ursprünglichen Zusammenhang zwischen dem politischen Handeln und dem »Frei-Sein« freizulegen: »Ursprünglich erfahre ich Freiheit und Unfreiheit im Verkehr mit anderen und nicht im Verkehr mit mir selbst. Frei sein können Menschen nur in Bezug aufeinander, also im Bereich des Politischen und des Handelns.« Beim Denken dieses Zusammenfallens von Freiheit und Politik muß sie eingestehen, kaum Vorläufer zu haben, allerdings aus unterschiedlichen Gründen. Die Antike hat demnach diese Form des Politischen *gelebt*, sie für selbstverständlich gehalten und sich deshalb philosophisch-thematisch nicht damit auseinandergesetzt. In der Neuzeit hingegen ist nach Hannah Arendt dieser Raum des Politischen, zu dessen ausgezeichnetsten Komponenten die Öffentlichkeit und die öffentliche Rede gehören, verdrängt und verschüttet. Diesen öffentlichen Raum des Politischen könnte man sich im Sinne Hannah Arendts als usurpiert durch andere, gesellschaftliche Seinsweisen und andere Formen der menschlichen Tätigkeiten vorstellen; er wird regiert durch »Privatinteressen«. Die Politik wird in der repräsentativen Demokratie von Parteipolitik ausgeübt, der Vertretung bestimmter gesellschaftlicher und ökonomischer Interessen. Anstelle des politischen Handelns des freien aus sich selbst Seins des Menschen als handelndes Wesen ist ein »Vakuum« entstanden. Ein solches ursprüngliches Handeln entsteht nur in Situationen, die ihrerseits Unterbrechungen des geregelten Alltags sind. Diesen Sinn der Politik entdeckt Hannah Arendt in Ereignissen der Revolutions- und Krisenzeiten, wenn »Freiheit ... zum direkten Zweck politischen Handelns wird«. In solchen Grenzsituationen befreien sich die Menschen zum politischen Handeln, dessen Zweck die Sicherung der Freiheit ist. Dieses Handeln besteht seinerseits gerade im Ausüben, »im Vollzug« des Frei-Seins.[5] »Solange man handelt, ist man frei, nicht vorher und nicht nachher, weil Handeln und Frei*sein* ein und dasselbe sind.« Man erkennt unschwer, daß es hier um eine von Heideggers Denken, d.h. von der Fundamentalontologie inspirierte, existenzielle, ja »ek-statische« Konzeption des Zusammenhangs von Freisein und Handeln geht. Arendt ist sich der Schwierigkeit bewußt, »innerhalb des philosophischen Begriffsgefüges unserer Tradition zu einem gültigen Begriff politischer Freiheit zu kommen beziehungsweise einen gerade den politischen Erfahrungen gemäßen Freiheitsbegriff zu formulieren«. Sie bemüht sich daher darum, einen »anderen Begriff von Politik« erst hörbar zu machen, aus diesem Grund weist sie auf einige Aspekte des politischen Daseins in der Antike hin. Freilich steht im Mittelpunkt des Denkens über Politik seit der Antike das Phänomen der Herrschaft und eben nicht das der Freiheit; Arendt kann sich daher nur bedingt auf antike politische Philosophie berufen.

So versucht sie ausgehend von der *Sprachpraxis* der alten Griechen, wie diese sich in beiden Wörtern für Handeln, ›árchein‹ und ›prátteinн‹, niedergelegt hat, den Ereignis- und Vollzugscharakter des politischen Handelns zu erarbeiten. Das Verb ›árcho‹ hat ein breites Bedeutungsregister und bezeichnet Tätigkeiten wie anfangen, anführen, herrschen; das Verb ›prátto‹ aber Aspekte des Handelns wie durchfahren, zurücklegen, vollbringen. Hannah Arendt setzt die lateinischen Begriffe (»agere«) und »gerere« für das Handeln parallel hinzu und meint: »In beiden Fällen fängt das Handeln damit an, daß ein Anfang gesetzt, daß etwas Neues begonnen wird. Daß Freiheit ursprünglich in dieser Fähigkeit des Neubeginnens erfahren wurde, also in dem, was wir seit Kant Spontaneität nennen, liegt in der Vieldeutigkeit des griechischen Wortes, für welches das Anfangen mit dem Führen und schließlich Herrschen ... zusammenfiel.« Der Rückgriff auf antike Sprachpraxis ist keine philologische Arbeit, sondern ein Versuch, mit anderen Sprachinhalten ein Phänomen sichtbar zu machen. Also handelt es sich hier, wie schon oben angedeutet, um eine hermeneutisch geprägte *Methode* und nicht um Sehnsucht nach irgendwelchen alten, vormodernen Substantialitäten. Es geht Arendt vor allem um eine neue Perspektive, mit der sie das vom gewöhnlichen, traditionellen Politikverständnis verdeckte Frei-Sein der handelnden Menschen und seine ereignishafte Struktur sichtbar machen möchte. Sie versucht sie anhand der anderen politischen Praxis in der Antike im Vergleich zur modernen begreifbar zu machen. Diese hing wesentlich mit der antiken Gesellschaftsordnung zusammen, d.h. mit der Sklavenhaltung. Man mißversteht Arendt, wenn man ihr deshalb irgendwelche Sympathien für diese Gesellschaftsordnung unterstellt. Denn sie hat gute methodische Gründe, die antiken Begrifflichkeiten und entsprechenden analytischen Fragmente zu thematisieren. Hannah Arendt will uns etwas sehen lassen und nicht in den »guten« alten Zeiten schwelgen. Mit diesem Verfahren erscheint Freiheit als ein geradezu existenzieller Begriff, nämlich das Frei-Sein der freien Bürger einer Polis, der ›polites‹. Mit diesem Rückgriff auf die Antike hat sie sich viele Feinde gemacht. Aber sie wollte kein neues Erklärungsmodell einführen und einen Grundstein für den Theorieaufbau legen. Sondern es handelt sich um einen hermeneutischen methodischen, der den heuristischen Charakter einer Freilegung der Problemlage hat und einen neuen Horizont für Fragen öffnet. Dennoch darf man bezweifeln, daß sie mit diesem Rückgriff ihr Ziel erreichen konnte. Die politische Praxis, um die es bei ihren Überlegungen geht, ist mit der freien Kommunikation verbunden.

Daß im griechischen Begriff der Herrschaft und des Regierens ein Element des Beginnens steckt, nimmt

Arendt als einen Wink, mit dem sich der gründend-spontane Drehpunkt des Handelns aufzeigen läßt. Aber dieser Zusammenhang und insbesondere der Begriff des Beginnens scheinen mir etwas zu abstrakt. Daraus allein kommt man nicht einfach zum »aus sich selbst«-Sein des Handelns. Wenn man sich heute in der politischen Diskussion an Arendts Begriff des Frei-Seins orientieren möchte, dann könnte es hilfreich sein, ihn kommunikativ auszulegen, nämlich als Freiheit in der Gesprächssituation, um so näher an einen Zusammenhang zu gelangen, in dem durch das freie Austauschen gleichzeitig *gehandelt* wird. Mit dieser kommunikativen Komponente, die Arendt lediglich voraussetzt und daher analytisch vernachlässigt, könnte ihr Ansatz weiterentwickelt und heutige Fragestellungen fruchtbar gemacht werden – was hier nur andeutungsweise geschehen kann. Das Politische im emphatischen Sinne Arendts ist ein Handeln, das sich ereignet, wenn man sich allein um der Gemeinschaft willen zusammentut und sich über die Belange des Gemeinwesens mit- und untereinander verständigt. Die Bedingung für dieses Handeln ist Arendt zufolge, daß man selbst frei sein muß, und zwar frei von anderen Tätigkeiten, Interessen und Sorgen um das Überleben. Das ist der Zusammenhang, den sie aus der politischen Struktur der griechischen Polis gewinnt. Aber wenn ein solches Sich-Verständigen über die Belange einer Gemeinschaft möglich sein soll, dann müßte zuvor eine entsprechende kommunikative Situation gewährleistet sein, in der von Gleich zu Gleich *gesprochen* wird. Man kann sich darauf einigen, daß die politische Ordnung der Polis einen weltgeschichtlich einzigartigen Sonderraum des Politischen ermöglicht, eine agonale Diskursnische der Freien unter Freien, in welcher der freie Dialog über die Gestaltung des Gemeinwesens handlungs-konstitutive Funktionen erhält. Wenn man die sozio-historischen Entstehungsbedingungen und die Komplexitäten in der Entwicklung der griechischen Gemeinschaft beiseite läßt, kann man sich auf Arendts Ansatz bei den (idealisierten) Komponenten dieser einmaligen politischen Gemeinschaft einlassen, und von da aus nach dem Wesen des Politischen suchen, das heute fehlt und gebraucht wird. In diesem Ursprung des Politischen, d.h. in der historischen Polis gibt es keine von den Bürgern verschiedene »politische« Instanz und diese einmalige Konstellation ist natürlich ebenso unwiederholbar wie die Unmittelbarkeit des Politischen und das Leben als handelnder Vollzug der Freiheit. Diese Einzigartigkeit hat zudem ihren eindeutigen sprachlichen Niederschlag, weil der Ursprung der griechischen politischen Begrifflichkeit das Verb ›politevo‹ ist, das selbst eine Handlung, Sein und Vollzug in einem ist, und das man als »to be citizen«, »live as a free citizen« (Liddell/Scott) übersetzt. Den äußersten Kontrast dazu bildet die Politikauffassung im Christentum, derzufolge die Politik »wesentlich der Friedensstiftung und -sicherung als Voraussetzung für die Entfaltung des religiösen Lebens« dient (Metzler Philosophie Lexikon, 1996), und aus diesem Kontrast heraus beginnt man zu ahnen, daß es geschichtliche Gründe dafür geben muß, warum Politik und Freiheit in der Neuzeit keine engere Bindung eingegangen sind. Bis heute handelt es sich dabei um ein Defizit, über das es sich zumindest nachzudenken lohnt.

Die moderne Form des Politischen sieht Arendt in jenem Streben nach Freiheit, das Befreiungsbewegungen und Revolutionen leitet. Sie stellt fest, daß das Freisein häufig nach der Gründung eines neuen Staates verschwindet. Deshalb unterscheidet sie zwischen zwei Phasen solcher Bewegungen. Die Befreiung ist demnach eine Voraussetzung der Freiheit im Sinne einer institutionalisierten politischen Ordnung des Freiseins, aber eine Befreiungsbewegung mündet nicht von alleine in diese Ordnung des Freiseins. In diesem Sinne entstehen zwei Phasen, die unterschiedlich verlaufen können, wie Arendt es an den Unterschieden zwischen der Amerikanischen und Französischen Revolution zu zeigen sucht. Dieses Vorgehen ist oft kritisiert worden, unter anderem von Habermas. In der Tat ist ihre Argumentation manchmal nicht präzise genug. In der Französischen Revolution wie in den späteren sozial motivierten Revolutionen sieht Arendt einen Vorgang, bei dem sich die Belange der sozialen Not vor das Streben nach Freiheit schieben. Die angestrebten Lösungen der sozialen Not breiter, pauperisierter Bevölkerungsschichten überlagern die Freiheitsimpulse, die Dreh- und Angelpunkt der revolutionären Handlung sind, und ändern demnach nachteilig den politischen Charakter der sich neu konstituierenden Gemeinschaft. Das heißt nicht, daß Arendt die soziale Problematik verächtlich behandelt. Was sie hingegen an modernen Gesellschaften kritisiert, ist diese Verschiebung, die zur Gleichgewichtsstörung unter den Faktoren führt, die eine politische Gemeinschaft konstituieren. Die Anlehnung an die Struktur der antiken Gesellschaft ist eine sehr entfernte: eine Bedingung des politischen Seins liegt darin, daß die Armut und die sozialen Probleme zuvor gelöst sein sollen und nur die Belange der Gemeinschaft im Mittelpunkt des politischen Handelns stehen. Die persönlichen, privaten Sorgen sollen demnach nicht die Sphäre des politischen Handelns und der Öffentlichkeit beeinflussen und bestimmen. Es ist unnötig, Arendt in diesem Zusammenhang einen Mangel an Sensibilität für die sozialen Probleme vorzuwerfen. Denn sie sagt: die »Befreiung, die der Freiheit vorauszugehen hat, [meinte] nicht nur Befreiung von einem tyrannischen König oder einer tyrannischen Staatsform, sondern [...] Freiheit von Not«.[6] Daraus erklärt sie auch die Vorzüge der Amerikanischen Revolution gegenüber der Französischen: in der Amerikanischen standen die Unabhängigkeit und das Erreichen einer politisch konstituierten Republik im Mittelpunkt aller Bemühungen. Die soziale Frage war in diesem Prozeß der Institutionalisierung der Freiheit ausgeklammert, weil die neue amerikanische Gesellschaft kein dringendes Problem mit der Armut hatte. Es kommt hier nicht darauf an, ob diese Einschätzung empirisch-historisch völlig zutreffend ist. Das Entscheidende der Arendtschen Betrachtungsweise liegt in dem Zusammenhang der Art der Gründung einer Republik und der Art, wie diese als politisches und öffentliches Gebilde weiter ihre Zweckmäßigkeit erfüllt. Erfolgreich ist für Arendt nur die Amerikanische Revolution gewesen, »in der ... die gründenden Väter, mit Hilfe einer Konstitution einen durchaus neuen politischen Körper gegründet haben«.

Auch hier könnte ein kommunikativer Ansatz die Differenz genauer bestimmen: nämlich wie frei war jeweils das Gespräch unter den »gründenden Vätern« oder »Revolutionären«, die Öffentlichkeit, die politischen Foren und die der Allgemeinheit zugänglichen Medien?

Wenn das Politische von der Freiheit aus verstanden wird, schließt es zugleich ein hochempfindsames Sensorium für das Unfreie, die Unterdrückung und die rechtlosen Herrschaftsformen ein. Daher sympathisiert Arendt zum einen mit der Ungarischen Revolution 1956 gegen die von den Sowjets installierte Kommunistenherrschaft, in der sie eine spontane Bewegung, ähnlich einem »plötzlichen Aufstand eines ganzen Volkes für die Freiheit und nichts sonst« sieht; zum anderen unternimmt sie umfassende politische Analysen, anhand derer es ihr möglich war, auch den Charakter der totalen Herrschaft sowjetischen Typs genau zu erkennen und die typologische Nähe dieser Formation zu jener des Nazismus zu begreifen, mit dem sie sich theoretisch nach ihrer Flucht aus Nazideutschland eingehend beschäftigte. »Es ist der grundlegende Unterschied zwischen totalitärer und allen anderen tyrannischen Herrschaftsformen, daß Terror nicht nur … zur Einschüchterung und Liquidierung von Gegnern benutzt wird, sondern ein permanentes Herrschaftsinstrument ist, mit dem absolut gehorsame Volksmassen regiert werden«[7].

Das Private auf der Weltbühne

Methodologisch bleibt Arendt dem existenzialistischen Ansatz in mancher Hinsicht verhaftet.

Das hat seine Vor- und Nachteile. Sie versucht das Frei-Sein des politischen Handelns in seiner Ereignisstruktur zu denken. Aber dieser Ansatz bleibt in einiger Hinsicht noch abstrakt. Paraphrasiert heißt es: wie ein Wunder kann ein neuer Anfang ansetzen, dem das Frei-Sein im Handeln entspringt. Dieses ist daher immer wieder möglich, aber zugleich etwas »unendlich Unwahrscheinliches«. Ein Ereignis ist wie ein Wunder unvorhersehbar. Dieser Ansatz bleibt ohne rechte Entfaltung, fast in metaphysischer Starre stecken. Man sollte ihn jedoch nicht im Sinne eines Aktionismus verstehen. Eine Möglichkeit ist, das Ereignishafte im Sinne einer methodischen Überlegung auszulegen; als Teil des Handlungsvollzugs könnte man diesen immer möglichen (Neu)Anfang auch als Kontingenz eines immer möglichen, aber nie vorhersehbaren *Perspektivenwechsels* im Umgang mit politischen Dingen verstehen.

Wenn man die kommunikative Struktur des Politischen dabei berücksichtigt, dann hat man mit einem Geschehen zu tun, das als *realistische Möglichkeit* immer da ist, so daß man den Rückgriff auf revolutionäre Umwälzungen und wie ein Wunder einsetzende Unterbrechungen des Alltags nicht braucht. Jedes Politikverständnis geht auf eine kommunikative Situation zurück – es kann dort in befreiender Weise ermöglicht oder eben unterbunden werden – was meistens der Fall ist. Im freien Austausch, auf Foren, die Gesprächssituationen ermöglichen und performative hierarchisierte Sprechakte meiden, kann sich ein Wandel im Politikverständnis ereignen und zum freien Gespräch der Öffentlichkeit werden. Hannah Arendt hat richtig beobachtet, daß angesichts des Totalitarismus ein solcher Wandel im Politikverstehen ausgeblieben war: »... unsere große Tradition [blieb] so merkwürdig schweigsam« und »bar jeder schöpferischen Antwort, als ›moralische‹ und politische Fragen unserer eigenen Zeit sie herausgefordert haben.«[8]

Wenn man Arendts Texte als philosophisch-politische Analysen liest, dann werden sie nicht jeden überzeugen. Wenn man sie aber als eine Art intellektuellen Kampf für ein anderes Politikverständnis liest, dann sind sie sinnvoll und gerade heute sehr nützlich. Mit den skizzierten methodischen Ansätzen lassen sich sehr wohl die modernen und aktuellen Probleme der Politik *im Sinne von* Hannah Arendt denken. So würde man beispielsweise den Konflikt und den Krieg im zerfallenden Jugoslawien der späten 80er und 90er Jahre ausgehend von politischen Machtverhältnissen betrachten und nie und nimmer als einen »ethnischen Konflikt« behandeln, wie es durchweg der Fall war in der westlichen Öffentlichkeit und seitens der politischen Klasse. Der Verständigungsprozess über den Charakter und die Ursachen dieser kriegerischen Auseinandersetzung fand vorwiegend in geschlossenen Räumen und mündlicher Kommunikation unter den Politikmachern und unter den Dirigenten der großen Medien statt. In den öffentlichen Räumen konnte man die aus den Machtzentren entsprungenen Sprachregelungen und die formativen Verständnisklischees nicht mehr durchbrechen. Wer im Arendtschen Sinne »politisch denkt«, wendet sich zunächst und in erster Linie dem politischen Kern des Konflikts zu und läßt sich nicht durch angebliche »nationale Charaktere« der Völker in die Irre führen. In diesem Zusammenhang von Freiheit und Landesverteidigung zu sprechen, erlebte die konditionierte Öffentlichkeit gleichsam als Affront.

Hannah Arendt trat zu ihrer Zeit der verbreiteten Meinung entgegen, die den Nazismus auf eine ethnische Anlage des Deutschtums zurückführen wollte: »Es ist völlig abwegig, den Nazismus aus einer speziellen deutschen

Charakteranlage oder aus der deutschen Tradition erklären zu wollen«.[9] Sie erkannte, daß sich solche Erklärungsversuche aus den Ideen des 19. Jahrhunderts speisten. Just dieses Erklärungsmuster hatte wieder Konjunktur angesichts der kriegerischen Auseinandersetzung in den 90er Jahren auf den Ruinen eines mißlungenen Staatsverbandes in Europa. Jemand, der mit Hannah Arendt gelernt hat, auf das Politische und auf die Freiheit achtzugeben, würde kaum von »Bürgerkriegen« und »ethnischen Konflikten« in Kroatien und Bosnien-Herzegowina sprechen und so der Lesart der Belgrader Propaganda auf den Leim gehen.

Besondere Aufmerksamkeit verdient die Arendtsche Kritik am Einbruch der Privatheit in den öffentlichen Räumen; denn dieser ist heute so massiv, wie man es zu ihren Lebzeiten nicht einmal ahnen konnte. Diese Überlagerung des Öffentlich-Politischen von Privatheit zeigt sich in deutlichster Form in der Vorherrschaft der Anti-Politik im politischen Raum. Politische Analysen haben Seltenheitswert, statt dessen grassieren in den Medien private Ansichten über diesen oder jenen Akteur. Als Milosevic im März 2006 starb, erschienen in den deutschen Zeitungen vorwiegend Stellungnahmen irgendwelcher Schriftsteller aus dem Raum, wo der Verstorbene sein Unwesen trieb, die nach ihren persönlichen Eindrücken von Milosevics Leben und Tod befragt wurden. Peter Handkes sentimentale Neigungen für den kleinkalibrigen Diktator passen genau in eine solche Öffentlichkeit, die nicht weiß, woran sie sich angesichts seiner Invektiven reiben sollte. Politische Urteile über Milosevics Zerstörungswerk mit nachhaltigen Folgen waren hingegen nur in Ausnahmefällen zu vernehmen. Hier konnte man das Urteil Hannah Arendts, daß eine unpolitische Gesellschaft eine handlungsunfähige Gesellschaft ist, auf eindrucksvolle Weise bestätigt finden.

Oft kann es also ratsam sein, den methodischen Ansätzen Arendts zu folgen und die Politik und die Gesellschaft anhand der Defizite des politischen Handelns zu analysieren, anstatt ins übliche »Psychologisieren« zu verfallen.

Was wir gegenwärtig im globalen Islamismus erleben, ist eine andere und noch massivere Art, den politischen und öffentlichen Raum durch das Private zu besetzen; wir sind Zeitzeugen einer weltweiten Bewegung, die den Glauben zum politischen Mittel gemacht hat. Es ist denkbar, daß eine politische Analyse dieser Zusammenhänge, die an die Arendtsche Kritik der politischen Moderne anknüpfen würde, neue Erkenntnisse oder zumindest Perspektiven hervorbrächten. Es würde sich lohnen, etwa zu eruieren, ob einige ihrer Überlegungen zum Entstehungszusammenhang der totalitären Herrschaft auf die neue Form der globalen totalitären Bewegung anwendbar sind und zu einem besseren Verständnis des politischen Charakters des globalen Islamismus führen. Das könnte auch den Blick für die Unterschiedlichkeiten schärfen. Arendts kritischer Leitfaden zieht sich entlang einer Verfrachtung des Öffentlich-Politischen zugunsten sozialer Fragen. Die Politisierung des Islams und die darin wurzelnde totalitäre Terrorbewegung sind darüber hinaus Bestandteil einer anderen Entwicklung: wenn hier unter globalisierten modernen Verhältnissen der Glaube zur Politik wird, besser gesagt, sich zum Feldzug formiert, dann knüpft diese Tendenz an eine alte und mächtige Tradition an, in der Islam und Krieg eine Einheit waren. Politik im eigentlichen Sinne, ein in Freiheit fundiertes politisches Handeln, die Öffentlichkeit als der

Raum, in welchem freie Bürger über die Belange der Gemeinschaft reden und sich austauschen, hat es in dieser Tradition nie gegeben. Die Unterscheidung zwischen dem Politischen, dem Öffentlichen einerseits und dem Privaten und allen möglichen Bekenntnissen, wozu in der abendländischen Tradition seit der Aufklärung die Religion gehört, gibt es in der islamischen Welt nicht. Wenn man nach politischen Antworten für die gegenwärtige Weltkrise sucht, sollte man bei diesen fundamentalen Unterschieden anfangen oder sie zumindest nicht ausblenden.

[1] Hannah Arendt, *In der Gegenwart. Übungen im politischen Denken II*, München Zürich, 2000, Hg. Ursula Ludz, S. 35: »Die Verwandlung des Familienvaters aus einem an den öffentlichen Angelegenheiten interessierten, verantwortlichen Mitglied der Gesellschaft in den Spießer, der nur an seiner privaten Existenz hängt und öffentliche Tugend nicht kennt, ist eine moderne internationale Erscheinung«.

[2] Jürgen Habermas, *Philosophisch-politische Profile*, Frankfurt a. M., 1984[3], S. 239-240.

[3] Hannah Arendt, *Elemente und Ursprünge totaler Herrschaft*, München Zürich, 1995[4], S. 35.

[4] Hannah Arendt, *Zwischen Vergangenheit und Zukunft. Übungen im politischen Denken I*, München Zürich 2000[2] I, S. 197.

[5] »Das Handeln« sei durch das »Prinzip inspiriert«, schreibt Arendt, »es realisiert sich nicht in irgendwelchen Ergebnissen, sondern allein in dem Vollzug des Handelns selbst«, S. 206.

[6] Hannah Arendt, *Zwischen*, S. 243.

[7] Hannah Arendt, *Elemente*, S. 29.

[8] Hannah Arendt, *Zwischen*, S. 120.

[9] Ibid., Vgl. auch S. 9: Über das »deutsche Problem«, das »keine deutsches Problem … im Sinne des 19. Jahrhunderts« ist, also kein rein nationaler Konflikt, »in welchem eher Länder als Bewegungen und eher Völker als Regierungen Niederlagen erleiden und Siege erringen. Folglich liest sich die Literatur über das ›deutsche Problem‹ größtenteils wie eine revidierte Ausgabe der Propaganda aus dem letzten Krieg.«

Ramin Jahanbegloo
Das Erbe Isaiah Berlins

Geschichte zu verstehen heißt, den offenen Prozeß der Selbsterschaffung des Menschen ohne ein notwendiges telos zu verstehen. Das führt uns zu dem zentralen Argument von Berlins Werk, daß der Mensch nämlich »unfähig zur Selbstvervollkommnung ist und deshalb nie völlig voraussagbar: eine fehlbare, eine komplexe Verbindung von Gegensätzen, von denen sich einige miteinander versöhnen lassen, andere aber sich gegen eine Versöhnung oder Harmonisierung sperren – ein Wesen, das außerstande ist, von seiner Suche nach Wahrheit, Glück, Neuem und Freiheit abzulassen, aber ohne theologische oder logische oder wissenschaftliche Gewähr zu deren Erlangung fähig zu sein: ein freies, unvollkommenes Wesen mit der Fähigkeit, sein eigenes Geschick zu bestimmen, soweit die Umstände der Entwicklung seiner Vernunft und seiner Talente günstig sind.«

Berlins Herausforderung besteht im wesentlichen darin, einen Begriff von Philosophie zu verteidigen, der auf einer empirischen, kulturellen und historischen Anthropologie beruht, statt metaphysischen Trost in der Suche nach der einen wahren Antwort bei einer universellen Autorität zu finden. Das von Berlin attackierte Grundmuster ist das platonische Ideal, eine endgültige Harmonie zu entdecken, die für alle Menschen zu allen Zeiten und überall gilt. Es handelt sich dabei Berlin zufolge um den Glauben, daß »es irgendwo in der Vergangenheit oder der Zukunft, in göttlicher Offenbarung oder im Bewußtsein einzelner Denker, in den historischen oder wissenschaftlichen Erklärungen oder im einfachen Herzen eines nicht korrumpierten guten Menschen eine endgültige Lösung gibt«. Berlin möchte also zeigen, daß die meisten ethischen und politischen Theorien des Westens eine Reihe von endgültigen und eindeutigen Antworten auf normative Fragen bieten. Dabei wird von der Voraussetzung ausgegangen, daß es hinter dem Phänomen des Lebens ein zeitloses und ewiges Urbild zu entdecken gebe. Die meisten Werke Berlins dienten dem Ziel, eine dieser Strukturen zu unterminieren, die er zuweilen »Monismus« nennt, um sie durch die Einsicht in die Notwendigkeit der Wahl und des Konflikts zwischen absoluten Ansprüchen zu ersetzen, als eines »unentrinnbaren Wesensmerkmals der condition humaine«. Er erzählt, daß die Lektüre Machiavellis ihm zu der Erkenntnis verhalf, »daß nicht alle in der Gegenwart und der Vergangenheit von den Menschen vertretenen obersten Werte notwendig miteinander vereinbar waren«. Die »Originalität« Machiavellis lag Berlin zufolge in seiner Betonung zweier Tugend- und Werte-Systeme, dem christlichen und dem heidnischen, und seiner Einsicht, daß diese »nicht nur in der Praxis, sondern auch prinzipiell unvereinbar« waren. Herder entnahm er einen analogen Gedanken, den dieser in seiner Ablehnung des bei den philosophes der Aufklärung so beliebten absoluten Kriteriums des »Fortschritts« zugespitzt hatte. Auf diese philosophische Aussage richtet Berlin nun hauptsächlich, wenn auch keineswegs ausschließlich, seine Aufmerksamkeit. Wie er zeigt, betonte Herder das grundsätzlich gesellschaftliche Wesen des Menschen und attackierte zugleich mit aller Entschiedenheit die Annahme, daß die Natur des Menschen als etwas an sich Konstantes und Unveränderliches betrachtet werden könne, als eine sich gleichbleibende Wesenheit, die sich monistisch im Laufe der Menschheitsgeschichte manifestiere. Für Herder war vielmehr das bemerkenswerteste Charakteristikum der menschlichen Natur ihre wesentliche Individualität, ihr Vermögen, die ganz verschiedenartigen Formen und Aromen der je einzelnen Kulturen anzunehmen. Mit seiner These, daß es keine universellen Ideale gebe, die für alle Menschen überall Gültigkeit hätten, sondern nur spezifischen Gemeinschaften eigentümliche nationale und zeitgebundene Prinzipien, vollzieht Herder für Berlin eine radikale Wendung gegen die aufklärerische Idee der »Vervollkommnung«. Der von Berlin vertretene Herdersche Partikularismus beruft sich auf eine pluralistische Auffassung von Kulturgeschichte, die die Grenzen der rationalen und moralischen Einheit des Menschengeschlechts aufzeigt. Berlins Kritik des monistischen Modells zugunsten einer Pluralität der Werte läuft jedoch nicht auf einen moralischen Relativismus hinaus. Berlin vertritt die These, daß die Mitglieder einer Kultur die Lebensformen einer anderen Kultur oder Gesellschaft durch Einfühlung verstehen können. Berlin ist also keineswegs ein Kulturrelativist und scheint von einem sehr weit gesteckten gemeinsamen Bezugssystem auszugehen, das die Objektivität moralischen Argumentierens gewährleistet. Mit anderen Worten: er ist davon überzeugt, daß »es über lange Zeiträume hinweg sehr weitreichende Übereinstimmungen zwischen den

Mitgliedern verschiedener Gesellschaften gibt hinsichtlich der Fragen, was richtig und falsch, gut und böse ist«. Berlin hat immer wieder in allen seinen Werken betont, daß menschliche Werte, obwohl inkompatibel und inkommensurabel und verkörpert in spezifischen Lebensformen jeweils verschiedener Kulturen, gleichwohl einige allgemein menschliche Eigenschaften besitzen müssen, um überhaupt als menschlich gelten zu können. Das ist der Schlüssel zu Berlins objektivem Pluralismus, der sich von Subjektivismus oder Relativismus jedweder Form unterscheidet.

Die Implikationen, die Berlins These vom Wertepluralismus für die politische Philosophie hat, finden sich in seinem berühmten Aufsatz »Zwei Freiheitsbegriffe«. Mit anderen Worten: so wie Berlins eher romantisches Bild des Menschen eine tragische Sichtweise erahnen läßt – daß es Konflikte zwischen den miteinander nicht zu vereinbarenden obersten Werten gibt –, so impliziert seine eher rationalistische Auffassung des individuellen Prozesses der Entscheidungsfindung eine materielle Ethik, die zwei konfligierende Arten von Freiheit unterscheidet. Berlin geht es bei dieser Unterscheidung vor allem um eine Erläuterung des Freiheitsbegriffs und darum, jede mögliche Verwechslung dieses Begriffs mit anderen, verwandten Begriffen wie Gleichheit oder Unabhängigkeit zu vermeiden. Berlins Unterscheidung von negativer und positiver Freiheit beruht auf einer einfachen Bezugnahme auf die Arten von Fragen, denen diese beiden Begriffe zuzuordnen sind. Bei der ersten, dem negativen Begriff von Freiheit, geht es um Fragen wie: »In welchem Bereich muß (oder soll) man das Subjekt ... sein und tun lassen, wozu es imstande ist, ohne daß sich andere einmischen?« oder »In welchem Ausmaße werde ich regiert?« oder »Auf welchem Gebiet bin ich der Herr?«. Beim zweiten Freiheitsbegriff, dem positiven Begriff, geht es um Fragen wie: »Von was oder wem geht die Kontrolle oder die Einmischung aus, die jemand dazu bringen kann, dieses zu tun oder zu sein und nicht jenes andere?« Oder »Von wem werde ich regiert?« oder »Wer ist der Herr?«. Bei der ersten Bedeutung von Freiheit, der negativen Freiheit, geht es um die Möglichkeiten, die wir für unser Handeln haben. Bei dieser nicht-teleologischen Auffassung von Freiheit geht es um die Idee der Freiheit ohne Hindernisse, während die zweite Bedeutung von Freiheit, positive Freiheit, nicht Freiheit von Zwang ist, sondern die Fähigkeit zur Selbstverwirklichung. Für Berlin ist die positive Freiheit keine schützende, Eingriffe abwehrende Freiheit, sondern die Freiheit, ein besseres Leben zu verwirklichen.

Berlins Grundargument lautet, daß die Verfechter der positiven Freiheit davon ausgehen, daß es nur eine richtige Antwort auf die Fragen gibt, wie wir leben sollen. Wenn wir erst einmal verstanden haben, daß Freiheit als Abwesenheit zwanghafter Hindernisse verstanden wird, können wir auch verstehen, daß die Bewahrung dieses Werts nicht davon abhängt, wer Autorität ausübt, sondern bloß davon, über wieviel Autorität ein jeder verfügt. Das beweist, daß negative Freiheit »nicht unvereinbar ist mit manchen Arten von Autokratie und jedenfalls politische Selbstverwaltung nicht voraussetzt«. Es ist deshalb falsch anzunehmen, daß irgendein »notwendiger Zusammenhang zwischen individueller Freiheit und demokratischer Herrschaft« besteht. Berlins

Kritik beruht also auf der Prämisse, daß die negative Freiheit zwar durch zwanghafte Eingriffe gefährdet werden kann, nicht aber durch einen Mangel an Selbstverwaltung. Die im positiven Freiheitsbegriff intendierte Selbstbestimmung kann jedoch paradoxerweise durch politische Regime verhindert werden, die vorgeben, unsere Wünsche zu verwirklichen. Das Problem der positiven Freiheit besteht deshalb Berlin zufolge darin, daß sie notwendig zu einer Art platonischer Politik tendiert, die versuchen wird, uns allen ihre Vorstellung vom Guten aufzuzwingen, und unserer Fähigkeit in die Quere kommt, dieses Gute selbst und für uns selbst zu schaffen. Die Verfolgung jenes platonischen Ideals würde das Ende der politischen Philosophie bedeuten, indem es politische Fragen auf technische reduzierte. Denn laut Berlin ist Politik die Interaktion von Menschen in einer Welt, wo ihre Lebensziele konkurrieren und kollidieren. Politische Philosophie beruht folglich auf der Anerkennung der Pluralität konfligierender Ziele und der Freiheit der Menschen, unter diesen zu wählen. Der Akt der Entscheidungsfindung angesichts unterschiedlicher und konkurrierender Zielvorstellungen steht in engem Zusammenhang mit der Abwesenheit von anderen auferlegter Zwänge. Berlins Liberalismus des Wertekonflikts beruht auf dem negativen Freiheitsbegriff, der die Wahlfreiheit zu einem wesentlichen Moment der menschlichen Natur macht. Mehr vielleicht als irgendein anderer zeitgenössischer politischer Philosoph seiner Generation hat Berlin die Komplexität der menschlichen Natur betont, worauf unsere Freiheiten beruhen. Seiner politischen und moralischen Philosophie liegt die Überzeugung zugrunde, daß der Mensch seinem Wesen nach unvollkommen ist, unfähig zur

Vervollkommnung und doch selbsterschaffend und fähig, widersprüchliche und gleichwohl berechtigte Ziele zu verfolgen. Deshalb lehnt Berlin die Hegelsche Sicht der menschlichen Natur ab (wonach es eine endgültige Lösung in der Geschichte gibt) zugunsten der Kantischen Sicht, wonach freie Wahl und Zwecksetzung universelle menschliche Eigenschaften sind. Für Berlin sind die Menschen, eben weil sie Menschen sind, hinreichend dafür ausgestattet, ein gesellschaftliches Leben zu führen. Aber das führt nicht notwendig zu einer einzigen universell gültigen Hierarchie der Ziele, wie sie die politischen und ethischen Monisten postulieren. Kurzum, Berlin macht darauf aufmerksam, daß ohne den Begriff des freien Willens die logisch davon abhängigen Begriffe der individuellen Verantwortung und des moralischen Wertes sinnlos sind, denn nur freie Menschen können für ihr moralisches Handeln verantwortlich gemacht werden. Anders gesagt, der Determinismus ist mit Moral unvereinbar. Berlin zufolge ist es nicht möglich, moralische Kategorien auf die Handlungen von Individuen anzuwenden, wenn man gleichzeitig davon ausgeht, daß diese Individuen vollständig determiniert sind. Offensichtlich tut also für Berlin eine solche deterministische Auffassung des Menschen den Alltagskategorien des Nachdenkens über uns selbst erhebliche Gewalt an.

Berlins Hauptthese lautet, daß Geschichte nicht plausibel wäre, wenn wir der Hypothese zustimmten, daß alle Handlungen tatsächlich prädeterminiert sind. Und zwar weil wir Schwierigkeiten hätten, das historische Feld des Handelns zu verstehen, wenn die geschichtlichen Ereignisse nicht hätten anders stattfinden können, als es tatsächlich der Fall war. Vertritt man also die Auffassung, daß die Menschheitsgeschichte auf einer festgelegten Bahn verläuft, ob diese nun universeller Frieden oder Klassenkampf oder wie auch immer heißt, so impliziert das den Gedanken, daß der Mensch nicht durch sein Bewußtsein bestimmt wird. Die Auffassung des Menschen als eines bewußt Handelnden und zwecksetzenden Wesens schließt also eine vorherbestimmte Richtung der Ereignisse aus. Das heißt, daß Berlin den Gedanken für falsch hält, die Geschichte bewege sich mit Notwendigkeit auf ein Endziel zu. Und in der Tat steht er ja den perfektibilistischen politischen Theorien von Plato bis Marx sehr fern. Folglich läuft die heroische These, daß es einen Entwicklungsweg für die Menschheit als Ganzes gebe (wie sie sich in dem Theodizee-Gedanken der Aufklärung findet), dem Denken Berlins durchaus zuwider. Berlins Hauptgrund für seine Ablehnung des Marxismus besteht mithin darin, daß er Marx' historische Teleologie als eine Form der naturalistischen Anthropologie der Aufklärung ansieht. Deren Grundgedanke ist die metaphysische Prämisse, daß das Wesen des Menschen das Universelle im Menschen ist. Berlins Kritik der Aufklärung macht ihn jedoch nicht zu einem Irrationalisten. In einem Gespräch, das wir 1988 geführt haben, formulierte er das folgendermaßen:

»Im Grunde bin ich ein liberaler Rationalist. Für die Werte der Aufklärung, was Menschen wie Voltaire, Helvetius, Holbach oder Condorcet predigten, empfinde ich eine tiefe Sympathie. Vielleicht denken diese Menschen in einem zu engen Rahmen und irren sich oft über die Tatsachen menschlicher Erfahrung, aber sie waren große

Befreier. Sie befreiten die Menschen von Schrecken, Obskurantismus, Fanatismus, monströsen Ansichten. Sie wandten sich gegen Grausamkeit, gegen Unterdrückung, sie kämpften einen gerechten Kampf gegen Aberglauben und Unwissenheit und gegen vieles, was das Leben der Menschen zerstörte. Folglich stehe ich auf ihrer Seite.«

Berlins Interesse an den Romantikern und den Denkern der Gegenaufklärung verpflichtet ihn also nicht dazu, die theoretischen Exzesse dieser Denker zu akzeptieren oder die rationale Einheit der Menschheit, die auf allgemein menschlichen und universellen Normen beruht, gänzlich zu leugnen. Trotz seiner Kritik des klassischen und modernen Rationalismus ist Berlins Denken dem Projekt einer rationalen Erkenntnis menschlicher Natur und menschlichen Handelns verpflichtet. Die Frage ist, wieweit es Berlin gelingt, sein Projekt der Rationalität mit den romantischen Elementen wie Partikularismus und Voluntarismus in Einklang zu bringen, die er in den Schriften der reaktionären Kritiker der Aufklärung entdeckt. Herder, de Maistre und vor allem Hamann betrachtet Berlin als die Hauptvertreter der Gegenaufklärung. Bei ihnen, so Berlins These, können wir eine entschiedenere Unterstützung der liberalen Bejahung des Pluralismus finden als bei den Denkern der Aufklärung. Wenn das tatsächlich zutrifft, ist das westliche Bewußtsein notwendig zwischen zwei Sichtweisen hin und her gerissen, einer monistischen, die die Welt als ein einheitliches Ganzes sieht, und einer pluralistischen, die in der Verherrlichung des Konzepts des schöpferischen Willens als einer inneren Vision individuellen oder kollektiven Daseins eine notwendige Reaktion auf die Grenzen der menschlichen Vernunft sieht. Im wesentlichen kommt den Romantikern laut Berlin das Verdienst zu, sich mit ihrer Feier individueller und kultureller Vielfalt gegen die Philosophia perennis zu stemmen. Anders gesagt, was Berlin in seiner Analyse der Romantik wahrnimmt, sind die ontologischen Ursprünge einer Rebellion gegen die Utopie einer harmonischen Gesellschaft. Es ist wichtig, sich vor Augen zu führen, daß Berlins Analyse des romantischen Denkens als einer ungeheuer breiten Bewegung des Willens zur Selbstverwirklichung, von der die Idee einer einheitlichen Antwort auf die den Menschen betreffenden Fragen verworfen wird, im Zentrum seines eigenen liberalen Diskurses steht. Berlin ist der Meinung, daß der Liberalismus den Romantikern Dank schuldet für die Idee, daß »prinzipiell keine Antwort, die beansprucht vollkommen und wahr zu sein, ob nun im Leben oder in der Kunst, vollkommen und wahr sein kann«.

Falls es ein einziges Prinzip gibt, das dem Politikbegriff Berlins zugrunde liegt, dann besteht es in der Idee, daß der gesellschaftliche Bereich, in dem moralisch Handelnde ihre Entscheidungen formulieren, offen gelassen werden muß. Für Berlin sind einzig diejenigen Gesellschaften wahrhaft frei, die sich in einem Zustand konfligierenden Konsenses befinden – Gesellschaften also, deren Mitglieder darin übereinstimmen, daß sie die Freiheit haben, eine Vielfalt von Zielen zu verfolgen. Außerdem kann keine politische Ordnung sich auf ein Fundament unangreifbarer erster Prinzipien gründen. Eine der für Berlin als politischen Philosophen charakteristischen Sternstunden besteht in seinem Nachweis der philosophischen Inkohärenz utopischen Denkens und der kalten Ungerechtigkeit, die utopischen Projekten notwendig eingeschrieben ist. Zuweilen scheint Berlin zu verstehen zu geben, daß das wichtigste Gegenmittel gegen utopische Ideologien einfach in einer empiristischen Grundhaltung und gesundem Menschenverstande besteht. Die Wirklichkeit zeigt uns eine unbegrenzte Zahl von Idealen, unter denen wir eine Wahl zu treffen haben, eine Wahl, die nicht als eine universelle, abschließende und vollständige Antwort auf all unsere Fragen verstanden werden darf, sondern nur als eine Wahl unter vielen anderen. Wie Berlin einmal bemerkte: »Das Leben kann man durch viele Fenster betrachten, von denen keines notwendig klar oder trüb, weniger oder mehr verzerrend ist als jedes andere.« Für Berlin verfügen jedes einzelne Individuum, jede Nation und jede Kultur über eigene Maßstäbe. Das Wesen unserer Menschenwelt macht der zwischen diesen verschiedenen kulturellen Werten stattfindende Dialog oder Konflikt aus. Die Tragik des menschlichen Lebens ist das Ergebnis dieser Spannungen. Berlins Pluralismus rechtfertigt sein unbeirrbares Einverständnis mit den »tragischen« Zügen dieser Ethik. Wir müssen deshalb bereit sein, das Ringen um unsere Entscheidungen im Leben zu ertragen, gehört dies doch Berlin zufolge notwendig zu unserem persönlichen und gesellschaftlichen Leben. Wäre ein solches Ringen um unsere Entscheidungen unmöglich, wäre die politische Auseinandersetzung sinnlos und autokratische Macht oder die Tyrannei der Mehrheit würden über alle politischen Ergebnisse entscheiden. In der Praxis erweisen sich liberale Gesellschaften nicht allein aufgrund der Übereinstimmung ihrer Mitglieder als kohärent, sondern auch deshalb, weil die Individuen selbst dann, wenn sie von der Richtigkeit ihrer divergierenden Entscheidungen fest überzeugt sind, einen Kompromiß zugunsten des besten Arguments und der fairsten Entscheidung schließen. Liberalismus bedeutet also eine Politik gegenseitigen Verstehens und Tolerierens. Berlin zufolge verstehen und respektieren wir einander, weil wir über eine gemeinsame moralische Grundlage verfügen, »die uns mit unserer griechischen und jüdischen und christlichen und humanistischen Vergangenheit verbindet«. Damit will Berlin nicht die kulturellen Praktiken anderer Kulturen verwerfen. Auch ein philosophisch ungebildeter Leser wird bei der Lektüre Berlins erkennen, daß es diesem immer in erster Linie um die Traditionen der westlichen Welt ging. Berlins politische Philosophie handelt vor allem von den philosophischen Fragen der westlichen Tradition. Er erörterte diese Fragen jedoch immer im Hinblick auf die Wirkung von Ideen auf das Leben der Menschen. Mit seiner Analyse philosophischer und politischer Entwürfe eines breiten Spektrums historischer und insbesondere zeitgenössischer Denker trug Berlin dazu bei, einige der Schlüsselbegriffe zu überprüfen, die als selbstverständlicher Teil unseres geistigen Erbes galten.

Sein Denken war geprägt von der Offenheit und Objektivität seiner Vorgehensweise – ohne Ambitionen auf Vereinheitlichung oder systematische Ansprüche. Was sich jedoch in seinen Werken auf den ersten Blick erkennen läßt, ist ein geschärftes Bewußtsein für die mit der condition humaine gegebenen mannigfaltigen Probleme. In seinem Denken zeigte er sich stets an der Rätselhaftigkeit des menschlichen Lebens interessiert, die zu lösen er jedoch nicht beanspruchte. Anders als im Fall der utopischen Harmoniegebilde vieler anderer politischer Philosophen verleiht Berlins Liberalismus diesem Rätsel seinen angemessenen Ausdruck in einer negativen Theodizee, worin schon die Vorstellung von absolutem Glück als sinnlos erscheint. Mit anderen Worten, für Berlin ist die Idee einer vollkommen glücklichen Welt, einer Welt ohne Irrtum oder Böses, nicht so sehr unrealistisch als vielmehr inkohärent. In Berlins eigener Formulierung: »Daß wir nicht alles haben können, ist eine notwendige, keine kontingente Wahrheit«. Die politische Philosophie Berlins zeichnet sich durch diesen Gedanken des »Verlustes« aus. Berlin zufolge gibt es politische Philosophie eben deshalb, weil sie eine Welt voraussetzt, wo ein Ziel gegen ein anderes den kürzeren zieht, wenn sie in einer pluralistischen Umwelt kollidieren. In einer Gesellschaft, in der es nicht die eine Wahrheit und die eine Lösung für alle gesellschaftlichen und politischen Probleme gibt, ist deshalb jeder Prozeß der Entscheidungsfindung zugleich ein Prozeß, der die Entscheidungen anderer Menschen als Resultat einer demokratischen Übereinkunft akzeptiert. »Die Welt, mit der wir es zu tun haben«, heißt es bei Berlin, »ist eine Welt, in der wir mit Entscheidungen konfrontiert sind zwischen gleichermaßen obersten Zielen und gleichermaßen absoluten Forderungen, wobei die Verwirklichung einiger von ihnen notwendig den Verzicht auf andere nach sich zieht. ... Die Notwendigkeit der Entscheidung zwischen absoluten Forderungen ist also ein unentrinnbares Wesensmerkmal der condition humaine«. Während Berlins eher empiristische Sicht des Menschen als eines schöpferischen Wesens eine tragische Sicht der

Individuen, die mit obersten Zielen konfrontiert sind, nahelegt, führt seine eher rationalistische Auffassung der Menschen als Wählende zu dem Postulat, daß manche Ziele eine fundamentalere Berechtigung haben als andere, insofern sie den Prozeß der Entscheidungsfindung selbst sichern. Man könnte sie »Grundwerte« (wie zum Beispiel die negative Freiheit) nennen, ohne die uns andere von uns hochgeschätzte Werte (wie Gleichheit, Brüderlichkeit, Würde) unzugänglich bleiben. Aber aus Berlins Argumentation geht ganz klar hervor, daß zwar ein jeder von uns auf je eigene Art fähig ist, seinen eigenen Zielsetzungen gemäß zu leben, wir aber auch voneinander eine gewisse elementare Verantwortlichkeit, Menschlichkeit und Höflichkeit verlangen. Berlin erinnert hier daran, daß Tolerierung und Mäßigung möglich oder gar notwendig sind, weil die von uns vertretenen Werte eher Vorlieben als absolute Wahrheiten sind. Das ist eine Warnung vor dem Optimismus von Fanatikern, die an die Existenz einer vollkommenen Welt glauben. Vernünftigerweise sollte man mit Berlin davon ausgehen, daß ohne Toleranz die Voraussetzungen für eine rationale Diskussion nicht gegeben sind. Jede ernstzunehmende liberale politische Philosophie sollte deshalb ihre Begriffe und Ziele präzise definieren, aber auch eine realistische Haltung gegenüber den Voraussetzungen zur Realisierung dieser Ziele einnehmen. Berlins nüchterne und kritische Sicht zeigt uns, wie diese Voraussetzungen als unverzichtbar für freie Entscheidungen beurteilt und bewertet werden müssen in einer Gesellschaft, in der es keinen Raum für Illusionen gibt.

In Berlins Welt gab es keinen Raum für Illusionen oder Haß gegenüber dem anderen. ›Zu Hause sein‹ bedeutete für Berlin die Möglichkeit, auf der Grundlage eines dauerhaften Gefühls der Gemeinsamkeit mit anderen die ihm eigentümliche Menschlichkeit rückhaltlos zum Ausdruck bringen zu können. Dieses Gefühl der Solidarität und der Gemeinsamkeit machte ihn zu einem romantischen Kosmopoliten. Daß Berlin ein bemerkenswerter Denker war, der die überzeugendste liberale politische Philosophie unserer Zeit entwickelte, wird von denjenigen, die sich reflektierend, und nicht weniger von denjenigen, die sich handelnd mit unserer Zeit eingelassen haben, bereitwillig zugestanden. Vielleicht werden sich Generationen künftiger politischer Philosophen der illusionslosen Klarheit seines Denkens zuwenden, um sich mit den Problemen der Erkenntnis und des Lebens auseinanderzusetzen. Unter diesem Gesichtspunkt ist Berlins Erbe heute erst noch wiederzuentdecken, in einer Zeit, in der politische Ordnung, gesellschaftliche Ordnung und intellektuelle Kreativität einen bedeutenden Wandel erleben werden.

Aus dem Englischen von Siegfried Kohlhammer

Rainer Hank
Der deutsche Schotte: Wilhelm von Humboldts Grenzziehung staatlicher Wirksamkeit

I.

Der Liberalismus hat in Deutschland nie eine richtige Heimat gefunden. Das Land Hegels und Bismarcks mißtraut aus tiefer Angst dem Freiheitsgebrauch des einzelnen; viel lieber setzt es auf den Staat. Denn beim Staat ist die objektive Vernunft zu Hause. Er weiß vom Gemeinwohl mehr als der einzelne, der nur seine partikularen Interessen verfolgt. Das Vertrauen zum Staat und das Mißtrauen gegenüber der menschlichen Freiheit ist der Hauptgrund dafür, warum es der Liberalismus bei den Deutschen so schwer hat.

Solche Grundüberzeugungen existieren in Deutschland seit dem Beginn des bürgerlichen Zeitalters im späten 18. Jahrhundert. Die Tradition der schottischen Aufklärung, welcher der Respekt vor dem Freiheitsgebrauch des einzelnen und die unumschränkte Verfügung über das Privateigentum heilig sind, blieb ohne Einfluß. In England und Schottland hingegen ist der Liberalismus seit dem 18. Jahrhundert tief verwurzelt. Es war diese Grundüberzeugung, welche die Emigranten in die Vereinigten Staaten exportiert haben: als kreativer Nährboden des Kapitalismus.

Adam Smith (1723 – 1790), David Hume (1711 – 1776) und John Locke (1632 – 1704) waren der Überzeugung, es sei das Grundgebot für den Gebrauch der menschlichen Freiheit, daß jedermann das Recht erhält, auf seine Weise seinen Zielen nachzugehen. Dem Staat kommt dabei eine unterstützende Rolle zu. Er schützt den freien Bürger vor äußeren und inneren Feinden. Das Recht auf Leben und auf körperliche Unversehrtheit sowie das Recht auf privates Eigentum zählen für die englischen und schottischen Aufklärer ohne weitere Begründung zu den unveräußerlichen Freiheitsrechten des Menschen. Deshalb braucht es ein staatliches Rechtsystem, welches Regelverstöße ahndet, und ein Verteidigungssystem, welches den Bürgern Sicherheit bietet. Der Rechtsstaat ist dabei jener (minimale) Rahmen, der nötig ist, damit die Bürger von ihrer Freiheit Gebrauch machen können. Er stellt allererst die Bedingungen der Möglichkeit des individuellen Freiheitsgebrauchs bereit.

Solche Rechtsstaatlichkeit ist zugleich die Bedingung des wirtschaftlichen Erfolgs. Kein Wunder, daß die Philosophie der Freiheit und die Geburt des Kapitalismus gemeinsame historische Wurzeln haben. Nur wo Privateigentum geachtet und Vertragsfreiheit garantiert werden, können die Menschen auf die Zukunft bauen. Sie sparen und investieren, betätigen sich mithin unternehmerisch. Müssen sie indes befürchten, das Erarbeitete könnte ihnen genommen oder geraubt werden oder sie könnten eingegangene Verträge, würden diese verletzt, nirgends einklagen, würde jedes wirtschaftliche Handeln im Keim erstickt. Institutionen der Rechtsstaatlichkeit sind unabdingbar, damit der Kapitalismus in Gang kommt. Weitergehende rechtliche Institutionen (Privatrecht, Geld, Wettbewerb) entstehen in einer auf Freiheit gegründeten Gesellschaftsordnung gleichsam von alleine: als unbeabsichtigte Beiprodukte. Oder in den Worten von Adam Ferguson, einem Zeitgenossen von Smith und Hume: Rechtliche Institutionen sind das Ergebnis menschlichen Handelns, aber nicht menschlichen Entwurfs. Egoistisches privates Handeln, unbehelligt von äußeren Beschränkungen und innerhalb rechtsstaatlicher Regeln, schafft zugleich öffentliche Güter, ein Ergebnis, welches nicht die Intention der Akteure war, aber gleichsam billigend in Kauf genommen wird. Das präzise ist die Bedeutung der »unsichtbaren Hand«. Es ist zugleich das strikte Gegenteil staatlicher Planung, welche vorher sehen will, wessen die Bürger bedürftig sind und wovor sie geschützt werden müssen.

Der klassische Liberalismus entstammt einer moralischen und philosophischen Grundidee. Respekt vor Freiheit und Wettbewerb als Entdeckungs- und Entmachtungsverfahren zur Herstellung des Wohlstands der Nationen gehören zusammen. Der Markt ermöglicht jene gerechte Ordnung, »under which bad men can do least harm«, wie Ferguson sagt: in der auch böse Menschen wenig Unheil anstellen können. Dabei ist die erzieherische Wirkung der Marktpreise freiheitskompatibler als alle Eingriffe von Staat oder moralischen Institutionen. Der Preis im Schnittpunkt von Angebot und Nachfrage fußt auf der Hierarchie der Präferenzen der Menschen, mithin einer Wahl in Freiheit. Kein Wunder, daß dieser Liberalismus seine moralphilosophische Begründung von der im 15. Jahrhundert an der Universität von Salamanca gelehrten Spätscholastik bezieht. Jene Theologen, die Joseph Schumpeter als die »ersten wahren Ökonomen« bezeichnete, lehrten, es sei die vornehmste

Aufgabe des Ökonomen, nicht zu beschreiben, was der Staat tun soll, sondern dem Staat zu sagen, was er nicht tun solle.

II.

Ob der Einzelne vom Staat geschützt werden müsse oder ob er nicht besser vor dem Staat zu schützen sei, ist jene Wasserscheide, die den klassischen Liberalismus von allen anderen Ordnungsrahmen trennt. In der Geschichte des deutschen Geistes läßt einzig Wilhelm von Humboldt (1767 – 1835) sich eindeutig der liberalen Tradition zuordnen: Seine Jugendschrift »Ideen zu einem Versuch, die Gränzen der Wirksamkeit des Staats zu bestimmen« von 1792 ist, ganz im Sinne der Theologie von Salamanca, vom Anliegen beseelt, den Staat in seine Schranken zu weisen, um die menschliche Freiheit nicht zu gefährden. Humboldt verdient deshalb (noch vor Kant) einen Ehrenplatz im Olymp der Denker der Freiheit. Er rettet die deutsche Ideengeschichte vor der Unterstellung, in ihr gebe es nur nahtlose Übergänge vom mittelalterlichen Zunftwesen über das romantische Staats- und Gemeinschaftsgefühl bis hin zum Korporatismus des sozialstaatlich verfaßten Kollektivs, welches immer schon sich anmaßt besser zu wissen, was für den einzelnen gut und richtig sei, in Wirklichkeit aber nur Privilegien der gesellschaftlich Herrschenden wahrt und Marktzugangsbarrieren zementiert, mithin die Freiheit unterdrückt. Angesichts der neuerdings aufgekommenen Begeisterung für Wilhelms weltgereisten Bruder Alexander von Humboldt (1769 – 1859), zu dessen Ruhm von Hans Magnus Enzensberger (Das Humboldt Projekt) bis Daniel Kehlmann (Die Vermessung der Welt) derzeit viele beitragen, stand der Ältere der beiden noch nie sonderlich hoch im Kurs. Zu Unrecht. Wilhelm von Humboldt ist der einzige Liberale von Rang, den Deutschland über Jahrhunderte hinweg hervor gebracht hat.

Humboldts Schrift, die aus Rücksicht vor der Zensur zu Lebzeiten des Autors nur in Auszügen erschienen war, läßt sich lesen vor dem Hintergrund der damals modischen Staatszwecklehren. Dabei ging es um die Rechtfertigung des Staates aus dessen Aufgaben. Während die staatstheoretischen Denker von Hobbes bis Rousseau nach dem Ursprung des Staates fragten, interessiert Humboldt sich für den Zweck des Staates. Offenbar spürten die Zeitgenossen der Französischen Revolution die Notwendigkeit eines Diskurses über Aufgaben und Beschränkungen des Staates, läßt sich doch von daher allererst angemessen die Frage nach seiner Finanzierung beantworten. Erst wer Grund und Grenze der Staatsgewalt definieren kann, weiß zu sagen, wie viel Geld hierzu nötig ist. So wurde die Staatszwecklehre im 18. Jahrhundert zum Dreh- und Angelpunkt von allgemeinem Staatsrecht und Staatswissenschaft. Heute sind diese Diskurse zur Bedeutungslosigkeit herabgesunken. Die Staatsaufgabenlehre ist zur puren Fiskalpolitik verkommen. Der Staat definiert, was er braucht, eine Begründung des Zwecks seines Handelns nötigt er sich nicht mehr ab.

Humboldt gibt die Frage des Staatszwecks zurück an die Frage nach dem Zweck des Menschen. Wenn der Zweck des Staates im Menschen liegt, dann muß die Theorie des Staates sich an der Theorie des Menschen orientieren. »Der wahre Zweck des Menschen«, schreibt Humboldt, »ist die höchste und proportionierlichste Bildung seiner Kräfte zu einem Ganzen.« Zu dieser Bildung aber sei »Freiheit die erste und unerläßliche Bedingung«. Bezogen auf dieses freiheitswahrende Apriori, fragt Humboldt, ob der Staat nur Übel von den Menschen abwenden oder auch das Glück der Bürger befördern soll. Mit Isaiah Berlin könnte man auch sagen, ob der Staat nur negative Freiheit ermöglichen oder auch positive Freiheit der Menschen begründen solle. Humboldts Antwort fällt eindeutig und klar aus: Der Staat ist für die Sicherheit des einzelnen verantwortlich. Die Planung des Wohlstandes aller hingegen steht ihm nicht zu.

Die gängigen staatstheoretischen Diskurse vom 16. und 18. Jahrhundert unterschieden nicht besonders exakt zwischen negativer und positiver Freiheit. Der Staat des aufgeklärten Absolutismus verstand sich einerseits als Polizeistaat, der für seine Bürger innere und äußere Sicherheit zu garantieren versprach. Er wollte aber zugleich auch in einem Anflug von Allzuständigkeit verantwortlich sein für »Wohlfahrt«, »Nützlichkeit« und »Glückseligkeit« und für kollektives und individuelles Wohl der Untertanen aufkommen. Seit Pufendorf und Hobbes ist »Sicherheit« zum Zentralbegriff des Staats geworden. Sie wird jedoch nicht als bloße Existenzsicherung verstanden, sondern auch als Grundlage für ein angenehmes, entlastendes und zufrieden stellendes Leben begriffen.

Humboldt trennt dagegen präzise. Und schlägt sich eindeutig auf die Seite der schottischen Aufklärung. »Der Staat enthalte sich aller Sorgfalt für den positiven Wohlstand seiner Bürger und gehe keinen Schritt weiter, als zu ihrer Sicherstellung gegen sich und gegen auswärtige Feinde notwendig ist.« Während nämlich Sicherheit nötig ist, damit die Bürger in Freiheit ihre Zwecke verfolgen, Verträge abschließen und Eigentum bilden können, käme die Wohlstandswahrung unweigerlich in Konflikt mit der menschlichen Freiheit, zu deren Lasten sie ginge: Alle Gesetze und Ermunterungen zum Behufe des Wohlstandes müßten die Freiheit beschränken. Staatliche Planung, von welch guter Absicht auch immer motiviert, schwächt die menschliche Dynamik.

Die schöne Rücksichtslosigkeit, mit der Humboldt gedanklich zu Werke geht und den Staat in seine Schranken weist, hängt gewiß damit zusammen, daß er sich für praktische Politik nicht sonderlich interessiert. »Um das Politische, wissen Sie, kümmere ich mich nicht«, schrieb er an Goethe. Solche Unbekümmertheit gibt ihm die nötige Distanz zu seinem Gegenstand und den Scharfblick für die eigennützige Rationalität der politischen Akteure. Anders als es der obrigkeitsstaatlichen Tradition der Deutschen eigen ist, begegnet der preußische Philosoph dem staatlichen Wohltätigkeitsanspruch mit einer tief sitzenden Skepsis. Mit dem älteren Mirabeau fordert Humboldt seine Leser dazu auf, den Regierenden allemal zu mißtrauen. Denn Besessenheit (»le fureur de gouverner«) sei die »verhängnisvolle Krankheit des Regierens«. Hinter dem Schleier wohltätiger Absichten und Glückseligkeit fördernder Politik verbirgt sich nichts anderes als das Ziel puren Machterhalts. Erst die politische Ökonomie des 20. Jahrhunderts hat später wieder ein so schonungsloses Mißtrauen gegenüber dem wohlfahrtsstaatlichen Anspruch entwickelt und zwischen politischen Zielen und wahren Absichten unterschieden.

Ein freier Bürger läßt sich solche Demütigungen durch den Staat nicht gefallen. Er läßt sich nicht in die Abhängigkeit des »Wartens auf die Hilfe des Staates« bringen. Dem Staat die Verfügungsgewalt über das persönliche Glück zu gestatten, wäre eine Beleidigung der menschlichen Würde. Der Bürger scheut die sich unterwerfende Abhängigkeit, die der Angriff auf die Freiheit zwangsläufig mit sich bringt. »Anordnungen des Staates führen immer mehr oder minder Zwang mit sich, und selbst wenn dies der Fall nicht ist, so gewöhnen sie den Menschen zu sehr, mehr fremde Belehrung, fremde Leitung, fremde Hilfe zu erwarten, als selbst auf Auswege zu denken.«

Der Wohlfahrtsanspruch des Staates nimmt somit unweigerlich eine doppelte negative Konsequenz in Kauf. Er demütigt den Bürger, gibt er ihm doch keine Chance, seinen Stolz durch äquivalente Gegenleistungen zu befriedigen. Zugleich führt er den Menschen in die Abhängigkeit (Gewöhnung), macht ihn träge, sehen die Menschen sich doch »jeder Verbesserung des eigenen Zustandes überhoben«. Solidarität wird ihnen ausgetrieben: »Wie jeder, der sich selbst auf die sorgende Hilfe des Staates verläßt, so und noch weiter übergibt er ihr das Schicksal seines Mitbürgers. Dies aber schwächt die Teilnahme und macht zu gegenseitiger Hilfe träger.« Das allein, analytisch deduziert, mag genügen, dem Staat dessen Glücksversprechen nicht abzunehmen. In Wirklichkeit verfolgen die Staaten das Ziel, abhängige Untertanen zu produzieren und das freie Spiel der Kräfte zu hemmen: »Sie wollen Wohlstand und Ruhe.«

Vor dem sezierenden Blick Humboldts verfällt alle staatliche Familien-, Bildungs- oder Religionspolitik. In Ehe und Familie, meint er, solle der Gesetzgeber tunlichst sich nicht einmischen, sondern diese der bloßen Neigung der Geschlechter überlassen. Das sei schon aus begrifflichen Gründen nötig, müsse doch ein Gesetz immer befehlen, somit Zwang ausüben, was der freien Neigung der Liebe per se schon widerspricht. »Daher dünkt mich, sollte der Staat nicht nur die Bande freier und weiter machen, sondern überhaupt von der Ehe seine ganze Wirksamkeit entfernen und dieselbe vielmehr der freien Willkür der Individuen und der von ihnen errichteten mannigfachen Verträgen gänzlich überlassen.« Wo es um Liebe (Ehe, Kinder, Erziehung) geht, Verhältnissen der Neigung also, kann der Staat, der nur den Zwang des Gesetzes kennt, nur stören.

Ähnlich problematisch wie eine staatliche Familienpolitik findet Humboldt deshalb auch die Idee eines öffentlichen Bildungswesens und damit auch den staatlichen Schulzwang. »Überhaupt soll die Erziehung nur, ohne Rücksicht auf bestimmte, den Menschen zu erteilende bürgerliche Formen, Menschen bilden; so bedarf es des Staates nicht.« Staatliche Bildung führe hingegen dazu, daß die Eltern die Verantwortung für die Aufzucht der Kinder an den Staat delegieren, wofür diese eine hohen Preis zahlen: Statt zu freien und gebildeten (im wörtlichen Sinne) Menschen werden sie zu Staatsbürgern, zu Untertanen also, gemacht. Ungewöhnlich – selbst für Liberale, erst recht aber für deutsche Hegelianer – ist daran, daß Humboldt sogar mit dem Begriff des Bürgers seine Schwierigkeiten hat: Der Bürger ist ein Mensch, der seine Freiheit dem Staat geopfert hat, somit einer, der sich anpaßt. Besser also wäre es, der Staat hielte sich aus der Erziehung heraus. Dann nur könne sich die Energie des Menschen in Freiheit entwikkeln. Und der Mensch bliebe Mensch.

Schließlich verweist Humboldt auch die Religion in den Bereich des Privaten. Dies ist umso erstaunlicher, als er zugesteht, daß die Religion auf Sitte und Moral der Bürger einen positiven Einfluß hat und es deshalb durchaus im Interesse des Staates sein müßte, mit Blick auf die sittliche Ordnung des Gemeinwesens die Religion zu fördern. Doch täte der Staat dies, verwickelte er die Menschen abermals in Widersprüche: ihr Glaube wäre auf Autorität, aber nicht auf Freiheit gegründet. Das zerfrißt auch den Wahrheitsanspruch der Religion. »Wenn aber irgend etwas in den Seelen der Bürger einen fruchtbaren Boden für die Religion bereiten vermag, wenn irgend etwas die fest aufgenommene und in das Gedanken- und Empfindungssystem übergegangene Religion wohltätig auf die Sittlichkeit zurückwirken läßt, so ist es die Freiheit, welche doch immer, wie wenig es auch sei, durch eine positive Sorgfalt des Staates leidet.« Deshalb, so schlußfolgert Humboldt, liege eben auch alles, was die Religion betrifft, außerhalb der Wirksamkeit des Staates. Die staatliche Neutralitätspflicht (Hobbes) erstreckt sich bei Humboldt von der Religion, über Bildung und Ehe bis hin zur Enthaltsamkeit gegenüber allen Lenkungen der Glückseligkeit.

III.

Humboldts Welt ist eine Welt vor der Erfindung des Wohlfahrtsstaates. In dieser Welt gehörte die Vorstellung noch nicht zum Gemeingut, der Staat müsse dem Bürger die Sorge für die großen Risiken des Lebens (Alter, Arbeitslosigkeit, Krankheit) abnehmen. Humboldt sperrt sich zugleich gegen die verführerische Versuchung, dem Staat die Verantwortung für das menschliche Glück (Ehe, Familie, Religion) zu überantworten.

Spätere Generationen neigen dazu, Geschichte als Fortschrittsgeschichte zu interpretieren. Das gilt im Besonderen in der Sozialgeschichte. Die Erfindung des Wohlfahrtstaates wird gemeinhin als kollektive Leistung der Glücksvermehrung und Risikovermeidung wohlwollend interpretiert, selbst von solchen, die die (finanziellen) Grenzen und Belastungen des Sozialstaates durchaus kritisch reflektieren. Die Eigendynamik der von staatlicher Vormundschaft befreiten bürgerlichen Gesellschaft habe zwar gewaltige (wirtschaftliche) Energien frei gesetzt, geben auch die Advokaten des Sozialstaats zu. Sie habe aber zugleich unerträgliche Strukturen sozialer Ungleichheit hervorgebracht, die dringend einer steuernden Hand bedürften. Sozialisten, Liberale und Konservative erfanden zeitgleich den Wohlfahrtsstaat (als Begriff in Deutschland 1876 von Adolph von Wagner eingeführt) als Medizin zur Linderung dieser Ungleichheit, motivierten dessen Errichtung freilich jeweils unterschiedlich: Die demokratischen Sozialisten hofften auf die Aufhebung der Klassenschranken. Den Liberalen ging es um die Ermöglichung von Chancengleichheit und der fairen

Durchsetzung einer Meritokratie. Zwar ist jeder seines Glückes Schmied; damit er diese Chance aber wahrnehmen kann, müssen die Zufälle der Lotterie des Lebens (durch Klasse und Herkunft) eliminiert werden. Und die Konservativen mißtrauten ohnehin ihren Mitbürgern in ständiger Angst, diese könnten, sorglos gegenüber den Risiken des Lebens, später ihnen trittbrettfahrend auf der Tasche liegen. Im historischen Bündnis des späten 19. Jahrhunderts überantworteten diese drei Gruppen gemeinsam ihre Ängste an einen Staat, den sie mit viel Geld und sozialer Zwangsgewalt auszustatten bereit waren. Sie gewannen Ruhe und Egalität und opferten dafür ihre Freiheit.

»Das 20. Jahrhundert wird das Jahrhundert des Staates sein«, prophezeite Mussolini im Jahr 1932. Zuvor hatte schon John Maynard Keynes in einem berühmten Buch das Ende des »Laissez faire« verkündet. Im Jahrhundert der politischen Extreme waren Rechte wie Linke unterschiedslos der Überzeugung, der Staat müsse nicht nur stark, sondern auch üppig ausgestattet und zu seinen Bürgern gut sein. Heute, im Angesicht eines morschen und gleichwohl teuren Wohlfahrtsstaates, kann gefragt werden, ob dieser sozialstaatliche »Fortschritt« seinen Preis wert war. Denn nicht erst in seiner Verfallszeit nimmt der Wohlfahrtsstaat in Kauf, die Menschen zu demütigen. Das Ziel, durch institutionelle Solidarität sich aus der Falle früherer Armenfürsorge zu befreien, wurde nicht erreicht. Die Wohlfahrtsgesellschaft produziert abhängige Menschen, denen es an Selbstachtung gebricht (Avishai Margalit). Dieser staatliche Eingriff belohnt die Transferempfänger und bestraft die Leistungswilligen. Er macht beide Gruppen träge und erreicht das Gegenteil der ursprünglichen Absicht: Statt durch Solidarität Dynamik zu fördern, wird sie geradezu unterdrückt. Das ist der Preis staatlich unterdrückter menschlicher Freiheit, wie historisch lobenswert man immer die Motive beurteilen mag.

Der Anspruch wohlfahrtsstaatlicher Daseinsvorsorge »von der Wiege bis zur Bahre« hat auch ganz real einen hohen Preis. Er spiegelt sich in einer Staatsquote von bis zu 50 Prozent und mehr in den reichen Ländern. Mit anderen Worten: Fast die Hälfte der Wirtschaftsleistung einer Nation wird, finanziert von Steuern oder Schulden, vom Staat erbracht. Das erdrosselt die Bürger auch finanziell. Noch am Ende des 19. Jahrhunderts haben Ökonomen diskutiert, wo wohl das optimale Niveau der Besteuerung liege. Nach einigem Hin und Her einigte man sich darauf, Steuereinnahmen zwischen fünf und sechs Prozent des Bruttosozialprodukts als moderat zu bezeichnen, während acht bis zehn Prozent einem »normalen« Niveau entsprächen. Staaten, deren Besteuerung mehr als zwölf Prozent der Wirtschaftsleistung betrage, liefen mit »exorbitanten« Einnahmeansprüchen Gefahr, die Wachstumsaussichten ihres Landes empfindlich zu beschädigen, warnten die Wissenschaftler.

Vor hundert Jahren diskutierte man nah an der Realität. Deutschland und Frankreich hatten Besteuerungsniveaus zwischen 10 und 12 Prozent, die Vereinigten Staaten begnügten sich gar mit sieben Prozent. Erst im Lauf des 20. Jahrhunderts wuchsen die Ansprüche ins Grenzenlose – mit dramatischen Folgen für das Wachstum und den individuellen Wohlstand: Heutige Untersuchungen zeigen, daß ein Staatsanteil, der über 17 Prozent hinausgeht, das Wachstum drosselt. Seit dem New Deal in Amerika und dem nationalsozialistischen Wohlfahrtsstaat in Deutschland werden diese Werte international um ein Mehrfaches übertroffen.

Wilhelm von Humboldt hat die Welt vom Kopf auf die Füße gestellt. Späte Wohlfahrtsstaaten pflegen sich nur noch zu sorgen, woher sie das Geld für die ausufernden Sozialausgaben (Rente, Gesundheit, Arbeitsmarkt) nehmen. Sie sagen, es bleibe ihnen nur die Wahl zwischen Steuererhöhungen und Neuverschuldung. Nach den Staatsaufgaben fragt keiner mehr: Freie Menschen fragen: »Welchen Staat wollen wir uns leisten?« Erst an zweiter Stelle steht die Frage: Welchen Staat können wir uns leisten?

Humboldt kennt die Emphase privaten Engagements in Bereichen, die heute ganz selbstverständlich zur öffentlichen Daseinsvorsorge zählen. Spätere Bürgerschichten sind kleinmütiger geworden: Weil sie ihren Mitbürgern Verantwortungslosigkeit unterstellten, nahmen sie ein Zwangssystem staatlicher Volksbeglückung in Kauf. Als ob der Analphabetismus ausbräche, fiele die Schulpflicht und libertäre Anarchie herrschte ohne staatliche Ehezuständigkeit. Selbst die Verwalter des Glaubens und der Religion meinen, sie könnten nur steuerfinanziert überleben und fürchten, sie verlören andernfalls die Handlungsfreiheit für Kult und Sozialfürsorge. Das Gegenteil dürfte der Fall sein: die freiwillig eingegangene staatliche Bevormundung der Kirche ist ein wichtiger Grund für die erlahmende Kraft des Glaubens.

Ein Staat, der sich anheischig macht, das Glück seiner Bürger, sei es direkt oder indirekt, zu beeinflussen, wird rasch totalitär. Ein Staat, der seine Bürger in vermeintlich guter Absicht lenken will (und sie dabei freilich gerne mit allerlei Strafsteuern abzockt) überschreitet seine Kompetenz und unterdrückt die Freiheit seiner Bürger. Die amerikanische Verfassung garantiert aus gutem Grund das »Streben nach Glück«. Das ist nichts anderes als die Garantie der Freiheitsrechte, damit die Bürger eigene Ziele, mithin ihr Glück verfolgen können. »The pursuit of happyness«, stattlich garantiert, ist das Gegenteil staatlich garantierten Glücks.

Humboldts Grenzziehung staatlicher Wirksamkeit stellt für die Menschen eine Zumutung dar. Sie verlangt den Abschied von der »obrigkeitsethischen Anhänglichkeit« (Wolfgang Kersting), die den Sozialstaat als etwas Gutes betrachtet und ihm jene Weisheit und Allzuständigkeit andichtet, die Kinder bei ihren Eltern vermuten. Die Zumutung der Freiheit, die Humboldt anempfiehlt, setzt die Menschen dagegen einem wettbewerblichen Entdeckungsprozeß aus, der sich gerade durch seine Nichtplanbarkeit jeglicher Vorausschau entzieht. Die Offenheit der Kontingenz und das Risiko zu scheitern wachsen zweifellos. Doch die positive Kehrseite ist längst nicht nur das Risikoversprechen eines Lebensgewinns, sondern, quasi im Befreiungsakt mitgegeben, der Stolz, den ein Leben ohne anmaßende staatliche Demütigung bedeutet. Mit ihrem Leben und mit ihrem Geld können die Bürger besseres tun als sich dem Fürsorgestaat zu unterwerfen. Humboldts Ideen geben eine Ahnung. Nirgends steht geschrieben, daß die Welt auf immer so bleiben muß wie heute.

Detmar Doering
Die Anatomie des Antikapitalismus

Ist es nicht erstaunlich? Als der Sozialismus sowjetischer Prägung 1989 unterging, war sogar vom »Ende der Geschichte« die Rede. Der friedlichen Herrschaft von Demokratie und Marktwirtschaft stehe von nun an nichts mehr im Wege. Die Alternativen seien verbraucht. Die dazu gehörenden Ideen auch. Man braucht gar nicht in die weite Welt hinauszuschauen, um zu sehen, daß diese Prophezeiung nicht wahr wurde. Seit der von der SPD losgetretenen Kampagne gegen »Heuschrecken« ist sozialistisches Gedankengut wieder en vogue. Der Glaube der Deutschen an den großen und wohltätigen Staat nimmt zu.

Es war jedoch nicht die totale Marktwirtschaft und die reine liberale Demokratie, die den Kalten Krieg »gewonnen« hat. Es war eher der Wohlfahrtsstaat, ein pragmatisches Gemisch aus markt- und staatswirtschaftlichen Elementen, der sich als überlegen erwies, obwohl er schon damals sichtlich in strukturelle Krisen geraten war. Das Bild des nun konkurrenz- und gnadenlos herrschenden »Kapitalismus pur« wurde von angstvollen Gegnern und optimistischen Befürwortern (etwa den Predigern der »New Economy« in den 90ern) gleichermaßen verbreitet, obwohl es den Realitäten nie entsprach. Das macht den heutigen Backlash wahrscheinlich besonders schlimm. Negativphänomene wie die Arbeitslosigkeit werden so permanent falsch zugeordnet. Wo sich in Wirklichkeit ein seit den 70er Jahren immer deutlicheres Staatsversagen breit macht, wird dieses nun als Marktversagen deklariert.

Im Jahre 1922 veröffentlichte der österreichische Ökonom Ludwig von Mises sein bahnbrechendes Buch *Gemeinwirtschaft*, das nichts Geringeres als die Widerlegung des Sozialismus und des planwirtschaftlichen Interventionismus unternahm. Wenn es heute ein wenig Mode geworden ist, die Neoklassik und ihre Gleichgewichtstheorien kritisch zu hinterfragen, um damit alle wirtschaftsliberale Theorie zu diskreditieren, so kam Mises das Verdienst zu, diese Kritik vorweggenommen und zugleich andere Wege zur theoretischen Fundierung der Marktwirtschaft aufgezeigt zu haben.

Die Annahme, so Mises, es könne irgendwo ein Gleichgewichtspreis errechenbar sein, habe erst den Glauben an wirtschaftliche Planung ermöglicht. Die Fiktion des »Gleichgewichts« sei ein realitätsfernes Theoriekonstrukt, das den eigentlichen Prozeß, der zu Preisbildungen führe, weitgehend ausblende. Dieser Prozeß sei mikroökonomischer Natur, das heißt, das individuelle Handeln der Akteure sei das eigentlich Ausschlaggebende. Menschen handelten demnach bewußt aus subjektiven Motiven heraus. Diese Motive selbst könnten kein Gegenstand einer rational betriebenen Wissenschaft sein, wohl aber die Mittel, mit denen sie verwirklicht werden sollen. Die Rationalität der Mittelwahl sei in der Tat rational überprüfbar. Alle Wirtschaft, so meinte Mises, sei »ein Inbegriff von Mitteln für Ziele«. Menschen strebten nach Gütern und seien dabei auf Kooperation mit anderen Menschen angewiesen. Dabei herrsche – ganz im Gegensatz zu dem, was die Neoklassik behauptete – immer die allgemeine Unwissenheit der Akteure vor. Nur in einer unbehinderten Marktwirtschaft, die das freie Spiel der Preise erlaube, sei eine sich in einem permanenten Prozeß vollziehende Wertreihung aller ökonomischen Alternativen in Zeit und Raum – und damit rationale Wirtschaftsrechnung – möglich. Mises' berühmtester Schüler, Friedrich August von Hayek, sollte später einmal anschaulich vom Marktprozeß als »Entdeckungsverfahren« sprechen. Preise seien ein Hilfsmittel zur wirtschaftlichen und sozialen Koordination. Sie seien als Produkt subjektiver Werteinschätzungen von Individuen nicht durch den Staat aufgrund objektiver Daten »setzbar«. Der Versuch, dies zu tun, führe unweigerlich zu Verschwendung und Fehlleitung von Ressourcen. Das Resultat seien Chaos und Niedergang. Der Sozialismus, wie auch moderatere Formen des Interventionismus, seien – zumindest langfristig – zum Scheitern verurteilt, weil sie den Marktprozeß verzerrten.

Derart rationale Argumente verfangen indes nicht so wie man meinen möchte. Die Feindschaft gegenüber einer liberalen Gesellschaft mit marktwirtschaftlicher ökonomischer Fundierung speist sich nur selten aus der Wirtschaftstheorie. Warum erweist sich der Antikapitalismus als so hartnäckig und warum ist ihm mit Vernunft so wenig beizukommen? Was sind also die eigentlichen Antriebskräfte der »antikapitalistischen Mentalität«, wie Mises sie 1956 einmal in seinem gleichnamigen Buch nannte?

Da wäre zunächst einmal eine anthropologische Konstante: unser stark entwickelter Hordeninstinkt. Schließlich war die kleine Horde der historische »Normalzustand« der Menschheit, nicht die große Zivilisation. Wahrscheinlich ist uns das Hordenverhalten so sehr in Fleisch und Blut übergegangen, daß es in hohem Umfang unser angeborenes Instinktverhalten prägt. Die Horde ist keine Rechtsgemeinschaft, sondern eine Solidargemeinschaft. Sie definiert sich über gemeinsame Ziele, Homogenität und wirtschaftliche Autarkie. Der Rückbezug auf diese Werte in verschiedenster Form und Ausprägung ist es, was die Gegner liberaler Ordnungen vom rechtsextremen Fremdenfeind bis zum linken Antiglobalisierer letztlich eint.

In einer – zudem noch staatsgeleiteten – Großzivilisation nehmen sich diese Instinkte wie ein gefährlicher Fremdkörper aus. Das Ethos der Horde auf den Staat projiziert, kann im schlimmsten Falle zu totalitären Konsequenzen führen, wie sie sich in der Ideologie der »Volksgemeinschaft« etwa unter den Nazis oder im Stalinismus zeigten. Im »Normalfall« führt er lediglich zur schleichenden Erosion von Freiheiten durch übersteigerte und falsche Erwartungen an den Staat.

Wer im Staat nicht primär den Träger des Rechts und der überpersönlichen, gleichen Freiheitsregeln sieht, sondern den personalisierten Träger von Gemeinschaftssolidarität, der zielt automatisch auf paternalistische Politikvorstellungen ab. Er wird sie in allen Lebensbereichen verwirklichen wollen, aber der wirtschaftlichen Sphäre wird er wohl sein Hauptaugenmerk zuwenden. Er will, daß ansonsten spontane Beziehungen, wie sie in einer Marktwirtschaft vorherrschen, entspontaneisiert werden. Preise und Löhne werden keinem freien Spiel mehr unterworfen, sondern nach vermeintlichen Gerechtigkeitsvorstellungen von Verdienst und Bedürftigkeit festgesetzt. In einer kleinen Horde mit hoher kultureller Homogenität mag das, was jedem zukommt, noch durch irgendeinen Konsens gefunden werden. In einer großen offenen Gesellschaft gibt es solch einen Konsens nicht. Der viel beschworene Begriff der »sozialen Gerechtigkeit« ist hier weitgehend inhaltsleer. Im Gegensatz zu der formalen »Gerechtigkeit« – der Regelgleichheit ohne Ansehen von Hautfarbe, Geschlecht, Religion etc. – appelliert der Begriff »soziale Gerechtigkeit« aber an tief verwurzelte vorzivilisatorische Instinkte, an die Gemeinschaft.

Wer eine solche »solidarische« Gemeinschaft will, dem muß der offene Regelmechanismus einer Marktgesellschaft ein tiefes »Unbehagen« bereiten. Er wird sich »entfremdet« vorkommen, weil einer solchen Gesellschaft das gemeinsame Ziel abhanden gekommen zu sein scheint. Weder liberale Demokratie noch Marktwirtschaft können dieses Bedürfnis abdecken. Daß sie gerade dadurch andere und viel mehr Bedürfnisse der Menschen – der Mensch ist letztlich nicht nur Hordentier, sondern für die Zivilisation begabt – erfüllt, wird selten erkannt. Gerade Zieloffenheit ermöglicht das Testen von besseren Alternativen. Das ist jener »Entdeckungsprozeß«, in dem eine Unzahl von Menschen sinnvoll kooperieren und konkurrieren.

Eine kapitalistische Gesellschaft verbannt zwar nicht die Solidargemeinschaft aus dem Leben, wie gerne unterstellt wird, aber sie beruht nicht mehr ausschließlich auf ihr. Je globalisierter sie wird – und im Kern war sie das schon immer –, desto mehr entfernt sie sich davon. Der eigentliche zivilisatorische »Sprung«, der sie über die rudimentäre Stammesgesellschaft erhebt, ist die Herrschaft des Rechts.

Adam Smiths Sentenz über das Funktionieren des Marktes aus dem Jahre 1776 wurde gleichermaßen berühmt und berüchtigt: »Nicht vom Wohlwollen des Metzgers, Brauers und Bäckers erwarten wir das, was wir zum Essen brauchen, sondern davon, daß sie ihre eigenen Interessen wahrnehmen. Wir wenden uns nicht an ihre Menschen-, sondern an ihre Eigenliebe, und wir erwähnen nicht die eigenen Bedürfnisse, sondern sprechen von ihrem Vorteil.«

Die Kritik an diesem Satz hat sich meist darin erschöpft, sie als Apologie für den schrankenlosen Egoismus zu sehen. Das ist nicht nur deshalb irreführend, weil Smith in keinem seiner Werke den Wert von Tugenden oder menschlicher Sympathie in Frage stellte. Sie waren sogar Grundlage seines philosophischen Hauptwerkes, der »Theorie der ethischen Gefühle« von 1759. Der eigentlich interessante Punkt ist, daß Smith hier letztlich bloß das Wohlwollen *in einem bestimmten Kontext* – Produktion und Verkauf – als nicht bestimmend definiert.

Genau das ist es letztlich, was seit jeher den eigentlichen Widerspruch erregt. Marktbeziehungen existieren nicht *ohne* ethisches und kulturelles Fundament, sie basieren auf einem *anderen* ethischen und zivilisatorischen Fundament. Was für Adam Smith so klar war, daß er es gar nicht mehr besonders erwähnen mußte, war die Tatsache, daß die Marktbeziehungen *verrechtlichte* Beziehungen sind. Der Interessenausgleich, der in einer kapitalistischen Gesellschaft stattfindet, ergibt sich nicht von alleine, sondern nur im Rahmen einer »natürlichen« Freiheit, d.h. der rechtlich garantierten Sicherung des Schutzes der Person, der Sicherung des Eigentums und der Wahrung der Vertragsfreiheit und ähnlichem.

Dies steht in einem Spannungsverhältnis zur Ethik des »Wohlwollens«. Letzteres ist personalisiert und zielt auf konkrete Menschen, während eine Rechtsordnung auf abstrakten sozialen Beziehungen und zieloffenen Regeln beruht. Eine zivilisierte Rechtsordnung ermöglicht ein friedliches, an allgemeinen Regeln orientiertes Miteinander in einer komplexen Gesellschaft und sichert so die wirtschaftlichen Chancen der Bürger. Sie ist nicht beliebig konstruierbar, sondern das Produkt einer günstigen kulturellen Entwicklung. Untrennbar ist sie mit der Erfindung der Arbeitsteilung verbunden, die sich dann vor allem zum Wohle der Menschen auswirkt, wenn sie weiträumig wirken kann. Wirtschaftliches Interesse ist vielleicht der ursprüngliche Motor der Zivilisation. Es führt zur Entdeckung von Rechtsregeln, die überpersönlich sind, Menschen mit verschiedenen Interessen und Vorstellungen zur Kooperation bringt und spontane Entwicklungen erlaubt. »Die Tugend des Rechtssinnes, so wie sie von uns verstanden wird, wäre rohen und wilden Menschen niemals in den Sinn gekommen«, formulierte es treffend der schottische Aufklärer David Hume im Jahre 1742. Das Recht, so Hume, ermögliche Kooperationschancen zwischen Menschen, die in primitiven Gesellschaften nicht bestünden. Diese Chancen erst bewirkten Wohlstand, Kultivierung und ein besseres und längeres Leben für die Menschen, denn: »Es könnten wohl zwei Nachbarn sich vereinigen, um eine Wiese zu bewässern, die ihnen gehört. Für diese ist es leicht, sich wechselseitig zu kennen und jeder sieht unmittelbar, wenn er seinen Teil der Arbeit ungetan läßt, so bedeutet dies die Vereitelung des ganzen Unternehmens. Dagegen ist es sehr schwer, ja unmöglich, daß tausend Personen in solcher Weise zu einer Handlung sich vereinigen. Es ist schon schwer, in einem so verwickelten Falle einen klaren und einheitlichen Plan festzustellen, noch schwerer, ihn auszuführen; jeder wird einen Vorwand suchen, um sich von der Mühe und den Kosten zu befreien und die ganze Last den anderen aufzuhalsen.«

Besser könnte man auch heute nicht die Tendenz des Wohlfahrtsstaats zur Überbenutzung und Abwälzung von Ressourcen beschreiben. Das Zitat zeigt aber auch, woher das »Unbehagen« am liberalen Ethos herrührt.

Zu der unbehaglichen Offenheit des kapitalistisch-liberalen Systems (erst wenn sie abhanden gekommen ist, merken die meisten Menschen, daß eine geschlossen-totalitäre Gesellschaft noch unbehaglicher ist) kommt noch eine andere Dimension, die Kritik auf sich zieht. Es ist vor allem das, was ein liberaler Rechtsrahmen erlaubt oder ermöglicht, was die besondere Abneigung produziert, nämlich die eigentliche Ökonomisierung vieler wichtiger Beziehungen. Dazu gehört Gewinnstreben, dazu gehört aber auch die Kapitalbildung. Archaische Theorien (etwa aus dem Alten Testament oder dem Koran) zum Zinsverbot leben in mutierter Form fort. Die reine Solidargemeinschaft wird Geldverleih gegen Zins meist nur als Ausnutzung von Notlagen begreifen. Sie bleibt deswegen arm und auch kulturell verarmt. In Wirklichkeit ist der Kredit, die Verschuldung durch Beleihung von Eigentum, um investieren zu können, der Motor des Wohlstands – und damit der Eröffnung vieler Chancen. Auf der Basis einer Eigentum und Freiheit schützenden Rechtsordnung kann sich so erst der eigentliche Kapitalismus bilden. Er ist dann mehr als eine bloße friedliche Tauschordnung.

Der Kapitalismus wird von seinen Gegnern aber kaum daran gemessen, inwieweit er die materiellen Grundlagen schafft, auf denen sich überhaupt menschenwürdiges Dasein und zivilisatorische Entwicklung bilden können. Statt dessen erlaubt der einseitige Blickwinkel des Antikapitalisten meist nur moralisierende Kritik. Er wird sich als Antiökonomist im Zweifelsfall gar nicht erst auf die Ökonomie einlassen, weshalb der antikapitalistische Kritiker und der Ökonom im realen Leben meist aneinander vorbeireden.

Antiökonomismus und Hordenethos haben eine Klammer, die sie zusammenhält. Das antikapitalistische Utopia braucht die Ausgrenzung gegenüber dem, was nicht zu ihr paßt und kulturelle Projektionsflächen zur Identifizierung. Grob formuliert: USA und Israel = schlecht; Kuba = gut. Dahinter steckt ein bestimmtes Muster. Die Grenzen der Feindbildprojektion verlaufen in etwa da, wo sie mit dem »Kapitalismusverdacht« identisch sind – und diesen festigen. Gewalt wird gerne so interpretiert, als wäre sie eigentlich nur Gegengewalt zu einer entfremdeten, kalten und rücksichtslosen Kultur des Kapitalismus und der sie unterstützenden Politik. Das, was dabei »Schutzinstinkte« hervorruft, kann ganz verschieden sein. Es handelt sich dabei um vermeintlich authentisch lebende Völker, Klassen oder Gruppen, in die der westliche Kapitalismuskritiker gerne seine Traumvorstellungen projiziert. Selbst Individuen können verklärt werden: Der Mythos Che Guevaras, dessen Konterfei allerorts auf T-Shirts zu finden ist, zeigt, daß es sich tatsächlich um bloße Projektionen handelt. Der Berufsterrorist und Massenmörder wird als Beispiel für einen edlen und unentfremdeten Individualismus gesehen, während er in Wirklichkeit vom Wunsch getrieben war, eine ganz und gar antiindividualistische Staatsmaschinerie stalinistischer Bauart aufzubauen. Neue Nachfahren des »edlen

Wilden« rousseauscher Prägung fand der Antikapitalismus seither mit spielerischer Leichtigkeit. Im Ausland sind es die von Israel bedrängten Palästinenser oder die indigenen Zapatisten in Südmexiko, im Inland sind es Menschen mit »Migrationhintergrund«. »Was tun wir ihnen an, daß sie uns so hassen«, ist die Frage, die sich viele Gutmenschen sofort stellen, kommt es zu irgendwelchen Gewalttaten dererseits.

Dabei geht es nur vordergründig um »Multikultur« und Wahrung kultureller Eigenständigkeit. Migranten wie die in Deutschland lebenden Vietnamesen, die sich durchaus oft »parallelgesellschaftlich« ihre Identität bewahren, finden wenig Bewunderung dafür, weil sie sich nicht in Konflikt zur westlich-kapitalistischen Welt begeben, sondern – horribile dictu! – darin auch noch Erfolg haben. Wichtig ist also, daß sich die auserkorenen Idealmenschen in einem Spannungsverhältnis – echt oder imaginiert – zu westlich-kapitalistischen Gesellschaften befinden.

Gerade in Deutschland ist die Kritik am Westen und dem Kapitalismus schon immer recht verbreitet gewesen. Von Intellektuellen wurde bereits im 19. Jahrhundert die Kultur Englands als »oberflächlich« oder »ökonomistisch/utilitaristisch« diffamiert, wie es heute mit fast identischem Vokabular gegenüber den USA geschieht. Werner Sombarts infame Kampfschrift »Helden und Händler« von 1915 war der Höhepunkt dieses Ungeists. Und so wie man heute Israel und Amerika als eine Art »Achse des Bösen« sieht, so war es zu wilhelminischen Zeiten das Judentum und England. Immer verband sich das Feindbild mit einem Antikapitalismus.

Der Publizist Wilhelm Marr, der Erfinder des Begriffs »Antisemitismus«, legte in seiner 1879 erschienenen Hetzschrift »Der Sieg des Judenthums über das Germanenthum« die Gründe seines Antisemitismus so dar: »Das Judentum ist das angewandte, bis zum Extrem durchgeführte Manchestertum. Es kennt nur noch den Handel, und auch davon nur den Schacher und Wucher. Es arbeitet nicht selber, sondern läßt andere für sich arbeiten, es handelt und spekuliert mit den Arbeits- und Geistesprodukten anderer. Sein Zentrum ist die Börse... Als ein fremder Stamm steht es dem Deutschen Volk gegenüber und saugt ihm das Mark aus. Die soziale Frage ist wesentlich Gründer- und Judenfrage, alles übrige ist Schwindel.« Dies war keine »rechte« Verirrung. Marr war ein sozialistischer Radikaldemokrat aus Hamburg. Aus dem antisemitischen Kontext herausgeschält, liest sich seine Kapitalismusschelte nicht anders als die der heutigen Globalisierungsgegner mit ihrer Kritik am amerikanischen Finanzkapital.

Es geht also immer darum, für sich selbst oder andere »Unterdrückte« eine kulturell definierte Opferrolle zu finden, die sich von kapitalistischen »Leitkulturen« scharf abgrenzt. Im 19. Jahrhundert England, heute Amerika, dazwischen stets der Zionismus oder das Judentum mäandernd. Das »Westliche« steht gegen das Echte, Authentische, das Leidende. Daß das Leidende vielleicht nicht am Westen leidet, sondern oft an sich selbst, wird dann nur allzu oft übersehen.

Wenn der Antikapitalismus an so tief verankerte Hordeninstinkte appelliert, den Antiwestlern so sehr entgegenkommt und mit seinem Antiökonomismus so erfolgreich am Fundament der freiheitlich verfaßten Gesellschaft nagt – besteht dann überhaupt eine Chance für den Kapitalismus?

In den großen politischen Auseinandersetzungen – etwa mit dem Nationalsozialismus oder im Kalten Krieg – hat sich die Freiheit dennoch als überlegen erwiesen. Die Gegner, die alles Westliche und Kapitalistische als dekadent und schwach zu erkennen glaubten, überschätzten sich in vergangenen Zeiten schon häufiger. Auch wenn man nie sicher sein kann, daß dies so bleibt, so ist langfristig auch der militante Islamismus von heute, der ähnlich argumentiert, schwächer, als man denkt. Letztlich liefert er zwar zerstörerischen Fanatismus, der schreckliche Resultate hervorbringen kann, aber er liefert keine funktionierende Alternative. Wirklich im finsteren Mittelalter leben will auch in der islamischen Welt der größte Teil der Menschen nicht.

Die zur antikapitalistischen Projektionsfläche überhöhten »Gegenmodelle« von der frühen Sowjetunion über Kuba, über die Islamische Republik Iran, über Hugo Chavez's Venezuela zu den verschiedensten Lieblingsindigenen der Multikulturalisten – sie alle funktionieren nicht in dem Sinne, wie es sich die wohlmeinenden Idealisten unter ihren Bewunderern erhoffen. Die Menschen möchten heute indes auf der ganzen Welt teilhaben an den Errungenschaften des »kapitalistischen Westens« und die Globalisierung wird ihnen dabei helfen. Die Flüchtlingsströme, die derzeit aus Afrika (wo sie sich doch eigentlich kulturell »unentfremdet« wohl fühlen müßten...) gen Europa strömen, sprechen Bände. Den Menschen zu erzählen, sie sollten mit der Natur im Einklang leben und unentfremdeter Authentizität frönen und dabei bitter arm bleiben, ist ein Sozialromantizismus, den sich nur vom Kapitalismus begünstigte Wohlhabende leisten können und der ausgesprochen zynisch ist.

Dirk Maxeiner / Michael Miersch

Das Totalitäre im Ökologismus

Geschlossene Weltanschauungen mit universellem Heilsanspruch wirken wie Nachhall aus einer unheimlichen Vergangenheit. Die Totalitarismen des 20. Jahrhunderts sind historisch und moralisch diskreditiert. Kein vernünftiger Mensch würde sich heute noch offen zu Faschismus, Rassenideologie oder zum Kommunismus bekennen. Auch der islamistische Totalitarismus des 21. Jahrhunderts besitzt – zumindest für die Mehrheit der westlichen Intellektuellen – keine utopische Strahlkraft. Zu sehr ist der antihumane Vernichtungswille gleich bei Geburt dieser Ideologie sichtbar geworden. Sind die modernen westlichen Gesellschaften also Totalitarismus-resistent geworden? Zumindest Ideologien, die unverhohlen Gewalt und Unterdrückung propagieren, haben einstweilen geringe Chancen auf Akzeptanz in der westlichen Welt. Doch ein zweiter Blick auf die geistige Landschaft offenbart eine ungebrochene Faszination für Heilslehren, deren totalitäres Potential nicht immer auf Anhieb zu erkennen ist. Auch der Kommunismus erschien seinen Anhängern als Weg in eine bessere, humanere Welt. Die unmenschliche Realität kam erst zutage, als es zu spät war. Die derzeit populärste Heilslehre, die totalitäres Denken und Handeln befördert, ist der Ökologismus. Bei der Überprüfung dieser These helfen ein paar einfache Fragen: Wie konstruiert der Ökologismus sein Bild der Wirklichkeit? Welche Deutungsmuster der Welt legt er zugrunde? Wo leitet er seine Handlungsmuster und moralischen Imperative her? Wie werden konkurrierende Deutungen der Wirklichkeit delegitimiert? Wie immunisieren sich seine Anhänger gegen Zweifel?

»Ökologismus ist ein Fall der gesellschaftlichen Konstruktion von Wirklichkeit«, schreibt der Soziologe Karlheinz Messelken in seinem Essay »Mythen des 20.Jahrhunderts: Rasse, Klasse, Umwelt«. Mit Faschismus und Kommunismus teile er das antikapitalistische und antiwestliche Ressentiment: Der Kapitalismus sei jeweils die »Institutionalisierte Versuchung zu moralischer Niedrigkeit«, schreibt Messelken. »Wo er den Ton angibt, da löst sich der einzelne aus Ordnungen, die ihn übersteigen und sich seiner Person zu einem höheren Zweck bedienen, da hört der einzelne auf, ein dienendes Glied zu sein, und stellt sich ganz auf seine Selbstsucht.« Diese Geringschätzung des Individuums gegenüber dem Kollektiv teilt das grüne mit dem völkischen und kommunistischen Denken.

Grüne Paradigmen prägen mittlerweile die Massenkultur. In Kinderbüchern und Videoclips, in Vorabendserien und Parteiprogrammen durchziehen ökologistische Glaubenssätze die öffentliche Sprache. Die Vorstellungswelt des Ökologismus rankt sich um die Erwartung einer Endzeit. Verzicht und radikales Umsteuern gelten als einzig verantwortungsvolle Handlungsmaximen, die das Unheil noch abwenden könnten. Das Schrifttum zur »Klimakatastrophe« steckt voller solcher Motive.

Während der Nationalsozialismus heidnisch und der Kommunismus atheistisch auftraten, trägt die Ökoideologie durchaus Züge eines neuen Animismus. Die Menschheit ist krank und verloren. Wenn sie nicht mitmacht oder sich nicht retten läßt, droht ihr »die Rache der Natur«. Die Natur ist gut, der Mensch ist schlecht. Das Natürliche: rein, unverdorben, heilig. Das Künstliche: sündhaft, schmutzig, verderbt. Erlösung verspricht einzig der »ökologische Kreislauf«, der die individuelle Vergänglichkeit in den ewigen Zirkel der Natur transzendiert. »Der Ökologismus ist heute eine der einflußreichsten Religionen der westlichen Welt«, schrieb der Schriftsteller Michael Crichton. »Es scheint die bevorzugte Religion urbaner Atheisten geworden zu sein.«

Allerdings haben wir es hier jedoch mit einem religiösen Bekenntnis zu tun, das sich selbst für durch und durch rational, ja wissenschaftlich fundiert hält. Ganz wie die anderen großen Ideologien des 20. Jahrhunderts halten Ökologisten ihre Weltsicht für eine Bestandsaufnahme unleugbarer, naturgesetzlicher Tatsachen. Der Ökologismus tritt im Gewand der Wissenschaft auf, imitiert ihre Ausdrucksweise und maßt sich ihre Autorität an. Das macht den Umgang mit seinen Anhängern so schwierig. Diskussionen um ökologische Streitfragen geraten oft deshalb so unversöhnlich, weil die gegensätzlichen Parteien nur scheinbar über das gleiche verhandeln. Die einen reden über den Schutz der Umwelt oder der Natur und den besten Weg dorthin. Den anderen geht es unausgesprochen darum, den Menschen mit Hilfe eines einfachen und geschlossenen Weltbildes Halt zu geben. Mythen und Legenden überwuchern das Umweltthema.

Erkenntnisse, die durch unabhängiges Denken und Forschen gewonnen werden, stehen oftmals im Gegensatz zu den Glaubenssätzen des Ökologismus, der sich von der Ökologie (der Wissenschaft vom Ineinanderwirken der Organismen) immer weiter entfernt hat. Verwirrenderweise wird in den Medien und in der Umgangssprache meist von »Ökologie« geredet, wenn »Ökologismus« gemeint ist. Kein Forscher wird heute mehr ernsthaft behaupten, es gäbe in der Natur ein Gleichgewicht. Stand des Wissens ist, daß die Evolution durch extreme Ungleichgewichte voranschreitet. Dennoch gehört das Motiv des »natürlichen Gleichgewichts«, der »Balance«, nach wie vor zu jeder Sonntagsrede. Auch die ökologistische Vorliebe für das Ländliche, Bäuerliche im Gegensatz zur verdorbenen Industriekultur ist mit ökologischen Fakten nicht zu vereinbaren. Nüchtern betrachtet nimmt die Primärwirtschaft auch heute noch wesentlich mächtiger Einfluß auf Landschaften, Pflanzen und Tiere als jedes Atomkraftwerk und jede Autofabrik. Archaische Praktiken wie Brandrodung, Jagd, Fischerei oder die Umwandlung von Wäldern in Ackerland verändern die Natur des Planeten erheblich stärker als die moderne Technologie, die den Ökologisten so suspekt ist.

Wer ökologische Forschung betreibt, orientiert sich ergebnisoffen an meßbaren Tatsachen. Der Münchner Ökologe Josef H. Reichholf verfaßte eine Streitschrift, in der er sein Wissensgebiet gegen Vereinnahmung in Schutz nimmt (»Die Falschen Propheten«, 2002). Über den heutigen Ökologismus heißt es darin, er habe sich vor einem Dritteljahrhundert der Ökologie bemächtigt und »zu einem religionsartigen Lebensmodell entwickelt, daß uns in immer stärkerem Maße vorschreibt, was zu tun und zu lassen ist.« Das ist das Terrain der Öko-Funktionäre in Politik und Nicht-Regierungsorganisationen (NGO). Sie dulden keinen Zweifel am Heil durch »Nachhaltigkeit« oder an der Gewißheit, daß die »Klimakatastrophe« kommt. Al Gore schreibt in »Wege zum Gleichgewicht« (1992): »Leugnung ist die Strategie derer, die zu glauben wünschen, daß sie ihr suchtabhängiges Leben ohne schlimme Auswirkungen auf sich selbst und andere fortsetzen können.« Der politische Gegner kann nur noch als pathologischer Fall wahrgenommen werden.

Der langjährige Greenpeace-Vorsitzende Patrick Moore erinnert sich in einem Interview: »Greenpeace startete damals bei uns in Kanada eine Kampagne gegen Pragmatismus und Kompromisse. Das war die Stunde der Ideologen, jeder der von nun an geringfügig von der Linie abwich, wurde zum Verräter gestempelt. Und plötzlich war auch ich einer. Ein paar meiner alten Kumpels haben mich ›Öko-Judas‹ genannt und behauptet, ich hätte mich kaufen lassen. Es ist eine schlimme Entwicklung, daß Greenpeace sich von der Logik und der Wissenschaft verabschiedet hat. Mehr und mehr werden die Kampagnen mit Gefühlsappellen, Angstmacherei, Falschinformationen und schmutzigen Tricks geführt.« Die Immunisierung gegen Kritik – vor allem, wenn sie aus den eigenen Reihen kommt – ist eines der totalitären Muster, die in der grünen Bewegung um sich gegriffen haben. Das Gruppendenken kreist um Kategorien wie »Treue« und »Verrat«. Zweifel dienen dem Feind. Moralisch aufgeladene Kampfbegriffe dulden keinen Widerspruch.

Der holländische Umwelt-Historiker Wygbert-Versteegen charakterisiert dieses Weltbild als »Green Thinking«. Es beruht auf subjektiven und vom herrschenden Zeitgeist gebauten Pfeilern: Man betrachtet den Menschen immer nur als Verbraucher und Verursacher und nie als Problemlöser und Erschaffer. Der Mensch wird häufig sogar als »Krebsgeschwür des Planeten« verachtet. Technik gilt nicht mehr länger als Lösung von Problemen, sondern meist als deren Ursache. Eine vorgeblich immer schnellere technische und ökonomische Entwicklung soll gebremst werden. Der freie Markt und seine Akteure gelten als räuberisch und oft gegen das Allgemeinwohl gerichtet. Dieses als alternativlos imaginierte Denken pflegt die Geschichte der Wissenschaft und der Industrialisierung als Verfallsgeschichte darzustellen.

Die neue Klasse

Mahnen und Warnen, Moralisieren und Boykottieren, Verhindern und Verteufeln sind längst wichtige Wirtschaftsfaktoren geworden. Tatsächliche oder vermeintliche Umweltskandale erschüttern Börsenkurse, die Angst vor Katastrophen treibt Versicherungsprämien hoch und dient als willkommenes Alibi für neue Steuern und Belastungen der Bürger. Schlagworte wie »Vorsorgeprinzip« oder »Nachhaltigkeit« werden immer häufiger dazu genutzt, den freien Markt mit staatlichen Regulierungen außer Kraft zu setzen. Die Medien, die Wissenschaft, die Politik, Verbände und NGO sind Akteure in einem Milliardengeschäft mit der Angst geworden. Mit dem Hinweis auf das Allgemeinwohl werden vielfach Einzelinteressen bedient. Vor allem geht es auch um die Durchsetzung gesellschaftlicher

Zielvorstellungen. Millionen von Meinungsmachern und Experten, Forschern und Kontrolleuren, Beamten und Bürokraten leben mittlerweile von diesem System. So wächst eine neue Klasse heran. Die NGO bilden inzwischen den achtgrößten Wirtschaftsbereich der Welt.

Der Begriff »neue Klasse« wurde von dem jugoslawischen Kommunisten und späteren Dissidenten Milovan Djilas Ende der fünfziger Jahre in die Welt gesetzt. Er sollte deutlich machen, daß die Partei-Elite in den kommunistischen Ländern mehr war als nur eine Nomenklatur etablierter Exrevolutionäre. Die Apparatschiks bildeten eine neue Klasse, die ihre ökonomische Vormachtstellung und ihre Privilegien sicherte und ausbaute. Die neue Welt-Klasse der rapide wachsenden supranationalen Organisationen und endlosen Kettenkonferenzen ist noch nicht soweit. Doch eines ist ihnen gemeinsam: Niemand hat sie gewählt und sie haben keine Basis, der gegenüber sie sich ernsthaft verantworten müßten. Sie wechseln vom IRK zur WHO, vom WWF zum IWF und zurück. Doch so losgelöst die neue Klasse auch wirkt, ihre ökonomische Ausstattung wird aus dem Volksvermögen der Nationen bestritten. »Sie sind«, sagte DIE ZEIT-Herausgeber Josef Joffe einmal, »keine staatstragende, aber eine vom Staat getragene Klasse.«

Und die Europäische Union will deren Stellung noch weiter stärken. Heute schon werden in Bereichen wie Entwicklungshilfe, Soziales, Umwelt oder Menschenrechte über NGO etwa eine Milliarde Euro aus dem EU-Topf verteilt. Laut dem – auf Eis liegenden – Verfassungsentwurf soll ihre Bedeutung im Entscheidungsprozeß der

Gemeinschaft weiter zunehmen. Doch was hier als »Zivilgesellschaft« oder »partizipatorische Demokratie« so bürgerfreundlich daherkommt, ist äußerst problematisch. Neben der europäischen Kommission, die nicht gewählt, sondern von Politikern eingesetzt wird, soll hier eine weitere nicht demokratisch legitimierte Mitspracheebene eingeführt werden. Der tschechische Ministerpräsident Václav Klaus warnt eindringlich vor einem »NGOismus« und der »Vernebelung demokratischer Prinzipien«. Er nennt dabei ausdrücklich den »Ökologismus«, der »Privilegien für organisierte Gruppen« beanspruche. Dies bedeute nichts anderes als eine »Re-Feudalisierung der Gesellschaft«.

Politisierte Wissenschaft

Ein strategisch äußerst machtvolles Instrument, Deutungshoheit in Öffentlichkeit und Medien zu gewinnen, ist die Politisierung der Wissenschaft. Auch die alten Totalitarismen förderten massiv alle Forschungsansätze, die ihre Ideologien stützten. Ob die jeweiligen Hypothesen einer kritischen Prüfung standhielten, spielte keine Rolle. Lyssenkos Irrlehren warfen die Genetik, die Biologie und Landwirtschaft der Sowjetunion um Jahrzehnte zurück. Rassenlehre und obskure Schädelvermessungen wurden benutzt, um die nationalsozialistische Vernichtungspolitik zu rechtfertigen.

Heute versuchen grüne Lobbygruppen das Prinzip der Nachhaltigkeit gleichsam als ein ehernes Gesetz der Natur darzustellen. Der Begriff kommt ursprünglich aus dem Waldbau und meint dort, daß man nicht mehr Holz einschlagen solle, als nachwächst oder aufgeforstet wird. Dies ist kein natürliches, sondern ein ökonomisches Prinzip. Preußische Forstmeister verhalfen ihm im 18. Jahrhundert erstmals zur Geltung. Die Natur selbst hat keine Ahnung von Nachhaltigkeit. Wald dehnte sich im Verlauf der Erdgeschichte immer wieder aus oder schrumpfte. Auf dem Höhepunkt der letzten Eiszeit umfaßte der tropische Regenwald nur einen winzigen Bruchteil seiner heutigen Fläche. Hätte sich die Natur vor ein paar Millionen Jahren entschieden, nachhaltig zu sein, dann dominierten heute noch die Dinosaurier den Planeten und der Mensch hätte niemals seine Chance bekommen. Die Natur wäre statisch und eine Evolution unmöglich.

Wissenschaft ist aus gutem Grund ein nachdenklicher und vorsichtiger Prozeß: Alles darf kritisiert und angezweifelt werden. Wissen muß revidierbar bleiben. Der Zweifel ist das methodische Prinzip der gesamten modernen Naturwissenschaft. Dieses aufklärerische Prinzip ist beim Thema Klimawandel außer Kraft gesetzt. In der öffentlichen Debatte gilt »Klimaschutz« als hochmoralisches Anliegen. Wer an den vorherrschenden Szenarien zweifelt, dessen moralische Integrität wird umgehend in Frage gestellt. Das neue Lieblingswort für jene, die dem Katastrophen-Konsens widersprechen, heißt »Leugner«. Die Absicht ist klar: Ein Leugner ist nicht etwa anderer Meinung, sondern verneint eine kriminelle Tat. Folgerichtig werden solche Personen bereits mit Holocaust-Leugnern verglichen – etwa im US-Umweltmagazin »Grist« – und nach Prozessen »im Stil von Nürnberg« gegen sie gerufen.

Politiker wollen ihre Entscheidungen durch einen breiten wissenschaftlichen Konsens legitimeren. Deshalb wurde das »Intergovermental Panel on Climate Change« (IPCC) in den achtziger Jahren von der UN ins Leben gerufen, um den Sachverstand aus aller Welt zusammenzutragen und eine einheitliche Aussage daraus zu kondensieren. Das IPCC-Prozedere ist damit kein wissenschaftliches, sondern ein von der neuen Klasse beherrschtes diplomatisches Verfahren. Schlüsselpositionen haben dabei jene Wissenschaftsfunktionäre inne, die den Wortlaut einer kurzen Zusammenfassung der vielen tausend Seiten umfassenden Studien und Arbeiten festlegen.

Die Utopie des Klimaschutzes

In der Debatte um die Möglichkeiten des Klimaschutzes tauchen utopische Phantasien auf, die an totalitäre Großprojekte der Vergangenheit erinnern. Der sowjetische Ministerrat verkündete 1950 den »großen Stalinplan zur Umgestaltung der Natur«. Die ostsibirischen Ströme Irtysch, Ob und Jenissei sollten umgeleitet, Wüsten fruchtbar gemacht und das Klima in Sibirien gemildert werden. Das Politbüro verlangte nach höheren Temperaturen und besseren Möglichkeiten zur Bewässerung in der Landwirtschaft. Deshalb reiften in den Köpfen der Planer noch phantastischere Projekte: Holzkohlenstaub, so wurde diskutiert, sollte die Eiskappen des Nordpols gezielt abschmelzen. Fünfzig Jahre später ist es wieder so weit – allerdings unter umgekehrten Vorzeichen. Eine von ökologistischen Untergangsszenarien verunsicherte Öffentlichkeit fürchtet – diesmal in einer Art negativem Machbarkeitswahn –, ihr irdisches Tun werde die Pole dahin schmelzen lassen. Kohlendioxid (CO_2), das nach der Verbrennung fossiler Rohstoffe aus Schloten und Auspuffen in den Himmel steigt, könne den alten sowjetischen Traum doch noch wahr machen – unfreiwillig.

Die heutigen Klimaschützer werden in ihrem Machbarkeitswahn den sozialistischen Klimaplanern von einst immer ähnlicher. Die vernünftige Idee, die Umwelt zu schonen und Ressourcen und Energie zu sparen, genügt offenbar nicht mehr. Statt dessen glauben Klimaschützer wie weiland die sowjetischen Großtechnokraten, Ströme umleiten und die Biosphäre nach einem großen Plan managen zu können. In einem Beitrag für das Magazin »nature« warnte der deutsche Regierungsberater und Klimaforscher Professor Hans-Joachim Schellnhuber vor der »planlosen Umgestaltung der Ökosphäre durch individuellen Opportunismus« und verkündete seine Vorstellungen von einem »Redesign« des Globus mittels »Geoengineering«. Ihm schwebt eine »organischere« Verteilung von Arbeit vor, die gleichzeitig die Ungleichheit auf der Welt beheben könne: Nahrungsmittelanbau sollte vor allem in den gemäßigten Zonen konzentriert werden, erneuerbare Energiegewinnung und Hightech in den Subtropen, Artenvielfalt und Tourismus in den Tropen. Doch damit nicht genug: »Wir könnten über eine proaktive Kontrolle der natürlichen Klima-Variabilität nachdenken«, meint er weiter und hält es für denkbar, künftigen Eiszeiten durch die Injektion von »Designer-Treibhausgasen« zu begegnen. Schellnhuber bekleidet zahlreiche Ämter, etwa im Wissenschaftlichen Beirat der Bundesregierung für globale Umweltveränderungen oder im IPCC. Er träumt von einem Elite-Zirkel, »bei dem die 100 bis 200 weltbesten Wissenschaftler einige Jahre in einem Kolleg zusammenarbeiten«, und wenn diese die Lage als bedrohlich ansähen, »müßten sie schnellstmöglich eine neue Weltgesellschaft erfinden«.

Ein diesbezüglicher Bruder im Geiste ist der Mathematiker und Wirtschaftswissenschaftler Franz Josef Rademacher, Mitglied im Beirat der Landesregierung Baden-Württemberg für nachhaltige Entwicklung und in führenden Positionen zahlreicher weiterer Öko-Institutionen. Rademacher propagiert einen »globalen Marshallplan« und macht auch keinen Hehl daraus, daß es dem globalen Kapitalismus endlich an den Kragen gehen sollte. Aus Rademachers Feder stammen so unglaubliche Sätze wie dieser: »Der 11. September 2001 hat die Chancen für ein ökosoziales Modell verbessert und deutlich gemacht, welchen Preis man weltweit für zuviel Ungleichheit ... zahlen muß.«

Das ist keine neue Entwicklung. Schon in der Frühzeit der grünen Bewegung waren totalitäre Konzepte dieser Art gang und gäbe. Franz Alt träumte ebenso von einer »grünen Weltrevolution« wie der Öko-Stalinist Wolfgang Harich, der sich eine »Weltregierung« wünschte, »die selbst vor der Umsiedlung großer Menschenmassen nicht zurückschreckt«. Luise Rinser, Schriftstellerikone der Grünen und der Friedensbewegung, beklagte in der Zeitschrift »natur« anläßlich eines Besuches beim Nordkoreanischen Diktator Kim II Sung den »pervertierten Westen« und empfiehlt: »Ein halbes Jahrhundert Erziehung des nordkoreanischen Volkes müßte ein international wirksames

Beispiel sein.« Der grüne Hausphilosoph Hans Jonas war sicher, daß Demokratie »auf die Dauer nicht die geeignete Regierungsform ist«. Und selbst einem verdienstvollen DDR-Dissidenten wie Jens Reich brennen beim Ökothema die totalitären Sicherungen durch. Reich wünschte sich öffentlich schon mal einen mächtigen »Ökorat«, der ohne Rücksicht auf das »Legislaturperiodengewusel« und die »impotenten politischen Strukturen« seine Entscheidungen zum Wohle aller trifft.

Eine Nomenklatur von Wissenschaftsfunktionären und Klimabürokraten, von Politikern und Wirtschaftslobbyisten glaubt sich in der Lage, über planetare Stoff- und Menschenströme befinden zu können. Ihr Ziel ist eine globale Öko-Regulierungsbehörde – und deren oberstes Gebot lautet: Du sollst keine Zweifel haben. Folgende Fragen gelten heute schon als unanständig. Erstens: Hat die Erde sich tatsächlich bereits über ein von der Natur verursachtes Maß hinaus erwärmt? Zweitens: Wird sie sich weiter erwärmen? Und drittens: Wenn ja, ist das überhaupt schlimm? Besonders letztere Frage gilt als zynisch. Das mittelalterliche Klima-Optimum, teilweise wärmer als heute und von blühender Landwirtschaft (und einem teilweise eisfreien Grönland) gekennzeichnet, darf schon nicht mehr optimal genannt werden. In Lehrmaterialien für Schulen wurde die vorher gebräuchliche Bezeichnung »Optimum« bereits in Anführungszeichen gesetzt. Die sowjetischen Klimamacher schufen einen Musterfall bürokratischer Stagnation und Bevormundung, die heutigen Klimaschützer sind auf ähnlichem Wege.

Im letzten Jahrhundert hat sich zweimal, 1917 in Rußland und 1933 in Deutschland gezeigt, was einer Gesellschaft widerfährt, deren politisches System von einer Weltanschauung beherrscht wird, die den Untergang beschwört und radikale Veränderungen fordert, um ihn abzuwehren. Das Konstrukt drohender Katastrophen wird zur Tatsache erklärt. Basierend auf dieser Wissens-Anmaßung wird einem massiven Eingriff in die Persönlichkeitsrechte das Wort geredet. Die Expertengremien suggerieren wissenschaftliche Exaktheit und leiten daraus scheinbar vernünftige und moralisch gebotene Verhaltensforderungen ab.

Die grünen Nazis

Die Idealisierung des Naiven und vermeintlich Natürlichen ist weit oben in Staat und Gesellschaft angekommen. Ihre Spur zieht sich von Rousseau über die der Romantik, die Wandervögel und die Hippies bis zum Ökologismus unserer Tage. Im deutschsprachigen Kulturraum waren solche Strömungen immer besonders beliebt. Durchs bürgerliche Wohnzimmer zog schon zu Urgroßvaters Zeiten der wehmütige Duft des Sentimentalismus. Der edle Wilde, der unverdorbene Landmann, das Kleinkind, das unschuldige Tier dienten den Kaufmännern und Fabrikanten als Projektionsfläche für Sehnsüchte, die im harten Alltagsgeschäft unbefriedigt blieben. In Caspar-David Friedrichs Wald oder am Ufer von Karl Mays Silbersee lagen die Orte der Erhabenheit und der Harmonie, möglichst weit weg von dem verwirrenden Großstadtlärm der Aufklärung und der Moderne. Kennzeichnend für die Romantik, schrieb Isaiah Berlin, sei der Prozeß des Mythenschaffens: »Man muß einen Mythos schaffen, der sich niemals gänzlich einlösen lassen wird.« Es gehöre »zum Kern der Sache, unauffindbar, unerreichbar und ins Unendliche aufgeschoben zu sein«.

Der in den siebziger Jahren rasant anwachsenden grünen Bewegung gelang es, sich als neu und historisch unbelastet darzustellen. Doch der Ökologismus war keinesfalls, wie bis heute viele denken, 1970 vom Club of Rome in Deutschland eingeführt worden. Er hat eine lange nationale Geschichte, die in der Romantik begann, in der Lebensreformbewegung um 1900 eine erste Blüte erlebte und dann – das wurde jahrzehntelang unter den Tisch gekehrt – von den Nazis aufgegriffen und propagandistisch reiflich genutzt wurde. Keine deutsche Regierung vor 1998 war so mit Öko-Ideologie befrachtet wie die nationalsozialistische. Hitler war bekanntermaßen Tierversuchsgegner und Vegetarier. Weniger bekannt dürfte sein, daß Reichsbauernführer Walther Darré persönlich dafür sorgte, daß der Führer immer frisches Bio-Gemüse bekam. Oder daß Hitler der Reichsvogelmutter Lina Hähnle versicherte, »seine schützende Hand über die Hecken« zu halten und für »verstärkten Vogelschutz« eintrat. Himmler pries in einer Rede die alten Germanen, die »von der göttlichen Ordnung der ganzen Pflanzen- und der ganzen Tierwelt überzeugt waren«. Er schwadronierte über die Rechte von Mäusen und Ratten und warnte davor, über solche Betrachtungen zu lachen. »Es wäre besser«, meinte er, »wir pietätlosen Menschen würden unser Haupt neigen vor der Tiefe und Größe dieser Weltanschauung.« Der SS-Führer wird von einigen Historikern zum »grünen Flügel« der

NSDAP-Leitung gezählt, ebenso wie Darré, Rudolf Hess, Fritz Todt und Alwin Seifert. Sie schwärmten für regenerative Energien, alternative Heilkunst und Bio-Landwirtschaft. Manche von ihnen sympathisierten zeitweise mit den anthroposophischen Lehren des Rudolf Steiner. Himmler ließ von der SS biologisch-dynamische Versuchshöfe betreiben, unter anderem im KZ Dachau. Göring sorgte dafür, daß nach der Machtergreifung 1933 als erstes ein neues Tierschutzgesetz verordnet wurde und zwei Jahre später ein Naturschutzgesetz. Beide wurden von der Bundesrepublik weitgehend übernommen und galten noch lange als vorbildlich.

Der Kulturwissenschaftler Friedemann Schmoll schreibt: »Antisemitismus und Naturschutz finden sich beide in Abwehrhaltung zu ihrer Zeit. Und beide teilen eine Reihe konstitutiver Muster und Grundwerte. Die Verklärung ländlicher Daseinsformen ging einher mit tiefer Ablehnung urbaner Kulturen und eines entfesselten Kapitalismus. Das Pochen auf Gemüt und Intuition verband sich mit borniertem Anti-Intellektualismus ... Die Utopie einer ›reinen‹ Umwelt findet ihre Entsprechung in der Vorstellung einer judenreinen Welt.« Dies ist keine intellektuelle Zuspitzung Schmolls, sondern wurde von den Nazis explizit so gesehen. »Es geht auch gegenüber der deutschen Natur und Heimat«, schrieb der württembergische Landeskonservator Hans Schwenkel damals, »um Weltanschauung, um amerikanisch-jüdische oder um deutsche Lebensauffassung und Lebensgestaltung. Es geht jetzt um letzte Entscheidungen zwischen Ehrfurcht oder Ausbeutung, Einfühlung oder Vergewaltigung, Geist oder Stoff.«

Zu den peinlichsten Kapiteln der zwölf Jahre NS-Umweltpolitik gehört das Verhalten der Naturschutzverbände, die sich den neuen Machthabern ohne zu zögern an die Brust warfen. Reichsvogelmutter Lina Hähnle schmetterte »ein sieghaftes Heil auf unseren Volkskanzler« und bot »die freudige Gefolgschaft des Bundes« an. Der Reichsbund Vogelschutz, Vorläufer des heutigen NABU, wurde dafür mit einer Monopolstellung belohnt. Auch der Bund Naturschutz in Bayern (die Kernorganisation, aus der später der B.U.N.D. entstand) frohlockte 1933: »Keine Zeit war für unsere Arbeit so günstig wie die jetzige unter dem Hakenkreuzbanner der nationalen Regierung.« Diese Zeit hörte für den Bund Naturschutz noch lange nicht auf, denn von 1958 bis 1963 hatte Alwin Seifert die Position des »Bundesleiters« inne. Seifert gehörte als »Landschaftsanwalt« zum inneren Kreis des NS-Staates, wo er sich nicht nur für die Autobahnen (mit Randstreifen aus heimischem Gehölz), sondern auch für die korrekte Landschaftsgestaltung in den eroberten Ostgebieten stark machte, wo sich die »Grausamkeiten der ostischen Völker« in die »Fratze ihrer Herkommenslandschaft eingefurcht hatten« (so NS-Landschaftsplaner Wiebking). Der Pflanzenökologe Hansjörg Küster zeigt auf, daß die Nazis einen statischen Naturbegriff propagierten und letztendlich »nur ein totalitärer Staat wissen kann, welche statische Natur er schützen und einrichten will«. Das naturschützerische Beharren auf bestimmte Landschaftsbilder hatte und hat viel mit Ästhetik und wenig mit Ökologie zu tun.

Nachhaltigkeitsideologie

Diese statische Weltsicht feiert heute im Gewande der »Nachhaltigkeit« Auferstehung. Nachdem der Begriff lange ein Schattendasein führte, wurde er in der 80er Jahren des vorigen Jahrhunderts von der Weltnaturschutz-Organisation IUCN wieder entdeckt. Hinter deren Idee einer »nachhaltigen Entwicklung« (»Sustainable Development«) stand der Gedanke, daß ein erfolgreicher Naturschutz in armen Ländern nur möglich sei, wenn die Menschen Wälder und Tiere in einem beschränkten Umfang nützen könnten (»Sustainable Use«). Statt einen Zaun um gefährdete Gebiete zu ziehen und die Anwohner auszusperren, sollte im nachhaltigen Sinne Holzeinschlag und Jagd möglich sein. Gerade in notleidenden Regionen mit reichhaltigen Naturschätzen eine richtige Strategie: Denn nur wer Nutzen aus der Natur zieht, hat ein Interesse, sie zu bewahren.

Das Konzept der nachhaltigen Nutzung stieß interessanterweise bei vielen Umweltschützern in den Industrieländern zunächst auf heftigen Widerstand – und so ist es teilweise noch heute. Denn Bäume absägen und Elefanten totschießen gilt vielen als grundsätzlich frevelhaft. Doch als man die Chance witterte, mit dem Begriff der Nachhaltigkeit die Wirtschaft der Industrienationen selbst an die ideologische Leine zu nehmen, gab es kein Halten mehr. Manche, die ursprünglich am heftigsten gegen das Konzept opponierten, wurden zu seinen eifrigsten Propagandisten. Was für das Management von Tropenwäldern oder Elefantenherden galt, sollte jetzt auch für die Produktion von Autos oder Waschmaschinen, für Urlaubsreisen und Aktienfonds, die Müllabfuhr und den Pizzaboten richtig sein. Selbst Forschung und Bildung sollen dem Primat der Nachhaltigkeit unterworfen werden. Aus einem progressiven Naturnutzungs-Konzept wurde so eine planwirtschaftliche Strategie gegen das Wachstum und den freien Markt.

Wer die Prinzipien der preußischen Forstwirte auf die künftige Entwicklung der menschlichen Gesellschaft übertragen will, versucht einen Deckel auf die Zukunft zu drücken. Solcherart angewendet ist der Begriff ein Widerspruch in sich selbst. Nachhaltigkeit bedeutet gemäß der Ursprungsidee die Erhaltung eines Bestandes. Entwicklung heißt im Kontext der Menschheitsgeschichte hingegen die permanente Veränderung des Bestehenden. Nachhaltige Entwicklung wäre also eine Zukunft ohne Veränderung. Das Weltbild der Nachhaltigkeit kreist in einer geschlossenen Konserve.

So funktioniert das Leben aber nicht. Die weitaus meisten aller jemals auf der Erde existenten Arten sind ausgestorben, bevor der Mensch überhaupt auf der Bildfläche erschien. Schöne Landschaften wie die Lüneburger Heide, die heute unter Naturschutz stehen, verdanken ihre Existenz gerade nicht nachhaltigem Wirtschaften, sondern extremer Beweidung und Abholzung. Viele Orchideen und Enzianarten, Heidekraut und Silberdiestel, die heute unter strengstem Schutz stehen, entsprangen einst aus der landwirtschaftlichen Nutzung ausgelaugter Böden. Die Tatsache, daß der Wald in Mitteleuropa nicht gänzlich abgeholzt wurde, verdankt er der Entdeckung der Kohle als

Brennstoff und ihrer nicht nachhaltigen Ausbeutung. Die Erfindung der Dampfmaschine ermöglichte ihre Förderung aus großen Tiefen. Den Umstand, daß es heute weiterhin große Walarten gibt, schulden wir der Substitution ihres brennbaren Körperfetts durch die ganz und gar nicht nachhaltige Förderung von Erdöl.

Die Krisen, in denen die Menschen an die Grenzen des Wachstums stießen, konnten immer nur durch Veränderung und neuartigen Einsatz von Technik gelöst werden. Die Auffassung, man müsse das Handeln der Menschheit einer pseudo-naturalistischen Bestandswahrung unterwerfen, geht ganz und gar an den dynamischen Herausforderungen der Zukunft vorbei. »Wissenschaftlicher Fortschritt soll zwar angestrebt werden, man betrachtet ihn jedoch mit Ambivalenz und fordert eine Ausrichtung auf Nachhaltigkeit, eine Verlangsamung und ethische Reglementierung durch Gremien, Pfarrer und Sozialwissenschaftler«, schreibt Andreas Hofbauer in der Zeitschrift »Novo«, »dahinter steckt die Vorstellung, daß mehr Wissen und eine Ausweitung der Handlungsmöglichkeiten und der Naturbeherrschung im Grunde nicht erstrebenswert sind, sondern daß es vor allem darum gehen sollte, Technik zu besänftigen, um Eingriffe in die Natur, Stoffströme und Energieverbrauch zu minimieren.« In dieser Variante der Zukunftsfähigkeit gehe es nicht um die Zukunft des Menschen, sondern um die Erhaltung der Natur in ihrem gegenwärtigen Zustand: »Ein Leitbild, das antihumanistisch und entwicklungsfeindlich ist und damit wie geschaffen für die Perspektivlosigkeit der aktuellen Politik«.

Die bekannteste Definition von Nachhaltigkeit wurde im Hinblick auf die offensichtlichen Widersprüche des Konzepts sehr vage formuliert. Sie stammt von der »Weltkommission für Umwelt und Entwicklung« (»Brundtland-Kommission«) der Vereinten Nationen aus dem Jahre 1987. Danach ist eine Entwicklung nachhaltig, wenn sie »die Bedürfnisse der gegenwärtig lebenden Menschen befriedigt, ohne die Fähigkeit künftiger Generationen in Frage zu stellen, ihre eigenen Bedürfnisse zu befriedigen«. Doch welche unserer Bedürfnisse sind demnach gerechtfertigt? Eine vollwertige Mahlzeit pro Tag? Oder drei? Steht uns ein Urlaub zu? Ein Auto oder nur ein Fahrrad? Die Brundtland-Kommission hüllt sich darüber in betretenes Schweigen. Aus gutem Grund: Praktisch jede Beschränkung kann als notwendig aus Rücksicht auf künftige Generationen hingestellt werden. Es gibt kein einziges Verbot, das durch diese Klausel wirksam ausgeschlossen wäre, und auch kein Persönlichkeitsrecht, das geschützt würde.

Die aktuelle Nachhaltigkeitsidee impliziert die Forderung nach Egalisierung, man könnte es auch Gleichschaltung aller Menschen nennen. Sie dürfte weder den gewünschten Erfolg zeitigen noch freiwillig befolgt werden, wofür es historische Parallelen gibt. Insofern verwundert es nicht, daß sich in den Programmschriften der PDS der Satz findet: »Sozialismus heißt nachhaltiges Wirtschaften« (Programmentwurf 2001). Zur Begründung heißt es: »Die Organisation des gesellschaftlichen Lebens darf nicht mehr Ressourcen verbrauchen als solche wieder nachwachsen.« In Wirklichkeit sei längst eine Weltökonomie denkbar, die »in sich ruht, die kein weiteres Wachstum erforderlich macht«. Und der Weg dorthin ist auch klar: »Die Forderung nach Zukunftsfähigkeit und Nachhaltigkeit sind im Grunde nur über eine demokratisch geplante, also über eine sozialistische Wirtschaftsweise verwirklichbar.«

Ralf Fücks von der den Grünen nahen Heinrich-Böll-Stiftung schreibt: »Was wir lernen müssen, ist eine neue Politik sozialer Gerechtigkeit, die nicht auf Verteilung des Wachstums oder auf die Verteidigung von Besitzständen abzielt, sondern eine faire Verteilung des weniger.« Dem Menschen wird mehr und mehr seine ihm eigene Zukunftsfähigkeit, sein Potential zur Veränderung und zur Entwicklung zum Besseren hin, abgesprochen. Er soll auf einen Horizont niedriger Erwartungen eingestimmt werden. Er soll domestiziert, sein Forscher- und Tatendrang gezügelt werden. Kurz: er soll zum nachhaltigen Untertan erzogen werden. »Alles Wirtschaften und auch die Wohlfahrt im klassischen Sinne stehen unter dem Vorbehalt der Nachhaltigkeit«, schreibt das Umweltbundesamt, »sowohl die Wertorientierung der Individuen als auch die Dynamik der kulturellen Trends müssen … den umweltpolitischen Notwendigkeiten angepaßt werden.«

Wenn staatliche Institutionen solche Töne anschlagen, müßten eigentlich alle demokratischen Warnlampen angehen. »Entweder man entscheidet sich als verantwortungsvoller, aus Einsicht in das allgemeine langfristige Interesse der Menschheit handelnder Bürger, das zu tun, was man tun soll. Oder man orientiert sich unverantwortlicherweise nur an eigennützigen kurzfristigen Interessen und grenzt sich damit selbst aus der Gemeinschaft vernünftig handelnder Bürger aus«, sagt Vera Lengsfeld. Sie weiß als ehemalige DDR-Bürgerrechtlerin, wovon sie spricht: »Damit könnte man die Nachhaltigkeitsforderung als eine Fortsetzung kommunistischer Zwangsbeglückungsphantasien mit modernen Mitteln betrachten.«

Auch der wissenschaftliche Sozialismus begann als Theorie, die Anklang bei einer kleinen Intelligenzia-Gemeinde fand, aber keine große Resonanz bei den Menschen fand, bis er dann gewaltsam die Massen ergriff. »Individualisierungsprozesse stehen dem nachhaltigen Gemeinwesen, das sich der verordneten Bereitschaft zur Selbstbegrenzung ergibt, klar entgegen«, fürchtet Vera Lengsfeld. Das Konzept der Nachhaltigkeit ist aber auch insofern von gestern, als es unverdrossen von der Steuer- und Planbarkeit gesellschaftlicher Entwicklungen ausgeht, obwohl der kommunistische Block diese Idee dauerhaft ad absurdum geführt hat. Emsig wird die Kontrolle nachfragegesteuerter Wirtschaftsprozesse durch Aufsichtsbehörden angestrebt. Wirtschaftliche Dynamik könnte ja sonst die mythologisch statuierten Heilsnotwendigkeiten beschädigen.

Welch seltsame Blüten das mittlerweile treibt, entnehmen wir einer Zeitschrift der Deutschen Gesellschaft des Club of Rome. Darin macht man sich über Nachhaltigkeit in Medien und Bildung Gedanken und kommt zu folgenden Schlüssen: »Informationen und Bildungsinhalte sind im Sinne einer nachhaltigen Entwicklung der Erde und der Menschen erst dann sinnvoll, wenn sie a) eine wirtschaftliche Entwicklung von Menschen, Familien, Regionen fördern, b) zur Umweltverbesserung beitragen und c) die sozialen Belange berücksichtigen. Alle gleichzeitig und gleichwertig.« Don Quichote? Hamlet? Die Leiden des jungen Werther? Fast die gesamte Weltliteratur ist in diesem Sinne nicht nachhaltig.

Da bietet sich eine nachhaltige Zensur an. Ein Anfang wurde jedenfalls schon mal gemacht. So lag auf der Leipziger Buchmesse 2000 ein kleines »Shoppingbuch für Kinder« aus. »Es ist besser, mehr Geld zu haben«, heißt es in dem ironischen Ratgeber und wer nicht genug Taschengeld bekomme, solle seine Eltern mit der Drohung weich kochen, sonst mit dem Klauen anzufangen. Außerdem seien nur neue Sachen wertvoll. »Lehne gebastelte Geschenke ab«, lautet eine goldene Regel. Außerdem wird behauptet, durch Kaufen habe man mehr Spaß am Leben. Dies brachte die Bundesprüfstelle für jugendgefährdende Schriften auf den Plan, welche zu dem Schluß kam, die Kinder würden durch die Konsumfibel »sozialethisch desorientiert«. Sie setzte das Buch sogleich auf die Indexliste, neben pornographischer, gewaltverherrlichender und neonazistischer Literatur.

Vorsorgeprinzip und statistisches Denken

Nicht eben der Freiheit verpflichtet ist auch die Weltsicht, die mit dem sogenannten Vorsorgeprinzip einhergeht. Das Konzept wird meist auf den grünen Haus-Philosophen Hans Jonas zurückgeführt. Bekannt wurde er mit seinem 1979 erschienen Werk »Das Prinzip Verantwortung«, mit dem er die philosophischen und ethischen Grundlagen dafür legte. Jonas befürchtete, daß neue Technologien große Risiken aufwerfen, die das langfristige Überleben der Menschheit in Frage stellen könnten. Um das Leben künftiger Generationen zu sichern (die sich zwangsläufig noch nicht artikulieren können), solle der Staat stellvertretend Verantwortung übernehmen und zur Abwehr menschheitsbedrohender Gefahren schon handeln, bevor die Einschätzung der Wissenschaft völlig unumstritten sei. Hans Jonas hatte dabei Atom- oder Chemie-Katastrophen im Sinn.

Seitdem hat das Vorsorgeprinzip eine in dreifacher Hinsicht problematische Karriere hinter sich. Zum einen hat es inzwischen praktisch zu einer Umkehr der Beweislast geführt: Der Hersteller eines Produktes oder Anwender eines Verfahrens soll deren zweifelsfreie Unschädlichkeit beweisen, was faktisch unmöglich ist. Dieser Nachweis kann noch nicht einmal für ein Fahrrad oder ein Küchenmesser geführt werden. Nichts im Leben ist völlig frei von Gefahren. Der Chef des Umweltbundesamtes, Andreas Troge (CDU), empfiehlt aus Gründen der Vorsicht, »Nichtwissen als gegen uns gerichtet zu betrachten«. Man stelle sich einmal vor, die Menschen der Vergangenheit hätten sich an diese Empfehlung gehalten. Oder denken wir an einen schwer krebskranken Menschen. Diesem wird eine Behandlung angeboten, die mit schweren Nebenwirkungen einhergeht und keine Erfolgsgarantie bietet. Sie ist nur eine Hoffnung. Die Alternative aber gar wäre keine Behandlung. Zum anderen ist die Eingriffsschwelle für das Vorsorgeprinzip ins Bodenlose gesunken: Von menschheitsbedrohenden Gefahren hinab zur elektromagnetischen Strahlung einer Mobilfunkantenne oder der chemischen Zusammensetzung einer Badeente. Schlußendlich wird das

Prinzip vollkommen einseitig angewendet: Es werden nur die Risiken betrachtet, die ein neues Verfahren mit sich bringen könnte. Nicht ins Kalkül gezogen werden hingegen jene Risiken, die durch die Anwendung des Verfahrens künftig ausgeschlossen werden. Beides muß jedoch gegeneinander abgewogen werden. Der britische Forscher Julian Morris schreibt: »Wenn das Vorsichtsprinzip allgemeine Gültigkeit fände, dann erreichte man das Gegenteil des eigentlich wünschenswerten: eine Zunahme der Risiken und Unsicherheiten, mit denen der Durchschnittsbürger in seinem Alltag konfrontiert ist. Indem es uns daran hindert, neue und sicherere Technologien zu nutzen, reduziert das Vorsichtsprinzip unsere Fähigkeit, auf die bestehenden Risiken angemessen zu reagieren.«

In einem Memorandum zur Innovationspolitik der Heinrich-Böll-Stiftung heißt es: »Darum sind beispielsweise Vorbehalte gegen Nahrungsmittel mit gentechnisch veränderten Bestandteilen, auch wenn sie wissenschaftlich unbegründet erscheinen, zu respektieren. Der Respekt vor unterschiedlichen Identitäten und unterschiedlichen Bewertungen, insbesondere wenn sie die Lebensweisen tief greifend verändern, ist unerläßlich.« Hier wird in schlichten Worten der endgültige Abschied vom Zeitalter der Aufklärung verkündet. 35 Prozent der Europäer sind vorsichtshalber der Meinung, normale Tomaten enthielten keine Gene, nur in gentechnisch veränderten lauere das Teufelszeug. Fast jeder vierte Deutsche glaubt, daß sich die Sonne um die Erde dreht (laut einer EU-Umfrage »Europäer, Wissenschaft und Technologie«). Abergläubische und Unwissende sind leichter zu regieren als aufgeklärte Bürger, das wußten schon die Priester und Herrscher vergangener Zeiten.

Eines der Grundprinzipien des demokratischen Rechtsstaates heißt: Im Zweifel für den Angeklagten. Das Vorsorgeprinzip kehrt die Beweislast um: Im Zweifel gegen den Angeklagten. Es sind Fälle denkbar, in denen sich das Vorsorgeprinzip nicht nur gegen Verfahren oder Produkte richtet, sondern gegen Personen. Die Grenze ist fließend. »Wenn man in einem solchen Szenario die Verantwortung für irgendetwas angetragen bekommt, hat man einfach Pech«, folgert der französische Nationalökonom Henri Lepage. »Doch wenn Verantwortung sich auf Pech reimt, dann ist sie auch etwas, was sich – entgegen jeder philosophischen und rechtlichen Tradition des Westens – dem individuellen Einfluß entzieht. Sie wird zum Fatum, zum Schicksal.« Und Lepage fügt hinzu: »Dann sind wir auf dem Weg in ein anderes Universum.« Mit dieser Entwicklung werde eine Grundlage der freien Gesellschaft ausgehöhlt und der Sozialismus richte sich hinterrücks wieder in den Köpfen ein. Die Zuschreibung einer Schuld wird zu etwas Künstlichem, zu einer Art willkürlicher Scheinjustiz. Man bewegt sich auf der verhängnisvollen Spur der Hexenjagd. Auch der Bundesverfassungsrichter Winfried Hassemer sieht die Gefahr wachsender Willkür des Staates und beklagt entsprechende Tendenzen in der Entwicklung des deutschen Strafrechts. Der Jurist sieht beispielsweise im Umweltstrafrecht »Neukriminalisierungen außerhalb eines Täter-Opfer-Bereichs« sowie eine »flächendeckende Vorfeldkriminalisierung, bevorzugt über abstrakte Gefährdungsdelikte«.

Ökologismus kostet Menschenleben

Der Ökologismus hat in vielfacher Hinsicht seine Unschuld verloren. Er kostet inzwischen Menschenleben. Weltweit stirbt alle 30 Sekunden ein Mensch an Malaria. Mitverantwortung dafür tragen westliche Ökoeliten und ihnen hörige Regierungsvertreter, die gegen jede Vernunft und gegen jedes soziale Gewissen eine kurzsichtige Ächtung des Spritzmittels DDT durchgesetzt haben. Es tötet die Anophelesmücke, welche die Malaria überträgt. Weltweit hatte das Insektizid Millionen Menschenleben gerettet. Die Malaria stand einmal kurz vor der Ausrottung. Dann stellte man fest, daß einige Vogelarten unfruchtbar wurden, weil sich das Insektengift in ihrem Körper angesammelt hatte. Eine Gefährdung von Menschen bei sachgerechter Benutzung konnte bis heute (nach einem halben Jahrhundert eingehender Studien) nicht eindeutig nachgewiesen werden. Dennoch war und ist ein Verbot in der landwirtschaftlichen Nutzung sinnvoll, zumal es dort in exorbitanten Mengen in die Umwelt gebracht wurde. Für die Landwirtschaft gibt es zudem preiswerte alternative Mittel – in der Malariabekämpfung leider nicht. Anstatt nun DDT nur im Agrarbereich aus dem Verkehr zu ziehen, arbeiteten die Chemiegegner weiterhin auf ein absolutes Verbot hin. Von Entwicklungshilfe abhängige Länder wurden von den Industrienationen genötigt, auch dort auf DDT zu verzichten, wo es gegen Malariamücken eingesetzt wurde (obwohl die dafür notwendigen Mengen im Vergleich zum landwirtschaftlichen Einsatz verschwindend gering und ökologisch verkraftbar sind). In der Folge explodierte die Zahl der Malariaerkrankungen weltweit.

Leider ist dies nicht das einzige Beispiel. Die Reihe ökologistischer Kreuzzüge auf Kosten anderer wird immer länger: Sie reichen von der Bekämpfung der grünen Gentechnik (und ihrer Potentiale für Entwicklungsländer) über die Verbissenheit der Impfgegner bis hin zur Torpedierung medizinischer Forschung, weil dafür Tierversuche notwendig sind. Mit religiösem Eifer werden die Möglichkeiten untergraben, gegenwärtige und künftige Menschheitsprobleme zu lösen. Die Ökologisten sehen sich dabei selbst als milde und gütige Menschen, deren Härte von der heiligen Sache erzwungen wird. Der Gedanke, menschenfeindlich zu handeln, weil die Humanität abhanden gekommen ist, erscheint ihnen völlig absurd.

Besonders erschreckend ist eine Greenpeace-Kampagne gegen den so genannten »goldenen Reis«. Diese mit Vitamin-A angereicherte Reissorte könnte weltweit Millionen Menschen helfen, die an Vitamin-A-Mangel leiden und deshalb erblinden oder gar sterben. Zwei deutsche Gentechnik-Forscher, die den Reis entwickelt haben, stellten diese Erfindung den Kleinbauern der Dritten Welt zur Verfügung, frei von Patentrechten. Die »Umwelt-Aktivisten« interessiert das alles nicht, sie fürchten lediglich eine wachsende Akzeptanz von Gentechnik-Lebensmitteln. Eine absurde Reinheitsideologie wird über Menschenleben gestellt.

In keinem Land der Welt ist Ökologismus Staatsdoktrin. Grüne Parteien sind überall in der Minderheit und höchstens als kleine Koalitionspartner in Regierungen vertreten. Die Gefahr einer klassischen Machtergreifung durch grüntotalitäre Kräfte besteht vordergründig nicht. Gleichwohl sind viele Versatzstücke dieser Ideologie in der offiziellen Politik von Nationalstaaten und ganz besonders in den supranationalen Gebilden wie EU und UN fest etabliert. Der Einfluß reicht damit weit über die bei Wahlen sichtbaren Mehrheitsverhältnisse hinaus. Das erinnert an kommunistische »Bündnispolitik«, der es über viele Jahrzehnte sehr erfolgreich gelang, Massenorganisationen durch geschickte Plazierung von Kadern unter Kontrolle zu bringen. Ganz besonders erfolgreich war der »Marsch durch die Institutionen« in den Medien. Der volkswirtschaftliche, gesundheitliche und paradoxerweise auch ökologische Schaden, der dadurch entstand, ist heute bereits erheblich. Dennoch ist die Attraktivität des grünen Gedankengutes ungebrochen und gewinnt weltweit immer mehr an Einfluß. Ökologismus hat sich – zumindest im Westen – als die stärkste Ideologie eines scheinbar post-ideologischen Zeitalters etabliert.

Péter Nádas
Vaclav Havels Geschichte mit der Frau Albright

Es müsse sich vieles ändern, damit alles bleiben könne, wie es ist, sagt der alte Herzog Lampedusa, und mit diesem Satz kann nicht nur die Lage des ungarischen, sondern auch des polnischen, slowakischen oder tschechischen öffentlichen Lebens getrost charakterisiert werden. In den vergangenen bald zwei Jahrzehnten seit dem Fall der Berliner Mauer hat sich in der Region freilich sehr vieles geändert, was aber den Kult und die Verehrung der Isolation betrifft, ist dort eher eine greisenhafte Regression zu verspüren.

Als wenn sich nun die Erfahrungen der Jahrhunderte währenden Kämpfe für nationale Freiheit, Unabhängigkeit und Selbstbestimmung rächten. Als spukten die Erinnerungen an die grimmigen und bis zur Erschöpfung geführten Schlachten herum, die diese Völker gegen die Reiche der Österreicher, Deutschen und Russen ausfochten, und davor auch mit den Türken, denn schließlich ist in dieser Region die Erinnerung an das Osmanische Reich keineswegs verblaßt. Heute werden die Vorstellungen des neunzehnten Jahrhunderts über die nationale Unabhängigkeit oder auch die Ideen der Glaubenskriege in Warschau, Prag, Preßburg, Bukarest oder Budapest leidenschaftlicher gepflegt als noch vor einigen Jahrzehnten, als der Kampf um die persönlichen Freiheitsrechte doch das einzige Unterpfand der Befreiung von der Diktatur war. Nun ist man dort ohne jeden Zwang mit fliegenden Fahnen bereit, die Ideen der persönlichen Freiheit aufzugeben, um jedes ungezügelte Individuum vor den Karren des Nationalstaates oder eben einer Religion zu spannen und so den Nationalstaat vor den Gefahren der Globalisierung zu bewahren. Die neuen Demokratien erkennen im Zustand der nationalen Isolation ihr ureigenes historisches Wesen, dazu brauchen sie die Träume von Großserbien oder eben Großungarn. Als wenn sie nicht ihre Freiheitsrechte genießen würden, sondern die Freiheit, beschränkt und kurzsichtig zu sein.

Es ist, als habe Gombrowicz immer noch recht, der am Montag »Ich« sagte, und »Ich« sagte auch am Dienstag, Mittwoch und Donnerstag, um den kollektivistischen Chor seiner Landsleute zu provozieren und auch ein wenig zu übertönen. Aus verschiedenen sprachlichen Einlagerungen der manchmal sogar einander widersprechenden Schattierungen politischer Kollektivismen ist die neue Alltagssprache der Politik in diesen neuen Demokratien entstanden. Wie schlecht es unter den gegebenen Umständen um die Freiheit bestellt ist, hat vor einigen Jahren Vaclav Havel wirkungsvoll zum Ausdruck gebracht, als er der amerikanischen Außenministerin, die gerade dabei war, aus dem Amt zu scheiden, vorschlug, seine Nachfolgerin im Stuhl des tschechischen Präsidenten zu werden. Während ich das Treiben der von Klerikalismus und Etatismus beseelten, xeno- und homophobischen Kaczynski-Brüder oder des, milde ausgedrückt, euroskeptischen Vaclav Klaus beobachtete, kam mir selbst der Gedanke, wie es denn mit ihr gewesen wäre oder werden könnte. Madeleine Albright müßte den Vorschlag Vaclav Havels vielleicht doch in Erwägung ziehen. Selbst heute noch spricht vieles dafür.

Daß Präsidenten in den kleinen mitteleuropäischen Ländern überwiegend repräsentative Funktionen innehaben, würde sie wohl schon im voraus wissen. Weder wegen der Größe des Landes, noch wegen der weltpolitischen Bedeutung der Funktion dürfte sie eine Enttäuschung erleben. Womöglich würde sie sich am Kleinen und Schwachen erfreuen. Das State Department ist zweifellos größer, der Hradschin aber schöner und vornehmer.

Madeleine Albright hatte freilich nichts zu erwägen. Ihre Loyalität gilt den Vereinigten Staaten, sie will ihrer Wahlheimat dienen. Und die Idee von Präsident Havel hatte etwas Peinliches, Monströses, Schamloses und Enthüllendes, was man nicht mit der Erklärung erledigen kann, daß der Präsident früher einmal absurde Dramen verfaßt hat. Wenn wir selbst nicht zurechtkommen, dann soll an unserer statt jemand anderes kommen und es für uns erledigen. Jemand, dem die Freiheit lieb und teuer ist, wird die Idee als befremdlich empfinden. In den ersten Stunden der eben eroberten Freiheit kam freilich auch in Ungarn der Gedanke auf, ob es nicht bequemer wäre, Otto von Habsburg zurückzuholen. Er wäre gekommen. Ich habe damals gemahnt, daß die Freiheit, meine lieben Freunde, nicht einfach ein öffentlich-rechtlicher Zustand ist, sondern ein öffentlich-rechtlicher Zustand, den freie Menschen gemeinsam zustande bringen. Wird er nicht zustande gebracht, dann existiert er auch nicht. Die Serben und die Rumänen liebäugelten ebenfalls mit ihren Thronfolgern. Die Bulgaren ließen Taten folgen, riefen ihn zurück, allerdings kamen sie mit ihm nicht sehr weit, denn sich selbst konnten sie nicht ablösen. Der Vorschlag Havels hört sich heute noch an wie ein halb erstickter Hilferuf. Er hat schließlich die Welt wissen lassen, daß ihm weit und breit niemand bekannt ist, der imstande wäre, die speziellen Probleme seines Landes im Zusammenhang der Probleme der Region zu betrachten. Und das ist bis zum heutigen Tag so. Seine Analyse ist gründlich, die Diagnose richtig und zeitgemäß, er hat sich nicht geirrt, seine Ängste teile ich noch heute.

Als Präsident Havel vor den Augen der Öffentlichkeit seinen Nachfolger suchte, hatte er nicht vor, die amerikanische Außenministerin in Verlegenheit zu bringen. Er hatte Angst um sein politisches Erbe, und dazu hatte er offensichtlich jeden Grund. Was die neuen Demokratien der Region in bald zwanzig Jahren alleine nicht lösen konnten, das werden sie vermutlich auch in den kommenden Jahren nicht ohne Hilfe von außen lösen können. Die Geste des einstigen tschechischen Präsidenten verweist nicht auf ein persönliches oder personelles Problem, sondern auf die gemeinsame strukturelle Problematik der neuen Demokratien. Im Rausch der frisch gewonnenen Freiheit haben sie sich in den Schützengräben ihrer eigenen Geschichte verschanzt. Sie sehen nicht über deren Rand, sie denken in den Mustern der Ideologien, die ihre ehemaligen Herrschaften abgelegt haben, es ist ein Glück, daß sie nicht diesen Mustern entsprechend handeln können. Wer sich vor zehn Jahren der Hoffnung hingegeben haben sollte, daß die Ausübung der politischen Freiheitsrechte die kulturelle und mentale Isolation der postkommunistischen Länder notwendigerweise auflösen würde, da die Bürger ja lernen würden, miteinander zu reden, Meinungen auszutauschen, zivile Organisationen zu gründen, ihre Interessen zu vertreten, was dann schließlich zur Auflösung der unangenehmen sprachlichen Einlagerungen der Diktaturen führen würde – der muß inzwischen eingesehen haben, daß alles anders gekommen ist.

Mit einem Zusammenbruch der Kritikbereitschaft und des Realitätssinns solchen Ausmaßes konnte niemand rechnen. Selbst in der Mentalität der jüngsten Generation hat sich das Erbe der Diktaturen stärker niedergeschlagen als die Kraft und Selbständigkeit der ersten zehn Freiheitsjahre. Seitdem aber stagniert alles in der Region, und so hält der faschistische und kommunistische Begriffsschatz aus den Sprachen der Diktaturen erhobenen Hauptes und unkontrolliert Einzug in die Alltagssprache, er quillt quasi zurück. Die politische Sprache der kommunistischen Diktatur, die ihr Dasein früher ausschließlich im Ghetto der Leitartikel von Parteiorganen fristete, ist plötzlich zur Sprache der politischen Öffentlichkeit geworden, und die bis jetzt in die Illegalität gezwungene nationalistische und rassistische Sprache ist ebenfalls freudestrahlend ans Tageslicht getreten. In Ermangelung einer demokratischen Alltagssprache und einer demokratischen Mentalität funktionieren die Institutionen der Demokratie – wie sonst – im Leerlauf. Die neuen demokratischen Staaten konnten bis dato weder untereinander noch mit der großen europäischen Gemeinschaft eine gemeinsame Sprache finden. Unter Leitung ihrer gewählten Regierungen krochen sie in die bequeme und gefährliche Isolation zurück, obwohl sie mit verschiedenen Methoden und auf verschiedenen Ebenen doch vier Jahrzehnte lang dagegen gekämpft und protestiert hatten. Mal ungeschickt, mal großartig, mal ängstlich und mal blutig. Sollte Frau Albright das Angebot Havels in Erwägung ziehen, und sollte sie glücklich gewählt werden, müßte sie die wahnsinnige Logik dieses Prozesses sofort durchschauen. Und sollte ihn auch nur ein Mensch durchschauen, hätte die Region selbst in Brüssel schon gewonnen.

Schon am zweiten Tag der Aufnahme ihrer Amtsgeschäfte müßte sie Probleme anfassen, die sie selbst aus geheimdienstlichen Berichten unmöglich kennen kann. Mal würde sie den Eindruck haben, auf undefinierbare sprachliche Schwierigkeiten zu stoßen, mal müßte sie glauben, daß sie Differenzen der Mentalität überbrücken müsse. Die Tschechen würden glauben, daß sie sie verstehen, und auch sie würde eine Weile glauben, die Tschechen zu verstehen. Wo sie doch dauernd spüren müßte, daß, obwohl sie eine gemeinsame Sprache sprechen, entweder sie etwas nicht versteht oder sie von den Tschechen mißverstanden wird, und selbst in englischer Sprache könnten sie die Nebel nicht lichten. Es ist nicht anzunehmen, daß Präsident Havel, als er seine Idee hervorbrachte, nicht an all jene sprachlichen Verwicklungen gedacht haben sollte, die bei einer solch wagemutigen Unternehmung unvermeidlich sind. Doch vielleicht hat er gerade deshalb einen so wagemutigen Vorschlag gemacht, weil er daran gedacht hat. Als wenn er der noch amtierenden amerikanischen Außenministerin ein zweites Leben ausgedacht hätte und versuchen würde, sie in einen Lernprozeß einzubeziehen, gegen den sich bisher alle bedeutenden Politiker der demokratischen Gemeinschaft gesperrt hatten. Es würde wahrscheinlich nicht allzu viel Zeit vergehen, bis Frau Albright dahinterkommt, daß diese merkwürdige Nebulosität der Sprache nichts anderes ist als das Erbe der Diktaturen in der Verkehrssprache, das in jene Sprachen, die sie spricht, nicht übertragbar ist. Diese isolierte Sprache schwebt unglücklich in den prächtigen Räumen des Hradschin – da hilft es auch nicht, die Fenster zu öffnen. Wenig später würde sie auch merken müssen, daß nicht nur auf der politischen Bühne in Prag, sondern auch in Preßburg, Warschau, Budapest, Zagreb, Ljubljana und Bukarest auffallend viele Geisteskranke und Hampelmänner auftreten. Was ebenfalls zum Erbe der Diktaturen zählt. Nicht nur, daß die Wähler die Tätigkeit dieser von mentalen Lasten verwirrten Menschen dulden, nein, sie verlangen geradezu nach deren politischen Hysterien. Sie verlangen danach, weil sie in den Tretmühlen der Diktaturen reizbar und gemütlos geworden sind, sie verabscheuen ihr eigenes Leben, ihre Person, ihren Körper, und dieser kollektive Abscheu muß irgendwie artikuliert werden. Sie toben fortwährend. Sie können anderen nicht zuhören. Sie sind nicht imstande, Mitleid und Solidarität zu zeigen. Sie lieben keinen, am wenigsten sich selbst, und deshalb ist selbst ihr Egoismus purer Selbsthaß. Sie haben jedes politische und ästhetische Proportionsgefühl verloren, ihr staatsbürgerliches Verantwortungsbewusstsein funktioniert nicht. Zu allem Überfluß sind sie davon überzeugt, daß um sie herum alle auf der Welt so leben, sprechen, sich benehmen wie sie.

Wenn Madeleine Albright das alles auf ihrer eigenen Haut zu spüren beginnt, kann die Rechnung von Havel aufgehen.

Dann wäre auch die Erkenntnis nahe, daß die Dinge schließlich sehr einfach liegen. Nach den Verwüstungen der Diktaturen gibt es hier bloß Einwohner, Bevölkerung, aber keine freien Bürger. Die Republik Ungarn durchlebt zur Zeit ihre fünfte Wahlperiode, aber es gab weder einen sozialistischen, noch einen liberalen oder nationalkonservativen Politiker, der seine Wähler nicht als »Leute« oder »Menschen« bezeichnet hätte. Als existierte der Begriff des Wahlbürgers oder Staatsbürgers in der Sprache überhaupt nicht. Denn freie, auf ihre Souveränität stolze Bürger gibt es tatsächlich nicht. Es gibt keine Mittelklasse. Es gibt einige, die reich geworden sind, die jedoch retten ihr Geld meist auf ausländische Konten und investieren in ausländische Unternehmen, aber in keinem der Länder in der Region gibt es eine nationale Bourgeoisie. Und so repräsentieren die politischen Parteien außer sich selbst und ihrer Hirngespinste niemanden, ihre Wähler schwirren immer hilfloser zwischen ihnen umher. Der unreflektierte Sprachgebrauch ist enthüllend, in Wirklichkeit gibt es in der Tat nur steuerzahlende Volksmassen. Der Staat wurde überall im Namen der verschiedensten Parteien und unter den eigentümlichsten Rechtstiteln in mehreren Legislaturperioden ausgeraubt. Von den Armen kann man kaum noch etwas wegnehmen. Beute gibt es kaum noch, deshalb kann die uneinsehbare Schar der Schmarotzer und Privilegierten nicht mehr versorgt werden. Korruption und Verbrechen blühen, aber auch so gelingt es den Nachwuchsbourgeois nicht, genügend Kapital zu akkumulieren. Mit dem kleinen Diebesgut sind sie auf dem internationalen Geldmarkt kaum wettbewerbsfähig. Die mitteleuropäischen Gesellschaften stehen vor einer einzigen großen, wirklich wichtigen Frage: Ist eine ursprüngliche Akkumulation in der Ära der Globalisierung möglich? Und wenn es nicht möglich ist – und es ist nicht möglich –, wird es dann in der Ära der Globalisierung eine Mittelklasse, eine nationale Bourgeoisie geben?

Es wird sie nicht geben. Aber wenn es das nicht gibt, wird es auch kein vernünftiges politisches Leben geben. Nur das Niveau der Umweltverschmutzung, der Korruption und der Verbrechen wird wachsen. Wie sehen dann die Chancen der Demokratie aus? Wahrscheinlich kam Vaclav Havel deshalb auf die monströse Idee, wenigstens in der Sprache der Diplomatie verklausuliert auf die Gefahren aufmerksam zu machen.

Aus dem Ungarischen von Krisztina Koenen

Péter Esterházy
Die versickernde Freiheit

In der Diktatur naht ein großes Ungeheuer mit behaarten Pranken und raubt uns unsere Freiheit. Die Situation ist klar und vollkommen übersichtlich, die Freiheit ist dahin, man kann versuchen, sie zurückzuerobern, oder wenn das ganz und gar unmöglich ist, kann man gewissermaßen ihr Angedenken hüten, es der nächsten Generation überantworten und so weiter. Die Position der Freiheit ist in der Diktatur also abgesichert, ihr Prestige wächst zusehends, uns dünkt, wir brauchten sie wie einen Bissen Brot – wir sollten lediglich darauf achten, daß unser Selbstmitleid (das wahrlich verdiente!) sich in Schranken hält. (Letzteres ist den osteuropäischen Staaten nicht wirklich gelungen.)

Leben wir aber nicht in einer Diktatur, und heutzutage leben wir (eine autobiographische Anmerkung) in keiner Diktatur, nehmen wir die Freiheit als naturgegeben hin, als etwas, womit man sich vielleicht gar nicht befassen muß, wie man auch das Atmen nicht besonders beachtet. Freiheit ist im heutigen Europa kein Thema. Doch wenn wir beim vorigen Vergleich bleiben, sehen wir, daß die Atemluft von mehreren Seiten, auf komplexe Art, zuweilen kaum sichtbar und kaum durchschaubar, doch sehr wohl wahrnehmbar gefährdet ist. Als schätzten wir die Sicherheit höher ein als die Freiheit. Ich will nicht (sehr) demagogisch sein, ringt doch die Sicherheit ewiglich mit der Freiheit (und es ist ein vernünftiges Ringen), es geht darum, wieviel wir vom Letzteren für das Erstere aufgeben (was darf ein Polizist, ein Flughafenkontrolleur usw., was darf er dürfen), doch die Ereignisse der letzten Jahre (der metaphorische 11. September) haben uns erschreckt, sie haben uns zu Verschreckten gemacht.

Ich erzähle nun eine alte Geschichte, ein Beispiel dafür, wie es vorkommen kann, daß du deine Freiheit schon lange verloren hast, jedoch, und das ist das Schlimmste, ohne es auch nur zu merken. Die Geschichte ist kurz, ihre Moral bedeutungslos, sie ist aber vielleicht gerade deshalb ein gutes Beispiel, denn sie zeigt die sensible Struktur der Freiheit auf. Ich trat meine erste Stelle im Jahr 1974 an, in einem Institut für Organisation und Informationstechnik. Zu jener Zeit konnte man einen Direktor oder einen Abteilungsleiter ausschließlich als Genossen ansprechen, Genosse Direktor, Genosse Abteilungsleiter. Theoretisch hätte man auch »Herr« sagen können, Herr Direktor, doch wäre das eine Unverhältnismäßigkeit sondergleichen gewesen, eine deftige Provokation – es stand einfach nicht dafür (beziehungsweise wäre diese Anrede Gegenstand einer gesonderten Überlegung gewesen). Jetzt, wo ich das aufschreibe, muß ich ernsthaft nachdenken, ob es tatsächlich so gewesen ist, mir kommt das recht unglaublich vor. Aus irgendeinem Grund bildeten die Ärzte eine Ausnahme, der Herr Doktor war in Ordnung, einen Genossen Doktor hat es nie gegeben.

Nun wollte aber mein Mund den Genossen nicht aussprechen. Beileibe nicht, weil ich so ein hervorragender

Mann gewesen wäre, ein mutiger und heikler Stilist, vielmehr weil ich mich daran nicht hatte gewöhnen müssen; zu Hause war der Ausdruck sozusagen kaum in Gebrauch, auch im Gymnasium bei den Piaristen gab es diese Anredeform nicht und die mathematische Fakultät der Universität hatte sich mehr oder minder ideologiefrei gehalten, den Dekan mußte man vielleicht schon mit »Genosse« ansprechen, das x^2 aber nicht, und ich traf lediglich auf Letzteres. Ich wagte also die Anrede »Herr« nicht, »Genosse« wollte mir aber auch nicht über die Lippen kommen, *Was tun*, um mit Lenin zu sprechen. Da verfuhr ich schlauerweise so, daß ich mir die Namen, vor allem die Vornamen jedes Vorgesetzten, jedes Direktors usw. einpaukte, István, Seppi, Franzi – denn so konnte man es der Sekretärin schon sagen, daß ich mit István Nagy sprechen möchte (statt des erwarteten Genossen Nagy). Ich war ausnehmend stolz auf mich, darauf, daß ich die bösen Bolschewiken in dieser Weise übertölpelt hatte.

Daß aber ein einundzwanzigjähriger, sozusagen kräftiger, begabter und unabhängiger junger Mann sich auch anders hätte verhalten können (sagen wir, kräftig, begabt und unabhängig), das kam mir gar nicht in den Sinn (Gott sei's gedankt). Ich bedachte gar nicht, daß ich mich durch das Einpauken der Namen erniedrigte. Geschichten dieser Art könnte ich zu Tausenden erzählen, Geschichten darüber, wie man nach und nach unempfindlich wurde, sich dergestalt gegen die kontinuierliche Demütigung von außen und Erniedrigung von innen wehrte, indem man sie nicht als *eben das* auslegte. Ein gefährlicher Prozeß. In einer Demokratie ist es schon schwerer, in die Situation des totalen

Ausgeliefertseins zu gelangen, doch sehen und erleben wir bereits »Teilerfolge«. Ich muß wieder an den zum Überdruß zitierten Satz von István Bibó denken: Demokrat zu sein heißt sich nicht zu fürchten. Und so ich diesen Satz noch ein wenig fortsetzte, würde es mich wundern, wenn ich nicht bei der Französischen Revolution landete, bei der großen europäischen (verratenen) Losung der Freiheit, Gleichheit, Brüderlichkeit. Vergessen wir den jungen Mann nicht, der vor dem Schalter des Sekretariats steht und voller Stolz und im Siegestaumel die Vornamen seiner Obrigkeit murmelt, während er eben das verliert, weswegen er das Murmeln überhaupt begonnen hat …

Aus dem Ungarischen von György Buda

Oksana Sabuschko
Variationen auf ein Thema in zwei TV-Akten
Mit drei Intermezzos und einem Epilog (zwischen dem ersten und dem zweiten TV-Akt liegen 25 Jahre)

Von allen Erfindungen der Menschheit verachtete ich – nach den Mordinstrumenten – am meisten das Fernsehgerät, obwohl ich gerade ihm zwei sehr wichtige Motive verdanke, die ihre Zeit ironisch spiegeln und die eng mit dem Verständnis von Freiheit – oder genau genommen, mit deren Abwesenheit verknüpft sind.

Erstes Intermezzo, philosophisch: die einzige Möglichkeit zu verstehen, was Freiheit bedeutet, ist das Ausmaß ihres Nichtvorhandenseins richtig zu bemessen. In verschiedenen Sozietäten erreicht dieses Maß unterschiedliche Amplituden, die allerdings nie ganz auf Null fallen. Einfacher gesagt, absolute Freiheit gibt es genauso wenig wie das absolute Licht. Und doch ... *Ende des ersten Intermezzos*

Erster TV-Akt. Ort: UdSSR. Zeit: Ende der 1970er, Anfang der 1980er Jahre. Wenn ich mich richtig erinnere, war ich damals noch ein Schulmädchen, erzogen im intellektuellen Geiste ironischer Ablehnung der schmuddeligen Realität des gerontokratischen Sozialismus', dabei aber völlig ahnungslos, daß sich diese Realität zu einer konkreten persönlichen Bedrohung auswachsen kann. Ein Historiker könnte die Zeit dieses TV-Aktes sicher genauer bestimmen. Die Propagandamaschinerie spuckte ihre Losungen aus, jede Kremlsitzung verfolgte das Ziel, das Riesenland als Musterbeispiel für Friedfertigkeit darzustellen und zugleich zum Kampf »für etwas« (etwa für hohe Produktqualität, für die Beilegung internationaler Spannungen, für die Freilassung des Chilenen Luis Corvalan, für die Freundschaft mit dem amerikanischen Mädchen Samanta Smith usw.) bereitzustehen oder aber »gegen etwas«, im Fall des ersten TV-Aktes, gegen die »Springer«, also gegen jene Menschen, die häufig den Arbeitsort wechselten, was als »moralisch verwerflich« für die »Erbauer des Sozialismus« galt. Das TV-Nachrichtenjournal »Vremja«, die allabendliche, gesamtsowjetische Politinstruktion in Fragen guter Lebensführung, des Kampfes »für« und »gegen« brachte wieder ein positives, zur Nachahmung für alle Werktätigen empfohlenes Beispiel: im Hintergrund ein Betriebsgelände der Schwerindustrie, ohrenbetäubender Lärm, ein Proletarier undefinierbaren Alters mit einem Dutzendgesicht, der auf einen Punkt starrt und ausdruckslos wiederkäut: – An dieser Montagestätte arbeite ich schon 19 Jahre …

Horror! (nicht einfach ein Schreck, sondern wahrer Horror). Einen solchen Horror erlebt man nur wenige Male im Leben – ich damals zum ersten Mal. Ich sah in einem einzigen Augenblick das ganze Leben dieses Fernsehproletariers vor mir: 19 Jahre lang (länger als ich auf der Welt war) steht dieser Mensch Tag für Tag um die gleiche Zeit in seiner typisierten Proletarierwohnung auf (Tisch, Bett, Kühlschrank, selbst das Rundfunkgerät befindet sich an den lange vorher vom Projektplan bestimmten Plätzen), er ißt seine Industriewürstchen, verläßt das Haus, setzt sich immer in den gleichen Bus, fährt immer mit der gleichen Linie, steigt immer an der gleichen Haltestelle aus, geht immer durch das gleiche Werkstor und steht immer am gleichen Montageplatz, bis der Arbeitstag endet, und um sechs Uhr abends setzt er sich stets in den gleichen Bus, steigt stets an der gleichen Haltestelle aus, steht stets im gleichen Gastronom* nach Brot und Industriewürstchen Schlange, kommt stets in das gleiche Zuhause, ißt, schaut TV (die Sendungen »Vremja« und »Kino«), geht schlafen …

Und das 19 Jahre lang.

Lieber Gott, beschütze mich!

Lebenslanger Kerker ohne Hoffnung auf Freiheit.

Das mustergültige Leben »eines einfachen Sowjetmenschen«, in dem sich nur eins ändern läßt: das Montageband für ein anderes Montageband in einer anderen Fabrik, zu der man mit einer anderen Buslinie fährt. Doch der Staat beabsichtigte auch diese letzte, mikroskopisch kleine Ahnung von Freiheit mit Hilfe seines Propagandaapparats, der Polizei, der ruhmreichen »Sowjetarmee und Flotte« zu eliminieren.

Der Horror, den ich damals geradezu körperlich spürte, hatte auch eine besondere existenzielle Dimension, die nichts mehr mit Anekdoten über Breschnew oder flüsternd weitergegebenen Nachrichten über Verhaftungen aus dem Bekanntenkreis meiner Eltern gemein hatte. Dieser Horror war die Zukunft, die dieses Land für mich, einen Teenager bereithielt, unabhängig davon, an welcher Hochschule ich studieren und welchen »ordentlichen« Beruf ich später ergreifen würde, in jedem Falle erwartete mich das Montageband, und sei es auch in einer erträglicheren Form. Eine Bahn, aus der man nicht ausbrechen konnte. Das Schicksal in bürokratischer Gestalt: die Einwohnermeldebescheinigung (ein für alle Mal an einem Ort registriert), die Arbeitserlaubnis (Schluß mit den Springern!), die Arbeitszeugnisse, die bis ins Private gingen (der Große Bruder beobachtet dich!). Das alles waren bleierne Nägel, mit denen man einen lebenden Schmetterling festnagelte, kein Geflatter mehr. Dein Leben wird fremdbestimmt. Eigentlich ist es schon fremdbestimmt, vom Moment deiner Geburt an, bis in die kleinsten Details, was einem gefällt, welche Bücher man liest (jene, die in der Bibliothek frei zugänglich sind), welche Filme man sieht (jene zensierten, die im Fernsehen gezeigt werden), welche Kleidung man trägt (das Sortiment, das es in den Geschäften gibt). Du hattest noch nicht einmal richtig zu leben begonnen, da hatte man dich schon festgenagelt, unentrinnbar, und man konnte höchstens aus dem großen in das kleinere Gefängnis, aus der Plattenbauwohnung in die Zelle mit den vergitterten Fenstern …

Meine damalige Verfassung als Folge dieses »Moments sozialer Hellsicht« spiegelt sich ganz gut in einigen, gut zehn Jahre später entstandenen Zeilen:

»Jede Bestrafung empfange ich als Linderung / Nur dies, Himmelsmächte, nur dies nicht!«

Ich bin nach wie vor davon überzeugt, daß es nichts Schlimmeres gibt als dieses unmündige, marionettenhafte Leben, oder wie Taras Schewtschenko sagte: dieses »Un-Leben«. Glücklicherweise ersparte mir die Geschichte, die von den Himmelsmächten zuweilen als Pseudonym verwendet wird, ein solches Los. In dem Jahr, in dem ich aus dem Universitätshörsaal in die »Erwachsenenwelt« startete, begann die Perestroika, und bald darauf hörte dieses gewaltige Lager und Land mit fünf Buchstaben auf zu existieren.

Puh …

Zweites Intermezzo, literaturwissenschaftlich: bereits als Studentin schrieb ich im stillen Kämmerchen Prosa und im letzten Studienjahr nahm ich einen aktuellen Gesellschaftsroman in Angriff. Ich ließ ihn allerdings bald sein und begrub einen Haufen begonnener Episoden und Dialoge für immer in der Schublade. Der letzte Eintrag in das dicke Heft erklärt den Grund meiner, pathetisch gesagt, schriftstellerischen Niederlage: mir fehlte ein Held, ein echter Romanheld, dessen wesentliches Merkmal laut Bachtin der Chronotopos ist, die Freiheit sich die Topoi seines Schicksals in einer bestimmten Zeit zu wählen. Doch der vorläufig einzige »Topos«, in dem meine Zeitgenossen existierten, war eine dem Staat abgetrotzte, handtuchgroße Wohnfläche, und all die mir bekannten »schicksalhaften Szenarien« verstrichen in langjährigen und oft unendlichen Kämpfen um die Erweiterung des »Topos«. Es spielten sich dabei Dramen bis zum Abwinken ab, Schein- und anscheinende Ehen, die man einging, um eine Wohnortregistrierung in Kiew zu bekommen, geschiedene Ehen, die man dank jener Wohnortsregistrierung räumlich nicht auflösen konnte, so daß sich frühere Eheleute noch jahrelang in einer gemeinsamen Wohnung nerven mußten. Eine besondere Spielart waren die Dramen aufgrund erzwungenen Zusammenlebens in einem »Minitopos« zweier, manchmal auch dreier Generation bis in die Unendlichkeit … Der ganze Jammer bestand freilich darin, daß keine dieser Dramen oder gar Tragödien (denn es gab auch Selbstmorde, Infarkte und ähnliches) dazu geeignet war, das Innere der Helden als Persönlichkeiten zu beleuchten, da keiner von ihnen die Chance der Wahl hatte, entscheidende Wendepunkte ihres Lebens gründeten nicht in ihren Willensakten, in ihrer freien Entscheidung, in der sich der Charakter äußert, sondern nur im verzehrenden und monotonen Überlebenskampf. Dabei gab es wie immer und überall Glückspilze und Pechvögel, doch Helden gab es laut Definition keine. Wie soll auch ein Held auftreten, wenn es keine Freiheit gibt? An welchem »Topos«, wo soll der Unglückliche denn erscheinen? ... Oder wie ich damals in mein dickes Heft schrieb (furchtbar stolz auf meine Entdeckung!): »Wie kann es einen Roman in einem Land geben, in dem polizeiliche Wohnortregistrierung alles regelt?« Einige Zeilen weiter, schon »dissidentenmäßig«: Der Sowjetroman stellt ein Oxymoron dar, das gleiche wie »heißes Eis«.

Bis dahin hatte ich in meinem jugendlichen Eifer ganz aufrichtig gemeint, daß die ganze unerträgliche, bodenlose Verlogenheit des sozrealistischen Romans, all diese nachmittäglichen und abendlichen Serien und Filme mit ihren in der Realität nicht existierenden ukrainischen Diplomaten und diesen aufgeblasenen, leere Worte wiederkäuenden Akademikern, Journalisten und Parteiaktivisten sich vor allem durch die fehlende Begabung der Schriftsteller erklären lasse. Doch es ist komplizierter. Die Krux dieser Generation liegt – läßt man einmal die über sie verhängte ideologische Zensur beiseite (über die eh schon viel geschrieben wurde), und vernachlässigt man die für die Literatur tödlich zensierte Sprache (worüber noch nicht so viel geschrieben wurde) – insbesondere auch darin, daß ihr für die ästhetische Aneignung nicht nur eine thematisch verstümmelte, sondern auch eine antiromanhafte Realität abgesteckt wurde. Diese antiromanhafte Realität ließ von Beginn an nur einen biographisch paralysierten Helden zu, für den es Sieg und Niederlage nur im Kampf um die polizeiliche Wohnortregistrierung gab...

Es ist in dieser Hinsicht bezeichnend, daß Hryhir Tjutjunyk, unser begabtester Prosaautor der 1970er Jahre, sich in seinem einzigen Versuch einer breiteren epischen Form im Labyrinth der Wohnortregistrierung verrannte und seinen Helden im Bachtinschen Sinn schließlich damit rettete, daß er eine in jener Zeit als gesellschaftlichen Selbstmord erachtete Entscheidung traf, die aber zweifellos frei und souverän war: der Held spielte dieses Spiel einfach nicht mehr mit. Das bedeutete in der Praxis, alles aufzugeben und Kiew zu verlassen – wohin bleibt im Roman letztlich unklar, wohl aufs Land, ins Unbekannte, Unausgesprochene ... Hryhir Tjutjunyk sprach es später, allerdings nicht mehr in einem literarischen Text aus, er entschloß sich zu mehr, zu etwas Endgültigem und Unumkehrbaren: unter der Bedingung künstlerischer Unfreiheit beinhaltet eine solche Tat, umgesetzt von einem Schriftsteller, stets eine ästhetische Dimension. Eine allerletzte, verzweifelte Geste freien Willens, die Substitution des nicht verwirklichbaren Helden mit dem eigenen Körper. Der Selbstmord als Text. Und um ehrlich zu sein, ohne Abschweifungen und Ausflüchte kann die Antwort auf die Frage: »Wie ist ein Sowjetroman möglich?« bloß lauten: Nur so ist er möglich.

Einzig der historische Roman ließ den sowjetischen Romanschreibern eine kleine Chance, denn hier konnte man den Helden wenigstens in bestimmten, speziell dafür geschaffenen Nebenhandlungsschauplätzen seinen Willen entfalten lassen, ohne sich allzu sehr um die historische Glaubwürdigkeit kümmern zu müssen (z. B. die Figur

»Marusja Tschuraj« von Lina Kostenko verrät eine verwirrende Ignoranz gegenüber den elementarsten christlichen Glaubensgrundsätzen, die für die gesamte neuzeitliche Geschichte am ehesten auf die Generation der Autorin zutrifft). Doch welcher zeitgenössische Leser des Romans schenkte der psychologischen Gestaltung einer Figur des 17. Jahrhunderts Beachtung?! Man las zwischen den Zeilen: es geht nicht um Marusja, es geht um uns! Außer diesem Äsopischen Genre hinterließ diese Zeit keine anderen Romane, und der jetzigen Generation obliegt es, die geistige Verfassung dieser Zeit nicht mittels schöngeistiger Literatur zu rekonstruieren, sondern mit Hilfe von Dokumenten, Memoiren, Briefen, Tagebuchaufzeichnungen und natürlich auch den Archiven der Geheimpolizei.

Der Roman an sich wurde als Kind der Freiheit geboren, und großgezogen wurde er von der bürgerlichen Gesellschaft. *Ende des zweiten Intermezzos.*

Und nun, nach der angekündigten Pause von 25 Jahren, schalten wir den Fernseher wieder ein.

Zweiter TV-Akt. Handlungsort: die Ukraine. Zeit: Frühling 2003. Über den Bildschirm flimmert die Talkshow »Dokument« von Jurij Makarov. Das Gespräch dreht sich um den Beginn des 2. Weltkriegs, seine – es kommt nur schwer über die Lippen – ukrainische Dimension (da haben wir sie, denkst du erfreut, die Früchte der Rede- und Meinungsfreiheit, sie haben nicht lange auf sich warten lassen. Es sind kaum 62 Jahre seit damals vergangen und die Akteure und Zeugen der einstigen Geschehnisse leben zum Teil noch, doch wir, sieh einer an, räuspern uns leise und schicken uns an, lauthals die unerbittliche historische Wahrheit zu verkünden!). Der Moderator bemüht sich eindringlich, fast wie auf einer spiritistischen Sitzung und augenscheinlich entflammt von den Geistern Sartres, Camus und der Zeitung »Combat«, von den Anwesenden eine Antwort auf die einstige »leidige Frage« der Pariser Intelligenz zu bekommen, die Schicksalsfrage, die für unsere »dänischen« Verhältnisse lautet (und wie eine mechanische Übersetzung aus dem Französischen klingt): hatten die Ukrainier im Jahr 1941 die Freiheit der Wahl?

Da in dem Fernsehstudio allerdings nicht die Erben der »surrealen Rebellen« des Quartier Latin sitzen, die so fruchtbar über die moralische Freiheit unter den Bedingungen der Okkupation zu philosophieren pflegten, sondern Kinder und Enkel jener Ukrainer des Jahres 1941, bleibt die Frage auch ohne Antwort. Die eingeladenen Intellektuellen, unabhängig von ihrer politischen Präferenz und ideologischen Orientierung verfallen anscheinend in kollektiven Stumpfsinn, als ob ihnen die Verbindung der Worte unfaßbar sei: Freiheit? Wahl? Für die Ukrainer? Das ist so wie zwischen Hammer und Amboß zu sein... wie vom Regen in die Traufe...? Das eine totalitäre Regime oder das andere? Zwischen drei Varianten des Todesschreis wählen: Für Vaterland und Stalin! Heil Hitler! Hoch lebe die Ukraine! Am Ende sieht doch alles gleich aus. Die Anwesenden ahnen wohl dunkel, daß diese »Wahl« fragwürdig ist und nicht das Existenzielle trifft. Der Geigerzähler der europäischen Ethik scheppert, rasselt und schlägt aus, als wäre er dem Atomkraftwerk Tschernobyl zu nahe gekommen, und selbst der Philosoph aus der Akademie der Wissenschaften sitzt ratlos da, wie ein Tölpel und Erstkläßler,... also gut, auf geht's Jungs, die Show ist vorbei.

Doch da ergreift ein »Junge« und »Erstkläßler« aus dem Publikum das Wort und erklärt der versammelten akademischen Elite im Studio ruhig und wie selbstverständlich, »was'n bei allen dem die nationaln Ideen und Interessen solln« wenn »die Leut schließlich doch nur in Ruh leben wolln, ordentlich zu eßn ham und die Kinder großziehn, und wasn fürn Staat das dann is, is doch gleich... (die Wiedergabe ist nicht ganz korrekt, doch sehr nahe dem Text). Mit dieser lebensbejahenden »Stimme des Volkes« endet dann auch die Diskussion – punkt, Schluß, Ende gut, alles gut. Tatsächlich seufzen alle erleichtert auf, jene im Studio und jene vor dem Fernsehschirm. Sie können sich beruhigt in ihre Wohnungen verkriechen und weiter am Programm arbeiten: »ordentlich eßn« und »Kinder großziehn«. Ist ja alles richtig, und Hauptsache, es bricht kein Krieg aus...

(Wie sagte doch der Helene in Lesja Ukrajinkas Variation auf den »Kassandra-Stoff«? »Freu dich Kassandra, du hast gesiegt!« Doch Kassandra entgegnete, entschlossen den Kopf schüttelnd: »Nein, es ist dein Sieg. Du hast mich mit diesen Worten erschlagen.«

Die kulturphilosophische Diagnose von Lesja Ukrajinkas Kassandra erwies sich auch für das 20. Jahrhundert mit all seinen Bränden und historischen Katastrophen als zutreffend, denn in Wirklichkeit geht der »Helene«, der Opportunist als »Sieger« hervor, und zwar einfach deshalb, weil er »ordentlich zu leben« versteht, entsprechend soziobiologischer Gesetze, er ist flexibel und paßt sich mit der perfekten Mimikry der Parteilinie an, bis sich die Umstände wieder ändern, er sichert sich während aller lebensbedrohlicher Katastrophen eine ökologische Nische, die ihm ein Minimum an Komfort und Status gewährt, »und wasn fürn Staat das dann is, is doch gleich!«

Der Helene erweist sich überlebensfähig gerade dank einer reduzierten Werteskala: er verteidigt nichts anderes als das eigene Wohlergehen, es liegt ihm nichts daran, die ihn umgebende Welt auch nur im geringsten zu ändern, sondern er möchte sich im Status quo so angenehm wie möglich einrichten. So ist er auch bei allen sozialen Erdrutschen quasi leicht und unbeschwert, im Gegensatz zu Kassandra, deren Seele massiv in einem energiereichen System idealistischer Motivation verankert ist: Während sie verkündet, »hier stehe ich, ich kann nicht anders«, schlüpft er immer durchs Netz. In der Todesstunde sind wohl tatsächlich die im Geiste Armen selig, jene, die keinerlei geistigen Reichtum erworben haben...

Aber ist es nicht ein erbärmlicher Staat, in dem nur Helenen amtieren?)

Dieser Mensch im Fernsehen hatte völlig unbeabsichtigt – ohne daß der leiseste Zweifel an seiner naiven Unvoreingenommenheit aufgekommen wäre – laut und deutlich, entsprechend der Kolonialismustheorie Fanons den Sieg der typischen Sklavenmentalität verkündet. Ich weiß nicht, wie sich die Intellektuellen im Fernsehstudio fühlten, mich hatte er mit seinen Worten »erschlagen« – auch deshalb weil diese Worte als Resümee fungierten und keiner der versammelten Intellektuellen ihm widersprach, darauf hinwies, daß die Schlußfolgerung, gelinde gesagt, nicht korrekt sei.

Dieses »is doch ganz gleich« und das Streben, unter allen Umständen gut zu leben, die Nachkommen großzuziehen, ist doch letztlich keine besondere menschliche Eigenschaft, sondern eher eine tierische. Diese Entdeckung machte bereits Darwin. Akzeptiert man diese Haltung und überträgt sie konsequent auf die menschliche Gesellschaft, kommt summa summarum nicht einfach eine Herde von Haustieren dabei heraus, sondern ein makabres Szenario, das mit der Tierwelt nichts mehr gemeinsam hat und das jene Sentenz aus dem Gulag »Stirb du heute und ich morgen« hervorbringt.

Es ist genau die Haltung, die jene Ukrainer einnahmen, die als erste zum NKVD gingen und ihre Landleute terrorisierten, oder in den Reihen der Gestapo oder SS Verbrechen begingen, aber auch jener Juden, die als Handlanger und Helfershelfer ihre eigenen Schwestern und Brüder terrorisierten und in die Gaskammern jagten sowie auch der Deutschen, die zuerst Frauen und Kinder erschossen hatten und dann offen und ehrlich dem internationalen Tribunal erklärten, sie hätten Befehle ausführen müssen wie in der Armee üblich (hätten sie sich vielleicht auflehnen und selbst eine Kugel einfangen sollen? Die Menschen streben immer danach »gut zu lebn und...«). Tatsächlich gab es immer solche, andererseits existierten auch in der finstersten Hölle andere, die es ablehnten, sich den Gesetzen des biologischen Überlebens und Vermehrens zu unterwerfen, aufgrund völlig immaterieller, ganz und gar unpraktischer, ja der Logik des Überlebens geradezu widerstrebender Abstraktionen wie Gott, Gewissen, Achtung und Würde ... Gerade dank dieser Menschen, die einen eigenen Willen hatten und die innere Freiheit, nach etwas Höherem zu streben als dem friedvollen Vegetieren (»und wasn fürn Staat das is, is doch gleich«) garantieren einzig

Wert und Würde der Geschichte. Ihnen ist es zu verdanken, daß sich die Welt nicht in einen globalen Gulag verwandelte. Eigentlich ist alles, was wir heute in Anspruch nehmen (einschließlich der Möglichkeit, in einem Fernsehstudio zu sitzen, das Mikrophon zu nehmen und seine, sei es auch ungeordneten, Gedanken zu äußern, dazu auf ukrainisch, einer Sprache, die die letzten 150 Jahre staatlich verfolgt und verstümmelt wurde), das wir gedankenlos als gegeben annehmen, ähnlich dem Wetter oder der Landschaft, all dies ist ausnahmslos »menschgemacht«, das Resultat einer sehr langen, sich durch die Geschichte ziehenden Summe von Einzelleistungen, die Idealisten aller Art und verschiedener Zeiten entgegen dem Widerstand der biologischen Trägheit des Seins erbrachten und mit ihren Opfern bezahlten.

Gütiger Gott! Es ist doch so einfach und offensichtlich! Ganz elementar, nicht wahr, Watson? Lernt man doch schon in der Schule? …

Drittes Intermezzo, historisch: Unter den verschiedenen Strömungen der Geistesgeschichte zeichnet den Marxismus das simpelste Verständnis dessen aus, was der Mensch sei. Er ist demnach ein Herdentier, ein Lebewesen im Kollektiv. Entsprechend dieser Vorstellung soll die Gesellschaft organisiert sein, damit die sogenannten gesellschaftlichen Werte gerecht verteilt werden. Die »lichte Zukunft der Menschheit«, der Kommunismus wird stets und konstant als eine Gesellschaft, die in einem Meer materiellen Wohlstands schwimme, beschworen. Etwas Konkreteres konnte man nicht ersinnen – so sehr sich auch eine ganze Kaste »geistiger Würdenträger«, Philosophen, Literaten,

Künstler, mit einem Wort all »die Kämpfer der ideologischen Front« ihre Hirne zermarterten. Auch der Urvater der neuen »Religion für die Armen«, Karl Marx wußte über den Menschen nichts Klügeres zu sagen als, »bevor man herumphilosophiert, muß man ordentlich essen, trinken und sich anziehen können«; man hält für selbstverständlich, daß der Satte, ordentlich Gekleidete und Getränkte damit bereits »befreit« sei und sich voller Freude in kulturelle, kreative Tätigkeit stürzt (so wie in einer Heiligenlegende »ich weiß nicht, wie mir geschieht, aber es ist wunderbar«...).

Halten wir fest: zuerst materieller Wohlstand (die Basis) und dann das Geistige und Kulturelle (der Überbau), das heißt dann wohl, Musik, Tanz, Holzschnitzereien, Portraits schöner Frauen und was man sonst noch so alles auf der Halde findet ... damit, in der Kürze liegt die Würze, ist die materialistische Anthropologie auch am Ende ihrer Weisheit. Die Möglichkeit, daß beim »Herdentier« in seiner einfältigen Unschuld außer den »Basismotivationen« noch stärkere innere Antriebskräfte vorhanden sein könnten, wird nicht einmal in Betracht gezogen und so von vornherein ausgeschlossen. Eine Ausnahme wurde allerdings für ein einziges, relativ immaterialistisches Ideal zugelassen, Streben nach Wohlstand für alle (für das Kollektiv, die Herde), der in letzter Konsequenz auch die primäre Voraussetzung für den Wohlstand des Einzelnen darstellt. Hierin wurzelt das erstaunliche Paradoxon des an dieser Stelle bereits nicht mehr theoretischen, sondern schon praktischen Kommunismus: die Gesellschaft des »kämpferischen Materialismus« (sic!) erklärt die materielle Askese zu seinem obersten humanistischen Ideal, wobei individueller Komfort als »spießbürgerlich« verworfen wird, und die Gesellschaft mobilisiert ihren gesamten Überbau für die Propaganda des Postulats, daß die Bestimmung des einzelnen das Opfer (einschließlich des eigenen Lebens) für das Kollektiv sei, und alles im Namen eines künftigen »gemeinsamen Wohlstands«.

In einer solchen Gesellschaft lebten wir 70 Jahre. Wir wußten, daß uns die Propaganda frech ins Gesicht lügt, alle verstanden mehr oder weniger (der eine mehr, der andere weniger), daß dort, wo der einzelne aus Prinzip nichts bedeutet, es auch kein »Glück für alle« geben kann. Wir dachten, man brauche diese Maxime nur umkehren, sie zu dezentrieren, weg von »der Herde« hin zum »Einzelnen«, das arme, verachtete Individuum aus diesem System zu befreien, einen freien Produzenten aus ihm zu machen, dann wäre Schluß mit dem Kommunismus. Demokratie, Marktwirtschaft, Aufschwung, gesellschaftlicher Wohlstand ergießt sich in einem gewaltigen Strom ... au weh... da bekommt man ja einen Knoten in die Zunge.... Klarer Fall.

Klarer Fall, wir hatten uns geirrt.

70 Jahre lang hatten wir unter einem Regime gelebt, daß alle Mittel (einschließlich Polizei und Geheimpolizei) für die Entwicklung »der marxistischen Konzeption des Menschen«, des Herdentieres, das gleichsam noch grob vom sogenannten Sozialdeterminismus vorprogrammiert ist, einsetzte. So erzog man uns in einer Atmosphäre tiefsten Mißtrauens gegenüber der Annahme, der Mensch besitze den Willen, sein Leben nach anderen Beweggründen zu organisieren als den »Basisgründen« (Wohlstand für sich und seine Familie). Da »alles andere Lüge« sein sollte,

gewöhnten wir uns daran, hellhörig zu sein. Die Regierung war genauso hellhörig, nur schwieg sie. Auch die damaligen, auf den ersten Blick bereits idiotischen Losungen wie »das Volk und die Partei sind eins« liefen der Wahrheit gar nicht so sehr zuwider: sie waren tatsächlich »eins«, wenn z. B. in einem Büro die Mitarbeiter (das »Volk«) sich großherzig über einen Kollegen wunderten, der nach Israel auswanderte: er besaß doch ein Auto, eine Wohnung, eine Datscha, warum also geht er? »Was paßtn ihm nich?« – und aus der Partei, die in dieser Zeit wütende Attacken gegen Andrej Sacharov führte, war ähnliches zu hören, »er hat doch alles«, was will er denn noch, der Querulant. Man bot noch mehr an, noch mehr zu essen, noch schmackhafter, noch mehr zu trinken, noch mehr Komfort...

Dieses »mehr und mehr« stellte allerdings keine Garantie gegenüber dem unberechenbaren Verhalten eines Unzufriedenen dar, der auf einmal »Nichteßbares« wollte, und dies nicht etwa für sich selbst (wie der hochverdiente General Hryhorenko, der Gerechtigkeit für die Krimtataren forderte, obwohl er selbst keinerlei Verbindung zu ihnen hatte), und so fand man eine einfache Erklärung: er ist verrückt geworden. Und die Götzendiener in Weiß diagnostizierten bereitwillig eine bisher in der Geschichte der Psychiatrie unbekannte Krankheit: »schleichend verlaufende Schizophrenie«...

Das alles geschieht nun nicht etwa aus bösem Willen oder gar aus Dummheit, nein, so ist nun einmal die marxistische Konzeption des Menschen, die man für die Religion eingetauscht hat. »Das Wertvollste, das der Mensch besitzt, ist das Leben.« Aha, tatsächlich... und die Seele? Die Seele wurde gestrichen: »Popengewäsch!« (V.I. Lenin)

Na gut, mag so sein, aber wie steht es mit einem reinen Gewissen, Achtung, Würde? Vergeßt es! »Moralisch ist, was dem Sieg des Proletariats dient.« (V.I. Lenin). Das ist alles. Basis und Überbau, wenn es was zu essen gibt, gibt's auch was zu singen. Alles klar? Ach ja, richtig, und Hauptsache: Frieden. Noch Fragen?! Dann weg-trrreten!

Die erste dokumentarische Erinnerung daran, als diese einfache und glasklare, in ihrer Eindimensionalität verführerische Weltanschauung begann, die Massen zu beherrschen, fand ich in den Aufzeichnungen von Aleksandra Tolstoj, datiert auf das Jahr 1916, als die Gräfin als freiwillige Krankenschwester in einem Hospital arbeitete. Dort hörte sie zum ersten Mal von den Bolschewiken, die mit ihrer Propaganda zersetzend auf die Einheiten an der Front wirkten. Ein junger Leutnant erzählte heulend, wie sein Kamerad starb. Bereits schwer verwundet kommandierte er noch »Feuer!«, doch keiner der Soldaten regte sich, da kroch der Offizier Blut spuckend selbst zum Maschinengewehr, wo er schließlich im feindlichen Kugelhagel starb. Die Soldaten kommentierten dann diese in ihren Augen heldenhafte Tat: »Schau nur wie den Offizieren dieser Krieg nützt, selbst verwundet kriechen sie noch zum MG!«

Das war der Beginn und zwölf Jahre nach dem offiziellen Ende des Bolschewismus als Regierungsform erscheint ebenfalls ein Bursche, diesmal auf dem Bildschirm, der zwar keine Goldschnitt verzierten Bände der »bärtigen Klassiker« auf den Armen hat, den Anwesenden dafür aber mit hellseherischer Ruhe erklärt, in voller Übereinstimmung mit seinen »klassischen« Lehrern, was für die Menschen »immer zuerst kommt«. »Was solln denn hier irgendwelche Ideen?« Was für ein abgehobens Gelaber, Jungs?

Und die Jungs stimmen ihm schweigend zu. Sie wurzeln auch dort, an der Front des »kämpferischen Materialismus«, und daß die Menschen noch etwas anderes motivieren kann, vermögen sie sich nur nebelhaft vorstellen.

»Du hast gewonnen.« *Ende des dritten Intermezzos.*

– »Ihr seid furchtbar zynisch.« Dies war die Antwort eines bekannten Amerikaners, der über ein Jahr in der Ukraine gearbeitet hatte, auf die Anfrage, »in aller Kürze das ukrainische Wesen« zu charakterisieren. Ich erinnerte mich dabei an einen Eintrag im Tagebuch des Schriftstellers Tjutjunyk: »Warum, Alterchen, seht ihr so elend aus?« Der Alte hörte auf zu essen und sagte: »Weil wir so verschreckt sind.«

Warum wir so zynisch sind? Weil wir erbärmlich sind. Nicht im Sinne der Finanzen, unsere Arbeit ernährt uns schon, aber unsere Herzen sind arm, und wir vermögen noch nicht, sie wieder ordentlich zu ernähren. Wir haben zu lange »ordentlich gegessen«, waren zu lange an das Montageband gekettet, und als man uns dann von der Kette in die Freiheit entließ, wußten wir einfach nicht, was man in Freiheit noch alles machen könnte, außer ordentlich zu essen und sich zu vermehren, und in dieser äußersten Eindimensionalität machten wir weiter: satter, schmackhafter, betrunkener und bequemer, als es die früheren Generationen hatten. Jene, die Anfang der 1990er zum ersten Mal die Grenzen des großen Knast' durchbrachen, fielen in Ohnmacht, als sie 50 Käsesorten in den Supermärkten sahen...

Woher sollen wir wissen, was man vom Leben noch haben kann außer Luxus und Posten, deshalb verdächtigen wir augenzwinkernd auch jeden, der für sein Anliegen demonstrieren geht: »klarer Fall, der kriegt Geld dafür«; und wenn wir in der Zeitung lesen, daß in Europa eine Sitzblockade auf einer Baustelle für eine neue Startbahn stattfindet, um die von dieser Startbahn bedrohte Flora zu schützen, da grinsen wir nur schief und sagen: »dem Bourgeois geht's zu gut« (wie allen Elenden scheint es auch uns stets, daß die anderen mehr haben, satter, schmackhafter usw., und deshalb mögen wir sie nicht). Dieses angeborene Mißtrauen gegenüber den Motiven menschlichen Handelns, die keinen unmittelbaren Nutzen bringen, d.h. eine bereits klinisch anmutende geistige Erbärmlichkeit, erscheint als primäres und eindeutiges Merkmal für den Verlust des »Freiheitsgens« im nationalen Genotyp. In die Freiheit entlassen, blieben wir dennoch unfrei, auch in den Fällen, in denen einzelne bis ganz oben auf der sozialen Leiter kletterten.

Selbst als wir die Unabhängigkeit bekamen (bewußt sage ich nicht »erlangten« oder gar »erkämpften«, denn um die Freiheit gekämpft haben in historischer Hinsicht zuletzt die Kämpfer der Ukrainischen Partisanen Armee vor einem halben Jahrhundert, und die Eruption, die Hunderttausende in den Jahren 1990/ 91 auf die Plätze und Straßen der Ukraine warf, ist im gewissen Sinne ein entferntes, über die Generationen weitergetragenes Beben ihrer vereinten Anstrengungen), also selbst, als wir die Unabhängigkeit bekamen, wurden wir nicht zu dem, was Hegel eine »historische Nation« nennt, das heißt zum Urheber unseres Geschicks. Wir tragen nichts zur Schwerkraft der Geschichte bei, unsere Aufgabe ist es, herumzuspringen und sich an Haken zu hängen, die andere zu uns herablassen, sei es Amerika, sei es Russland oder sei es die untere Hierarchie der »eigenen Banditen da oben«, welcher gerade, Hand aufs Herz, interessiert uns gar nicht mehr, da wir fremdbestimmt sind, weder Herren im eigenen Land noch über das eigene Leben. Ja, mit den Herren wurde in diesem Land vor gut 70 Jahren im Hunger-Holocaust Schluß gemacht.

Hier würde nun ein hübsch pointiertes Finale passen, doch mein armes, von der Hitze gar gekochtes Hirn hat seine Ressourcen erschöpft – mir ist der Kaffee ausgegangen, eine unabdingbare Ressource zur Wiederherstellung der Hirntätigkeit, und ich beschloß in den Supermarkt um die Ecke zu gehen. Daneben befindet sich ein Kindergarten und dort blieb ich, von einem seltsamen Schauspiel wie gebannt, stehen: In Begleitung zweier Erzieherinnen tappelten völlig schweigsam, aber doch schnaufend in der Hitze, im Gänsemarsch vier- bis fünfjährige Kinder mit Sonnenhüten. Ich blickte genauer hin und bemerkte außer dem für eine Kinderschar ungewöhnlichen Schweigen noch eine weitere groteske Disharmonie, jedes Kind hielt seinen Vordermann am Kleid oder der Hose fest, so daß sich dieser Gänsemarsch der Kinder mit ausgestreckten Armen und nach vorne geneigten Körpern, gebückt, in der Hüfte geknickt, wie Breughels »Die Blinden« ausnahm…

Ich erinnerte mich, daß man auf genau die gleiche Weise – »Ruhe! Kein Geschwätz! Achtung!« – auch mich Mitte der 1960er im Kindergarten »zu gehen« zwang. Zwei Wochen nach meinem ersten, vorsätzlichen Trotz, d.h. jeden Abend Weinen und Bitten: »Ich will morgen nicht in den Kindergarten! Bitte, bitte!« gaben meine Eltern auf und suchten mir ein Kindermädchen. Dafür bin ich ihnen auf ewig dankbar. Wer weiß, wie mein Leben verlaufen wäre, hätte man mich gezwungen, wie ein Roboter herumzulaufen.

Ich stellte mir vor, wie eine Gruppe kleiner Deutscher, Holländer, Schweden und Franzosen im Museum, Omnibus oder in der U-Bahn herumflattern, zwitschernd wie eine Schar Spatzen, die nach allen Seiten auseinander schwirren und sich gleich darauf wieder artig, entsprechend einem nur ihnen bekannten Flatterplan wie auf Ästen niederlassen. Diese liebenswerten Begegnungen, so oft man sie erlebte, riefen außer einem gerührten Lächeln tief im Unterbewußten auch einen schmerzhaften Neidreflex hervor: ihre Kinder wurden nicht gezwungen, wie Roboter herumzulaufen.

Der stumme Gänsemarsch der abgerichteten kleinen Ukrainer in kurzen Hosen und Sonnenhüten trabte an mir vorbei, ihre demütige Unbeholfenheit schnitt mir ins Herz (ein kleines Mädchen konnte nicht richtig im Gleichschritt gehen und war fortwährend einmal zu schnell, dann wieder zu langsam im Tritt) und schließlich verschwanden sie durch das vergitterte Tor des Kindergartens. Und Punkt. Und Ende. So dachte der unerbittliche Autor in mir, da hattest du ein pointiertes Finale deines Essays. Thema ausgeschöpft. Gleichzeitig mit diesem Gedanken drang ein bekanntes, rostiges Quietschen an mein Ohr, die Erzieherin schloß hinter sich das Tor.

* Staatliche Lebensmittelverkaufstellen in der Sowjetunion

Aus dem Ukrainischen von Alexander Kratochvil

Ian Buruma
Ein Mord in einem kleinen Land

»Dort ist es wie in der South Bronx«, sagte mein Freund Max Pam, als er mich in die Gegend im Westen Amsterdams fuhr, in der er früher gewohnt hatte. Wie auch immer es dort war, wie in der South Bronx war es nicht. Der Stadtteil mit den grauen Betonwohnblocks aus den 1950er Jahren ist eher trist als bedrohlich, mehr heruntergekommen als arm, und hat sich, seit Max hier als Kind gelebt hat, besonders in einer Hinsicht drastisch verändert. Einst war Overtoomse Vaart ein funkelnagelneuer Vorort für junge niederländische Familien, jetzt wohnen dort fast ausschließlich Immigranten, hauptsächlich Menschen marokkanischer Herkunft, genauer gesagt marokkanische Berber aus entlegenen Dörfern des Rif-Gebirges. Gegenden wie diese, im Westen, Osten und Norden Amsterdams, werden oft als »Schüsselstädte« bezeichnet, wegen der vielen Satellitenschüsseln, die gen Nordafrika und den Nahen Osten ausgerichtet sind.

Als erstes kamen in den späten 1960ern die Männer, die Mehrheit aus der Türkei und Marokko, um als Gastarbeiter die Arbeit zu machen, die Holländer nicht mehr machen wollten: harte und schmutzige Arbeit in der Industrie, oder die Reinigung von Gebäuden und Straßen. Man rechnete damit, daß sie irgendwann wieder zurückgehen würden.

Aber die meisten von ihnen gingen nicht. Nach ungefähr zehn Jahren folgten den Männern die Frauen. In der Mehrzahl waren es Analphabetinnen, die als Bräute oft direkt aus ihren Dörfern zu fremden Männern in ein noch fremderes Land geschickt wurden. Die meisten Arbeiter sind jetzt verbraucht und leben von Sozialhilfe. Ihre Frauen leben noch immer in einem fremden Land, dessen Sprache, Sitten und Gebräuche sie nie gelernt haben.

Die Marokkaner bilden die größte Minderheit unter den rund eine Million Immigranten in den Niederlanden (6 % der Bevölkerung), zu denen außerdem Türken, Surinamer, Menschen von den Niederländischen Antillen und Flüchtlinge aus ganz Afrika und Asien gehören. Die Surinamer, meist Schwarze, sprachen schon in ihrer Heimat, einer ehemaligen niederländischen Kolonie, holländisch und sind relativ gut integriert. Die türkischen Immigranten leben meist ein unauffälliges Leben in zunehmendem Wohlstand. Die im Hinblick auf Straßenkriminalität und andere Formen mangelnder Anpassung problematischste Minderheit sind die Marokkaner.

Die Straßen in Max' ehemaliger Wohngegend sind auffällig leer, abgesehen von ein paar verschleierten Frauen und alten Männern in marokkanischen Jellabas, die nach muslimischem Ritus schlachtende Fleischer aufsuchen und Telefonshops, von denen aus man billig nach Nordafrika telefonieren kann. *Hangjongens* – junge Männer, die nicht viel zu tun haben – hängen am August Allebé Platz herum, einem Brennpunkt der Kleinkriminalität und des gelegentlichen Krachs mit der Polizei. Max zeigte mir die eingeschlagenen Fenster seiner alten Schule, jetzt eine sogenannte »Schwarze Schule«, in der die meisten Kinder aus muslimischen Familien stammen.

Max ist ein erfolgreicher Autor und Kolumnist, ein Prominenter in der Amsterdamer Literaturszene und ein naher Freund von Theo van Gogh, dem Filmemacher, der am 2. November 2004 ermordet wurde. Van Gogh war auf dem Fahrrad unterwegs zur Arbeit, als ein bärtiger junger Mann, der mit einem Regenmantel über einem langen Hemd afghanischen Stils bekleidet war, mehrmals auf ihn schoß. Van Gogh bat ihn um Gnade und sagte angeblich, auf typisch holländische Art: »Wir können doch sicher darüber reden.« Aber der junge Mann war nicht zum Reden aufgelegt. Er zog ein Messer, schlitzte van Gogh die Kehle von einem Ohr zum anderen auf, trat auf den sterbenden Körper ein und ging davon. Er hatte gehofft, er würde in seinem heiligen Krieg als Märtyrer sterben, wurde aber kurze Zeit nach dem Mord verhaftet. Van Gogh lag unterdessen zwanzig Minuten lang auf dem Fahrradweg, ein Brief war an ihm befestigt, mit dem Messer des Mörders, das ihm im Bauch steckte. Schließlich deckte ein Sanitäter seinen Körper mit einem Tuch zu.

Mohammed Bouyeri, oder Mohammed B., wie er in der niederländischen Presse genannt wird, hat keinen brillanten Stil, doch sein Brief ist in der klaren Prosa eines gebildeten Holländers verfaßt. Er enthält ein Abschiedsgedicht, das folgendermaßen beginnt: »Mein letztes Wort, durchsiebt von Patronen, getauft mit Blut, wie ich es erhofft...« Es folgt ein Mischmasch aus Dschihad-Slogans und ein offener Brief an die in Somalia geborene niederländische Politikerin Ayaan Hirsi Ali, die das Drehbuch für van Goghs letzten Film *Submission* geschrieben hat. Sie wird als »ungläubige Fundamentalistin« bezeichnet, als Ketzerin, die Muslime »terrorisiert« im Auftrag ihrer verlogenen jüdischen Herren, die »Produkte des Talmud« seien und »die niederländische Politik dominieren«. Der Tod trenne Wahrheit von Falschheit. Hirsi Ali werde an dem harten Diamanten des Islam zerschellen. Die USA, Europa und Holland seien allesamt verdammt.

Mohammed Bouyeri, 26 Jahre alt, wuchs in der Gegend auf, in der Max Pam früher wohnte. Seine Schule befand sich in demselben Gebäude wie Max' alte Schule. Er ist in Amsterdam geboren, sein familiärer Hintergrund ist für einen marokkanischen Immigranten der zweiten Generation ziemlich typisch. Sein Vater spricht gebrochen holländisch. Jahrelange Knochenarbeit hat ihm buchstäblich das Rückgrat gebrochen. Er kann sich nicht mehr hinknien und muß deswegen auf einem Stuhl sitzend beten. Mohammed hat drei Schwestern und einen Bruder. Seine Mutter ist 2001 an Krebs gestorben.

Mohammed war nie ein *Hangjongen*. Im Gegenteil, er hatte einen guten Schulabschluß und galt bei seinen Lehrern als vielversprechender junger Mann. Er war das, was man in seinem Viertel einen »Positivo« nennt, einen, der es in der niederländischen Gesellschaft sicherlich schaffen würde. Mohammed war nicht nur ehrgeizig, sondern stand auch anderen marokkanischen Kids, die in Schwierigkeiten waren, immer helfend zur Seite. Er wollte ein

Jugendzentrum namens Oportuna gründen, plante ein neues Programm für die Jugendarbeit an seiner alten Schule und schrieb erbauliche Artikel in einer Stadtteilzeitung. Er konnte mit Vertretern der Stadtverwaltung, Sozialarbeitern und all den anderen Behördenmitarbeitern, die als Puffer zwischen den Immigranten und der Gesellschaft im Allgemeinen fungieren, gut kommunizieren. Und er kannte sich auf den verschlungenen Seitenpfaden von Hollands großzügigem Sozialsystem aus, in dem die Beantragung von finanzieller Unterstützung eine entscheidende Fähigkeit darstellt.

Aber die Dinge liefen nicht so, wie Mohammed es sich erhofft hatte. Die Fördergelder für das zweite Jugendzentrum wurden abgelehnt, ein versprochenes Instandsetzungsprogramm für Sozialwohnungen nie umgesetzt. Der Tod seiner Mutter war ein Schock. Nach dem 11. September wurde er plötzlich sehr religiös. Im Jahr 2002 brach Mohammed sein Sozialpädagogik-Studium ab und beantragte Sozialhilfe, sein Verhalten wurde zunehmend merkwürdig. In einer Versammlung mit Vertretern der Stadtverwaltung verkündete er lautstark, Allah sei der einzige Gott. Er hörte auf, Alkohol zu trinken, betete ständig, lehnte es ab, Frauen die Hand zu geben, ging von zu Hause weg und landete in einer fundamentalistischen Moschee namens El Tawheed, wo er Syrer und Algerier traf, die seit dem 11. September größtenteils aus Frankreich und Deutschland nach Holland gekommen waren, um religiöse Lehren zu verbreiten. Auf der Website marokko.nl erschienen merkwürdige Beiträge, angeblich von Mohammed geschrieben, in denen fundamentalistische Ansichten über die angemessene Stellung der Frau und ähnliches verbreitet wurden.

Vielleicht war es der Schock durch den Tod seiner Mutter, wie manche glauben. Vielleicht brachte ihn die Serie von Rückschlägen und Enttäuschungen aus dem Gleichgewicht. Jedenfalls wurde Mohammed zu einer wandelnden Zeitbombe. In seiner winzigen Wohnung fanden Treffen mit einer extremistischen, in Den Haag ansässigen Gruppe statt. Der syrische Geistliche Abu Khaled erzählte ihnen vom Heiligen Krieg. Zwei seiner neuen Freunde waren westliche Konvertiten – einer von ihnen der Sohn eines amerikanischen GI –, die planten, das niederländische Parlament in die Luft zu jagen. Mohammed Bouyeri war vom scheinbar gut in die niederländische Gesellschaft integrierten Musterschüler zum heiligen Krieger geworden.

* * *

Theo van Gogh, ein dicker, blonder Mann, der gegenüber seinen Freunden unglaublich großzügig, gegenüber seinen Feinden aber extrem unversöhnlich war, ein Verehrer von Roman Polanski, ein Filmemacher, der nie genug Geduld für ein echtes Meisterwerk hatte, ein starker Raucher, ein Konsument von Kokain und ausgesuchten Weinen, ein liebender Vater, ein widerlicher Kerl, der von vielen Frauen angehimmelt wurde, ein Anstoß erregender Provokateur und ein Mann mit Prinzipien war in einem ganz anderen Krieg unterwegs – in einem Krieg gegen das, was er als Heuchelei und scheinheiliges Geschwafel betrachtete. Ich kannte ihn flüchtig und habe seine Gesellschaft immer genossen. Da ich nicht Teil der Amsterdamer Szene war, bekam ich seine feindseligen Spitzen nicht zu spüren.

Wie die meisten Angehörigen seiner und meiner Nachkriegsgeneration in Holland war Theo van Gogh geprägt von Geschichten aus der Zeit des Zweiten Weltkriegs, als sich die Mehrheit der niederländischen Bevölkerung um ihre eigenen Angelegenheiten kümmerte und eine Minderheit (100.000 von 140.000 Juden) verschleppt und ermordet wurden. Van Goghs Familie, Nachkommen von Vincents Bruder Theo, war tatsächlich eine Ausnahme. Wie sein Onkel, der von den Deutschen umgebracht wurde, war auch sein Vater Widerstandskämpfer. Es ist auffällig, wie oft sich van Gogh in seinen Schriften auf den Krieg bezog. Über die Islamisten in Holland schreibt er: »Die Kampfstiefel sind wieder auf dem Marsch, aber dieses Mal tragen sie Kaftane und verstecken sich hinter Bärten.«[1] Die niederländischen Beamten, Sozialarbeiter und Politiker, die einen Dialog anstrebten, wirkten in van Goghs Augen wie Kollaborateure. Häufige Zielscheibe seiner Beschimpfungen war der Bürgermeister von Amsterdam, Job Cohen, der in seiner Stadt »alles zusammenhalten wollte«, indem er den Muslimen mit Respekt und Verständnis begegnete. Van Gogh fand das widerlich. Er schrieb: »Wenn jemand zwischen 1940 und 1945 nicht gelernt hat, wie unklug es ist, mit marschierenden Kampfstiefeln zusammenleben zu wollen, die ›Respekt‹ einfordern, dann der Bürgermeister.«[2] Cohen gehörte, nicht ganz zufällig, zu den »jüdischen Herren«, die Mohammed Bouyeri als Feinde des Islam bezeichnet hatte. Wegzuschauen, still zu bleiben, Dinge ungesagt zu lassen war für van Gogh das schlimmste Verbrechen. Zum größten Horror gehörte für ihn, daß die niederländische Presse ablehnte, die ethnische Herkunft von Verbrechern preiszugeben, um keine Vorurteile zu schüren. Er hielt das für ein Zeichen elendester Feigheit. Dem Islam Respekt entgegenzubringen, ohne auf die Unterdrückung von Frauen und Homosexuellen hinzuweisen, war für ihn ein Akt widerlichster Heuchelei. In einer freien Gesellschaft sollte alles offen gesagt werden, glaubte er, und nicht nur gesagt, sondern geschrien, so laut und offensiv wie möglich, bis die Menschen es verstehen. Es war nicht genug, die Aufmerksamkeit auf die nicht liberalen Muslime zu lenken, nein, sie waren »Allahs Ziegenficker«[3].

Van Gogh brachte häufig seine Bewunderung für den verstorbenen Politiker und Populisten Pim Fortuyn zum Ausdruck, der laut verkündet hatte, daß es in einer liberalen Gesellschaft keinen Platz für fanatische religiöse Minderheiten gebe und daß »Holland voll ist«. Van Gogh nannte Fortuyn, der im Jahr 2002 dem Attentat eines geistig verwirrten Tierschützers zum Opfer gefallen war, »den göttlichen Kahlen«, teilweise, weil er Fortuyns feindliche Einstellungen den Muslimen gegenüber unterstützte, aber auch, um die liberalen Gutmenschen zu verärgern, die sehr schnell jegliche Kritik an Minderheiten als Rassismus bezeichneten.

Es gibt etwas sehr Niederländisches, vielleicht sogar Protestantisches in van Goghs Sturheit, seinem Bestehen darauf, daß schonungslose Direktheit ein Zeichen für eine klare Einstellung ist. Sein Freund Max Pam glaubt, daß berufliche Wut hinzukam. Wie Mohammed Bouyeri hatte van Gogh Probleme, staatliche Förderungen zu bekommen, nicht für Jugendzentren, sondern für seine Filme. Pam sieht die Schuld in der Mittelmäßigkeit der kulturellen Bürokratie der Niederlande. Aber van Gogh hatte auch eine bösartige Ader. Als der Romancier und Filmemacher Leon de Winter, dessen Arbeiten sich oft um seinen jüdischen familiären Hintergrund drehen, Geld für seine Projekte bekam, sah van Gogh darin eine zynische Manipulation und sentimentales Geschwafel. Seine Reaktion: »Was stinkt es hier nach Karamell, sie vergasen heute wohl die zuckerkranken Juden.«[4] Einen anderen jüdischen Autor beschuldigte er, »feuchte Träume« über den Auschwitz-Arzt Mengele zu haben.[5]

Der Holocaust ist immer noch ein delikates Thema in dem schuldbeladenen Land der Anne Frank, was in einem gewissen Maß sicherlich zu einer falschen Ehrfurcht gegenüber Juden geführt hat. Doch van Gogh lief wirklich mit einem Holzhammer herum, wie die niederländischen Hooligans, die es amüsant finden, eine Amsterdamer Fußballmannschaft, die den Beinamen »Die Juden« trägt, zu beleidigen, indem sie das pfeifende Geräusch von austretendem Gas imitieren. Aber vielleicht betrachtete van Gogh Anstand als einen Ausdruck der Verlogenheit, immerhin schonte er niemanden, seine Reden reichten vom »verfaulten Fisch von Nazareth« (Jesus)[6] bis zu »Allahs Ziegenfickern«.

Wenn man ihn einen Rassisten nennt, läßt man einen wichtigen Punkt außer acht: van Gogh war einer der wenigen niederländischen Filmemacher, der ernstes Interesse an Schauspielern mit marokkanischem Hintergrund hatte. Sein Fernsehfilm *Najib en Julia* ist eine sehr sympathische Geschichte über die Liebe zwischen einem niederländischen Mädchen und einem marokkanischen Jungen. Außerdem sind persönliche Angriffe, wenn sie auch fast nie so bösartig ausfallen wie die von van Gogh, im niederländischen Feuilleton, wo jeder jeden kennt und vieles, was gesagt oder geschrieben wird, mit Vorbehalt genossen werden sollte, ganz normal. In Fußballstadien fallen dieselben schäbigen Beleidigungen wie in den Kneipen von Amsterdam – Ironie wird vorausgesetzt. Das ist die gewalttätige Rhetorik eines Landes, in dem Worte normalerweise keine ernsten Konsequenzen nach sich ziehen.

Das ist anders an den Orten, an dem sich Mohammed Bouyeri gerne aufhält oder aus dem Ayaan Hirsi Ali stammt. In Somalia, wo sie geboren wurde, und in Saudi-Arabien, wo sie teilweise aufwuchs, nimmt man die Dinge ernster.

Sie erlebte in ihrer Kindheit eine schwere genitale Verstümmelung und bekam von einem muslimischen Lehrer schreckliche Schläge, woraufhin sie seinen Unterricht nicht länger besuchen wollte.[7] Als ihr Vater, ein somalischer Politiker und Dissident, einem entfernten Cousin versprach, sie ihm zur Frau zu geben, galt sein Ehrenwort als absolut. Genau wie ihre Wut, als sie entschied, sich der Kultur, die sie nicht länger erdulden konnte, zu widersetzen.

Sie flüchtete 1992 in die Niederlande, lernte fließend Holländisch, studierte Politikwissenschaften, arbeitete mit mißhandelten muslimischen Frauen und wurde Politikerin, erst für die sozialdemokratische Arbeiterpartei, später für die konservativere Liberale Partei. Sie betreibt eine Politik der Wut. Pim Fortuyn, sagte sie, hatte recht, als er den Islam eine »rückwärts gewandte Religion«[8] nannte. Muslimische Schulen sollten abgeschafft und Männer, die ihre Frauen und Töchter schlügen, gesetzlich bestraft werden. Dafür kämpft sie erbittert, und es besteht keinerlei Zweifel an dem Ernst, mit dem Muslime ihren Tod gefordert haben. »Ich habe diese Menschen so wütend gemacht«, sagte sie vor zwei Jahren Marlise Simons von der »New York Times«, »weil ich eine von ihnen bin und über unmittelbares Wissen verfüge. Das wird als Verrat angesehen. Ich gelte als Abtrünnige, und das ist schlimmer, als Atheistin zu sein.«

Seit dem 11. September fallen ihre Ansichten in Holland auf fruchtbaren Boden, aber das kreative Zusammentreffen mit Theo van Gogh erwies sich als besonders explosiv – ihre Wut und sein Wunsch herumzuwüten. Ihr gemeinsamer 10minütiger Film trägt keine Spur von Ironie: Es ist ein Traktat gegen den Mißbrauch von Frauen im Namen Allahs. Eine junge Frau erzählt in weichem amerikanischem Akzent ihre Lebensgeschichte: geschlagen für eine kindliche Liebe, von einem Onkel vergewaltigt und zu einer widerwärtigen Ehe gezwungen. Die ganze Zeit werden Worte aus dem Koran auf ihren nackten Körper projiziert. Nahe Freunde hatten Hirsi Ali abgeraten, diesen Film zu machen. Er müsse zwangsläufig zu Gewalt führen, sagten sie. Muslime, die durch die Form irritiert würden, seien nicht mehr aufnahmefähig für die Botschaft. Aber sie glaubte wie ein moderner Voltaire, daß der Schock der beste Weg ins Bewußtsein sei. Sie plant eine Fortsetzung.

* * *

Der Mord an van Gogh zog viele Ereignisse nach sich, einige waren gewalttätig, einige bloß bizarr. Eine Serie von Brandanschlägen auf Moscheen und muslimische Schulen war wahrscheinlich zu erwarten gewesen, genau wie rassistische Botschaften auf Websites, an Wänden und sogar auf den Blumengestecken für van Gogh. »Theo, ruhe in Frieden!«[9] war die Botschaft eines Brandstifters. Fast genauso vorhersagbar waren einige Gegenreaktionen junger Männer marokkanischer Herkunft, die jubelten, wenn sie an der Stelle vorbeikamen, an der van Gogh ums Leben gekommen war. All das waren gewalttätige Instinkthandlungen, die plötzlich auf den sonst ruhigen gemütlichen Straßen entfesselt wurden. Aber was tat sich in der Amsterdamer Kneipenszene? Freunde von van Gogh organisierten eine wilde Party, mit einer Rockband, riesigen Flaschen Champagner, die um den Sarg aufgereiht waren, auf einer Bühne standen zwei ausgestopfte Ziegen, »für die, die ein Verlangen spüren«[10]. Einige würden es vielleicht eine ironische, spielerische Art des coolen Amsterdam nennen, eine typische Trotzreaktion. Aber es trug auch Elemente des naiven Spotts van Goghs, als müßte für sein Andenken das Feuer ein bißchen geschürt werden.

In der Woche nach dem Mord gab es unter Politikern Anzeichen von Panik. Von dem Justizminister Jan Donner, einem Calvinisten der alten Schule, kam der Vorschlag, daß das eher archaische Gesetz (geschrieben von seinem Großvater) gegen Blasphemie erneut zur Anwendung kommen sollte, was zum letzten Mal 1966 der Fall war, als ein bekannter Schriftsteller namens Gerard van het Reve der Prozeß gemacht wurde, weil er seinen Übertritt zum katholischen Glauben mit dem zärtlichen Liebesakt mit einem Esel verglich. Donners Vorschlag wurde nicht weiter verfolgt.

Die Ministerin für Integration und Einwanderung Rita Verdonk, die Immigranten dazu verpflichten will, »Integrationskurse« zu besuchen, gelangte in die Schlagzeilen und Talkshows, als ein konservativer muslimischer Geistlicher sich weigerte, ihr die Hand zu geben, weil sie eine Frau sei. Ein weiterer Politiker, Geert Wilders, gründete eine 1-Mann-Partei, die *Groep Wilders*, mit einem Programm, nach dem alle nicht-westlichen Immigranten für fünf Jahre ausgesperrt werden sollten und alle Islamisten eingesperrt, selbst wenn sie, wie er es mir gegenüber ausdrückte, nur »bereit« seien, gegen das Gesetz zu verstoßen. Obwohl er sich wie Hirsi Ali vor den Leuten, die ihn tot sehen wollen, verstecken muß, ist der bislang unbedeutende Parlamentarier in den Meinungsumfragen zum nächsten Pim Fortuyn avanciert. Einigen Schätzungen zufolge würde seine Partei 20% der Sitze im Parlament kriegen, wenn heute Wahlen wären. In einer anderen Umfrage, in der der größte Niederländer aller Zeiten gesucht wurde, stand anfangs Pim Fortuyn an der Spitze. (Das erwies sich später als ein Irrtum: Willem der Schweiger war auf Platz eins, gefolgt von Pim Fortuyn auf Platz zwei.)

Mitten in diesem ganzen Chaos hörte man von den Kommentatoren, in der Presse und im Fernsehen nichts als Gerede, Gerede, Gerede: »Die Niederlande haben ihre Unschuld verloren«; »Das Ende des Multikulturalismus«; »Toleranz hat ihre Grenzen«; »Die Angst regiert« und so weiter und so weiter. Generell war ein Rechtsruck zu verzeichnen und eine Atmosphäre vielleicht übertriebener Angst. Max Pam war nicht mein einziger Gesprächspartner, der glaubte, daß, sollten die Behörden das Problem mit den Muslimen nicht umgehend in den Griff kriegen, Holland vor einem Bürgerkrieg stünde. Konservative, die viele Jahre gewarnt hatten, daß die Einwanderung von Muslimen Probleme bringen würde, fanden neue Verbündete unter ehemaligen Linken. Und Liberale wie beispielsweise der Amsterdamer Bürgermeister Job Cohen, Verfechter von Toleranz und einer multikulturellen Gesellschaft, wurden öffentlich als verantwortungslose Weichlinge angeprangert.

Ein in dieser Diskussion wichtiger Text stammt von Paul Scheffer, einem Soziologen und Denker mit großem Einfluß in der Partei der Arbeit. Er schrieb im *NRC/Handelsblad,* der wichtigsten Zeitung des Landes: »Die Segregation in den großen Städten nimmt zu, und das ist besorgniserregend. Toleranz kann es nur innerhalb klarer Grenzen geben. Ohne gemeinsame Normen in bezug auf den Rechtsstaat können wir in unseren Meinungsverschiedenheiten nicht produktiv sein... Die von unserer Regierung selbst erklärte Unfähigkeit, die öffentliche Ordnung zu garantieren, bedeutet größte Gefahr für die Toleranz.«[11]

Scheffer hatte sich zwar schon längere Zeit ähnlich geäußert, doch wenn alte Linke nach Gesetz und Ordnung rufen, weiß man, daß es in dem politischen und kulturellen Klima der Niederlande einen grundlegenden Wandel gegeben hat.

Der Grund für diesen Wandel, verschärft durch van Goghs Tod, ist die mittlerweile allgemein geteilte Erkenntnis, daß die Integration der Muslime in den Niederlanden fehlgeschlagen ist. Wenn selbst ein scheinbar so gut integrierter Mann wie Mohammed Bouyeri zum heiligen Krieger wird, muß irgendetwas gnadenlos schiefgelaufen sein. Mit dieser Einstellung im Kopf besuchte ich eine Schule in Amsterdam, die nahe der Stelle liegt, an der van Gogh ermordet wurde. Rund 70 Prozent der Schüler sind Angehörige ethnischer Minderheiten, ein durchaus normaler Anteil für Schulen in Großstädten wie Amsterdam, Rotterdam und Den Haag.

Die Pieter Nieuwland Schule in Amsterdam-Ost ist eine sogenannte konfessionelle, protestantische Schule. Mit Ausnahme der staatlichen Schulen sind die meisten niederländischen Bildungseinrichtungen konfessionell gebunden, so wie auch Rundfunkanstalten, Zeitungen, einige politische Parteien, und bis vor kurzem sogar Sportvereine oder andere Freizeiteinrichtungen. Diese so genannten »Säulen« der niederländischen Zivilgesellschaft wurden im 19. Jahrhundert errichtet, um Spannungen und Konflikte zwischen den unterschiedlichen religiösen Gemeinden zu befrieden. Auf ihnen wurde die niederländische Demokratie errichtet. Die meisten sind mittlerweile ihrer religiösen Inhalte beraubt, aber die Form ist geblieben, und der Staat unterstützt weiterhin religiöse, auch muslimisch ausgerichtete Schulen. Da viele Liberale glauben, daß Letztere eine soziale Integration eher verhindern, gibt es viele, die meinen, Holland sei besser beraten, wenn es die letzten Reste des alten Säulensystems abschaffe. Was einst erfolgreich den Frieden zwischen Protestanten und Katholiken förderte, ermuntert heutzutage zu antiliberalen religiösen Vorurteilen, die aus dem Nahen Osten importiert werden, durch Menschen, die nicht einmal holländisch sprechen.

Trotz des konfessionellen Hintergrundes wird niemandem an der Pieter Nieuwland Schule das Christentum aufgedrängt. Dem Schuldirektor W.J.M. Raeven zufolge schätzen es die muslimischen Eltern aber durchaus, daß dort die Grundlagen der großen Weltreligionen vermittelt werden, darunter auch die des Islams. Das Bildungsniveau dieser Schule ist überdurchschnittlich hoch, doch der Fall von Mohammed Bouyeri hat gezeigt, daß ein solches Bildungsniveau keine Garantie ist. Ich fragte den Direktor nach den Reaktionen auf den Mord in seiner Schule. Er antwortete, daß es unter den Lehrern mehr Spannungen gegeben hätte als unter den Schülern. Erwachsene hätten »dieses Gefühl von ›uns‹ und ›die‹, das die Schüler nicht unbedingt teilen. Manche haben den Eindruck, sie würden ihre eigene Stadt nicht wieder erkennen.« Es hätte aber, fuhr er fort, ernste Diskussionen in den Klassen gegeben, zu denen auch ermuntert wurde, wenn sie höflich und auf holländisch ausgetragen wurden. Arabisch, die Berbersprache und andere nicht-niederländische Sprachen sind in der Schule verboten.

Als wir auf Mohammed Bouyeri zu sprechen kamen, sagte Raeven, daß die Lehrer in den letzten Jahren etwas Wichtiges gelernt hätten: es war falsch, Kinder aus Minderheiten zu stark unter Druck zu setzen. »Früher haben wir sie dazu ermuntert, härter zu arbeiten als die anderen Kinder, immer ein bißchen mehr zu tun. Und viele taten das, besonders die Mädchen, denn Bildung ist ein Weg, wie sie von ihren Vätern unabhängig werden können. Aber wir haben sie zu sehr unter Druck gesetzt. Selbst wenn sie alles tun, was wir ihnen sagen, schützt sie das nicht vor Enttäuschungen. Zum Beispiel eine Arbeit zu finden ist für muslimische Kinder oft schwierig. Und wenn sie das erleben, können sie in der Tat sehr wütend werden.«

Die wütendste Schülerin in der Sozialkundestunde war auch die einzige, die einen Schleier trug. In der Klasse waren Schwarze, Inder, ein Halbchinese aus Surinam, türkische Kinder, ein Ägypter, Marokkaner und ein paar Weiße. Nachdem geklärt war, daß ich keine Namen nennen würde, diskutierten wir über van Gogh und Hirsi Ali. Das verschleierte Mädchen sprach öfter, leidenschaftlicher und eloquenter als alle anderen, mit einem breiten Amsterdamer Akzent. Sie könne den Mord nicht billigen, sagte sie, sie könne aber »verstehen, warum Mohammed B. Trost im Islam gesucht hat«. Sie sagte, daß Leute auf der Straße sie nach dem Mord beleidigt hätten, ihr vor die Füße gespuckt oder gesagt hätten, sie solle den Schleier abnehmen. »Wenn ich höre, daß Leute von ›verfickten Marokkanern‹ sprechen, kriege ich das Gefühl, daß ich mich wehren muß. Ich möchte eigentlich eine Marokkanerin sein, aber wenn ich nach Marokko fahre, weiß ich, daß ich da auch nicht hingehöre.« Ein in Marokko geborener Junge sagte, das liege an ihrem niederländischen Akzent.

Ich bemerkte, wie ein paar muslimische Jungen, die mir später als »ziemlich fundamentalistisch« beschrieben wurden, jedes Mal boshaft kicherten, wenn das Mädchen mit dem Schleier sprach, auch als sie unter lauten Protesten der anderen behauptete, daß muslimische Frauen nicht unterdrückt würden. »Hirsi Ali«, sagte sie »ist eine blöde Kuh. Sie sieht nichts jenseits ihrer eigenen Erfahrung.« Die Weißen in der Klasse sagten nichts dazu, als hätten sie Angst, sich auf dieses spezielle Minenfeld zu begeben. Einer der Schwarzen machte sich darüber lustig, daß sich die Muslime ständig über »Identität« Gedanken machen und sagte: »Ob Marokkaner, Ägypter oder Algerier, wen interessiert das schon, die klauen doch alle.« Die anderen lachten, sogar einige der Muslime. Plötzlich sagte ein dunkelhäutiges, indisch aussehendes Mädchen: »Ich finde Hirsi Ali sehr mutig. Sie sagt Dinge, die sich niemand anders zu sagen traut.« Ein türkischer Junge, der versucht hatte, die Frage von beiden Seiten zu betrachten, sagte, daß Hirsi Alis Film wahrscheinlich nicht der beste Weg gewesen sei, um gemäßigte Muslime zu überzeugen.

Als ich ging, war ich beeindruckt, mit welcher Bereitschaft die Schüler miteinander redeten. In dieser Schule funktionierte die Integration, zumindest an der Oberfläche. Außerdem war noch einmal deutlich geworden, wie unterschiedlich »die Muslime« sind. Die in den Niederlanden Geborenen, wie das verschleierte Mädchen, schienen die meisten Probleme zu haben. Und die Türken wirkten sehr viel entspannter als die Marokkaner. Ich dachte beim Weggehen an die Pressekonferenz am Vortag, auf der drei Imams einen Stadtrat mit Handschlag begrüßt hatten, um dann über einen »Vertrag« zur Wahrung der Redefreiheit und die Feststellung der Identität von Extremisten zu diskutieren. Der türkische Imam sprach perfekt holländisch, trug einen Anzug und stimmte dem Vorschlag zu. Der marokkanische Imam sprach gebrochenes Holländisch und mußte noch mit seiner Moschee »darüber beraten«.

Daß alle Muslime ohne Unterschiede des Terrorismus beschuldigt werden, machte sowohl die türkischen als auch die marokkanischen Schüler der Pieter Nieuwland Schule wütend. »Sie bekommen nur Negatives über die Kultur ihrer Eltern zu hören«, sagte mir der Direktor. Eine andere mögliche Reaktion sei, Mohammed Bouyeri schlicht als Verrückten zu betrachten. Das zumindest meint der Marokkaner Ahmed Larouz, der 1990 fürs Studium nach Holland gekommen war: »Ich habe keine Erklärung für das, was er getan hat. Bei 280 anderen könnte man vielleicht eine Antwort finden, aber was er getan hat, war verrückt. Vielleicht hat ihn der Islam noch verrückter gemacht. Andererseits wußte er eigentlich nichts über den Islam. Ich bin in muslimische Schulen gegangen. Mohammed B. hat sich seine Religion in zwei Jahren zusammengeschustert.«

Larouz betrachtet sich als holländisch-marokkanisches Modell. Mit fünf weiteren marokkanischen Studenten gründete er 1997 die Organisation TANS (Towards a New Start), die sich für eine positivere Rolle der Muslime in der Gesellschaft einsetzt, ihre Position durch aktive Mitwirkung zu stärken versucht und »sich auf unsere Qualitäten konzentriert«. Larouz arbeitet in einem modernen Büro, trägt einen schicken Nadelstreifenanzug, wird von blonden Sekretärinnen in Minirock umsorgt und spricht wie ein altmodischer amerikanischer Mentor, voller Elan und Vitalität. Englisch ist nur eine von vielen Sprachen, die er spricht. Sein Thema ist »Kulturmanagement« im privaten und öffentlichen Bereich. Bei unserem Gespräch zitiert er den Rapper Tupac: »Mama, don't cry, as long as we try, things are gonna change, even if it is a fantasy.«

Aber Larouz ist eine Ausnahme. Er hatte schon in Marokko studiert, bevor er zu seinem Vater in die Niederlande kam, wovon er immer als dem Gelobten Land der Freiheit geträumt hatte. Er kommt nicht aus einem Dorf im Rif-Gebirge, sondern aus einer Stadt im Süden. Obwohl sein Vater in Holland als Reinigungskraft gearbeitet und sein Geld verdient hat, haben mehrere Geschwister von Ahmed promoviert. Larouz ist stolz darauf, die Niederlande bei internationalen Konferenzen zu vertreten. Neben seiner Bürotür hängt ein Foto, auf dem Larouz Königin Beatrix die Hand gibt. Larouz ist, was Mohammed Bouyeri hätte sein können.

* * *

Frits Bolkestein, der ehemalige Vorsitzende der Liberalen in den Niederlanden und Kommissar der EU, hatte bestimmt nicht jemanden wie Ahmed Larouz im Sinn, als er Anfang der 1990er Jahre anfing, vor den möglichen Konsequenzen eines unkontrollierten Einwanderungsstroms von Muslimen zu warnen. Die Immigration stieg damals jedes Jahr um ein Prozent. Bei dieser Menge, so Bolkestein, würden in ungefähr zehn Jahren in den größten niederländischen Städten mehrheitlich Muslime leben. Die Regierungspolitik hieß zu jener Zeit »Integration bei Wahrung der Identität«. Man hatte die Vorstellung, mit Muslimen im großen und ganzen so umzugehen, wie es die Regierungen in den Niederlanden früher mit Katholiken und Protestanten gemacht hatten: indem eine weitere »Säule« geschaffen werden sollte.

Bei meinem Besuch in seinem neuen Büro im Zentrum von Amsterdam bat ich Bolkestein, sich an die Zeit zu erinnern, als er seine Stimme gegen die Regierungspolitik erhoben hatte. »Diese Politik war zweifellos kompletter Unsinn«, sagte er. »1991 schrieb ich dann etwas darüber, daß Integration nicht funktionieren würde, wenn unsere Grundwerte mit denen der Immigranten im Widerstreit ständen: über die Trennung von Kirche und Staat zum Beispiel, oder die Gleichberechtigung von Männern und Frauen. Über solche Dinge kann man nicht verhandeln, nicht mal ein bißchen.«

Und was passierte daraufhin? »Die Leute fielen in Massen über mich her, man nannte mich einen Rassisten, einen Islamhasser und beschuldigte mich, niedere Instinkte anzustacheln. Es gab eine Zeit, da fürchtete ich um meine Sicherheit.« Keine der großen politischen Parteien wollte sich auf eine ernste Debatte über diese Themen einlassen. Bolkestein macht teils die christliche Sentimentalität (»der gute Samariter etc.«), teils die Traumata des Zweiten Weltkriegs für die Political Correctness der politischen und bürokratischen Elite der Niederlande verantwortlich. Es galt schlicht als inakzeptabel, eine Minderheit mit etwas anderem als feinsten Glacéhandschuhen anzufassen. Das machte jede kritische Diskussion unmöglich. »Blind vor Ideologie sahen die Menschen nicht, was da passierte«, sagte er. »Aber ich war Politiker genug, um zu spüren, was die normalen Leute in Kirche und Kneipe empfinden, und ich wollte das anzapfen.«

Man kann das als das typische Gerede eines Rechtspopulisten abtun, aber viele Liberale, darunter auch der Soziologe Paul Scheffer, betrachten Bolkestein mittlerweile als einen Helden, der den Mut hatte, die Wahrheit zu sagen, als andere dem Thema auswichen. Bolkestein ist ein anspruchsvoller Denker, und seine Ansichten sind immer gut begründet. Daß seine ernsten Argumente derart zurückgewiesen wurden, hatte zur Folge, daß populistische Politiker wie Pim Fortuyn die niederen Instinkte nutzten. Grell gekleidet und offen schwul war Fortuyn nicht dazu prädestiniert, in seinem extrem großbürgerlichen Land ein Held zu werden, aber seine Botschaft, daß die Intoleranz von Ausländern nicht länger toleriert werden könne und daß es an der Zeit sei, die großbürgerliche Ordnung wiederherzustellen, indem man die Ausländer rausschmeißt, machte ihn irrsinnig populär. Als hätten die Niederländer die ganze Zeit geschlafen und würden nun erwachen, um eine radikale Lösung zu fordern.

Der aktuelle Vertreter des Anti-Einwanderungspopulismus Geert Wilders hat nichts von Fortuyns extravaganter Erscheinung. Vielleicht kann seine ungewöhnliche Haartracht, eine gelackte, blond gebauschte Tolle, die um sein rosa Babygesicht drapiert ist, als ein tapferer Versuch gelten. Früher war er Abgeordneter und Redenschreiber für Bolkestein, doch er hat dessen Liberale Partei im September 2004 verlassen, weil er meinte, daß sie zu sehr zur Mitte drifte, während es ihn nach rechts zog. Auch wenn sich noch zeigen muß, ob er der größte Niederländer aller Zeiten wird, ist Wilders schon eine wichtige Gestalt in der Post-van-Gogh-Szene geworden. Seine Anstrengungen, eine neue Partei zu gründen, sind allerdings dadurch leicht behindert, daß er rund um die Uhr unter Personenschutz steht und sich nur in abgesicherten Gebäuden aufhalten kann.

Ich traf ihn in seinem gut bewachten Büro im Parlamentsgebäude in Den Haag. Wilders ist geradezu besessen von einer Idee: Hollands beschämende Weichheit angesichts der islamistischen Bedrohung. Er sprach schnell, als dürfe man keine Zeit mehr verlieren, und schob dabei nervös Dinge auf seinem Schreibtisch herum: »Es ist kein Zufall, daß die erste rituelle Abschlachtung hier stattgefunden hat. Wir lassen einfach jeden herein. Niemand spürt den Ernst der Lage. Die französischen Intellektuellen können nicht glauben, wie schlampig wir sind.« Er ratterte Namen von Leuten und Organisationen herunter, die ungestraft in den Niederlanden wirken könnten. »Ich bin extrem wütend, daß die niederländische Regierung nicht im Stande ist, hart durchzugreifen. Das wäre auch für die gemäßigten Muslime besser. Es braucht ein scharfes Vorgehen. In diesem Land wollten Politiker Minderheiten immer befrieden, indem sie sie verhätschelten. Dieses ewige Händchenhalten. Mir wird ganz schlecht.«

Wilders sieht das zentrale Problem darin, daß es im unterfinanzierten und unterbesetzten Geheimdienst der Niederlande zu wenig Menschen mit Arabischkenntnissen und Experten für den Nahen Osten gibt und daß man mehr als nur ein bißchen nachlässig gewesen sei. Doch ein scharfes Vorgehen ist vermutlich nicht so leicht. Wilders Idee, daß ausschließlich nicht-westlichen Ausländern verboten werden sollte, in die Niederlande zu ziehen, ist moralisch schwer vertretbar, und Menschen auf den bloßen Verdacht hin einzusperren, sie könnten etwas tun, steht nicht in Einklang mit der europäischen Menschenrechtskonvention. Wilders ist sehr bestrebt zu betonen, daß er kein Rassist oder Islamgegner ist, aber er merkt »tief in seinem Herzen, daß der Islam und die Demokratie unvereinbar sind«. Andererseits ist er ein Vertreter einer Politik der Angst, und Angst ist kein Mittel demokratischer Vernunft. »Van Gogh ist der Anfang«, sagte er beim Abschied. »Das war noch gar nichts.«

Wenn die Angst schon in der weißen Bevölkerung groß ist, ist sie bei den Minderheiten vielleicht noch stärker. An einem Nachmittag nahm ich die Fähre zum Stadtteil Amsterdam-Nord, der in den 1910er und 1920er Jahren für die Dockarbeiter gebaut wurde. Heute ist es der ärmste marokkanische Teil von Amsterdam. Hier hat Paul Scheerder, ein ehemaliger Journalist, ein Haus für mißbrauchte Frauen und Kinder gegründet. Er ist mit einer Marokkanerin verheiratet und selber zum Islam übergetreten. Wir tranken in seinem Büro Pfefferminztee, zubereitet hatte ihn eine junge Marokkanerin, deren Vater vor einigen Jahren seine Frau mit einem Messer erstochen hatte. Scheerder hat zuviel Schlechtes in seiner Umgebung erlebt, als daß man ihm ein Verhätscheln oder sentimentales, scheinheiliges Geschwafel unterstellen könnte. Der Stadtteilpolizist gesellte sich zu uns.

Ich fragte beide, wie sich der Mord auf die Straßen von Nord-Amsterdam ausgewirkt hat. »Angst«, sagte der Polizist, und Scheerder nickte. »Die Menschen hatten Angst hinauszugehen, sie befürchteten Angriffe, weil sie Muslime sind. Wir haben mehr Sicherheitskräfte bei der Moschee aufgestellt, dafür waren die Menschen sehr dankbar.«

Die Lage hat sich seit den ersten Wochen nach dem Mord anscheinend beruhigt, aber Scheerder ist trotzdem besorgt. Die Idee, daß hier eine funkelnagelneue Moschee gebaut werden soll, gefällt ihm gar nicht. Es könnte als Provokation verstanden werden. »Wir wollen nicht noch einen Mord«, sagte er, »denn dann wäre die Hölle los.« Scheerder kennt Jungs wie Bouyeri – heute wirken sie ganz normal und morgen drehen sie durch. »Die Leute schauen marokkanisches und arabisches Fernsehen, für sie sind die Amerikaner die größten Verbrecher der Geschichte. Auch wegen Israel sind sie sehr wütend, und wer könnte ihnen das vorwerfen?« Dann erzählte er von einer Sendung über van Gogh im marokkanischen Fernsehen. Ich fragte ihn, was dort gesagt wurde. Scheerder dachte kurz nach und sagte dann mit weicher Stimme: »Es hieß, das sein Tod gerecht sei und daß van Gogh von Gott bestraft wurde.«

Das ist der Kern des Problems. Obwohl Theo van Gogh Holländer war und von einem holländisch-marokkanischen Muslim ermordet wurde, ist es am Ende nicht nur eine niederländische Geschichte, sondern eine des Nahen Ostens, die im Herzen von Europa ausgetragen wurde. Mohammed Bouyeri und Hunderte seiner Art haben sich an die weite Welt der gewalttätigen, vernetzten Rhetorik und der verborgenen terroristischen Zellen angedockt. Ich glaube nicht, daß die Integration der Muslime in den Niederlanden stärker gescheitert ist als anderswo. Aber vielleicht war das Land nicht so gut auf einen Heiligen Krieg vorbereitet.

Ich glaube, von Heinrich Heine stammt der Ausspruch, daß man nach Holland gehen sollte, wenn die Welt untergeht, denn dort geschähe alles 50 Jahre später. Das stimmt schon lange nicht mehr, aber diese Haltung, die über Jahrhunderte in Frieden und Wohlstand entstanden ist, klingt noch nach. Der Erste Weltkrieg zog an den Niederlanden, die glücklicherweise neutral blieben, vorbei. Der Zweite Weltkrieg dagegen nicht. Deswegen war die deutsche Besetzung so traumatisch, obwohl sie bei weitem nicht so brutal war wie zum Beispiel die in Polen. Es war das Dramatischste, was die Holländer seit langer Zeit getroffen hatte.

Nach dem Krieg, insbesondere seit den 60er Jahren, waren die Holländer stolz auf sich, da sie eine Oase der Toleranz geschaffen hatten, in der Freiheit herrschte und jeder und jede seinen oder ihren Dingen nachging. Endlich befreit von den Zwängen der Religion oder der sozialen Konformität tollten die Holländer vor allem in Amsterdam ausgelassen herum, sie waren entspannt und glaubten, daß die große böse Welt ihre perfekte kleine Demokratie in den Poldern nicht stören würde. Böse Dinge passierten immer mal wieder, zum Beispiel in Srebrenica, wo Muslime abgeschlachtet wurden und niederländische Soldaten wegschauten, aber das war weit weg von zu Hause. Doch jetzt ist die böse Welt nach Holland gekommen und bricht in eine Idylle, die die Bürger weniger begünstigter Länder erstaunt. Es ist eine Schande, daß das passieren mußte, aber vielleicht hat es auch etwas Gutes, denn Naivität ist die falsche Geisteshaltung, wenn eine der ältesten und liberalsten Demokratien sich gegen diejenigen verteidigen muß, die sie zerstören wollen.

Aus dem Englischen von Friederike Meltendorf

1 Kolumne in De Gezonde Roker, De Prom Amsterdam
2 Kolumne in Het Parool, 3. April 2004
3 De Gezonde Roker, S. 112
4 Leon de Winter in: The Wall Street Journal, 5. November 2004
5 Volkskrant, 2. November 2004
6 De Gezonde Roker, S. 112
7 Videoaufzeichnung von *Zomergasten*
8 NY Times, 9. November 2004
9 NRC/ Handelsblad 11. November 2004
10 NRC/Handelsblad, 9. November 2004
11 NRC/Handelsblad, 6. November 2004

Necla Kelek
Die Freiheit des Vogels, im Käfig zu singen
Eine türkische Miniatur

Nergis hat es geschafft. Nach ihrem Chemiestudium leitet die 32jährige heute eine Fabrik mit 45 Mitarbeitern in Afyon, Anatolien. Die Fabrik produziert Kunststoffrohre für Kläranlagen und Wasserleitungen. Sie steht dort, wo die Frauen ihren Mann mit »Effendi«, »mein Herr«, anreden und dabei zu Boden schauen.

Auf Nergis hören fünf Frauen in der Verwaltung, fünf Betriebsingenieure und 35 Männer in der Produktion. Sie leitet das Werk, organisiert Arbeitsabläufe, überwacht Qualität, Kosten und Termine. Sie verdient gut, hat einen Dienstwagen und eine eigene Wohnung. Nein, das stimmt nicht ganz: Sie *hatte* eine eigene Wohnung, die hat sie inzwischen aufgegeben und wohnt seit zwei Jahren in der Gästewohnung auf dem Fabrikgelände. »Ich hatte große Probleme, überhaupt eine Wohnung zu bekommen«, sagt sie. »Als unverheiratete und alleinstehende Frau ist es fast unmöglich, eine Wohnung zu mieten.« Eine türkische Frau in ihrem Alter ist normalerweise verheiratet oder lebt bei ihrer Familie. Ein Single-Dasein, sagt Nergis, sei in der Türkei einfach eine Provokation. Besonders für die Nachbarn. Als sie die Wohnung mieten wollte, mußte der Betrieb bürgen und ihr Vater den Mietvertrag unterschreiben. Trotz der schönen Wohnung fuhr sie jedes Wochenende nach Hause, nach Ankara zu ihren Eltern. Insofern konnte sie die Wohnung ohnehin kaum nutzen, und so löste sie das Problem pragmatisch, sparte Miete und beendete das Gerede der Nachbarn.

Afyon ist eine Provinzstadt mit 100 000 Einwohnern in Westanatolien, etwa vier Autostunden von Ankara wie auch von Istanbul entfernt. Afyon heißt »schwarzes Opiumschloß« und wurde am Fuße eines schroffen mit schwarzem Trachyt überzogenen Felsen errichtet, auf dessen Spitze eine Zitadelle aus der Zeit der Hethiter steht. Von Afyon aus wagte Atatürk im Bürgerkrieg den entscheidenden Vorstoß gegen die Griechen, die er 1922 bei Smyrna, heute Izmir, besiegte und ins Meer jagte.

Riesige (kontrollierte) Mohnfelder für die Produktion von Opium für die Medizin finden sich hier, auf denen Opium gewonnen wird, ein modernes Hotel mit einer Therme am Rande der Stadt, ein Bahnhof an der Strecke, die von Istanbul nach Bagdad führte und heute irgendwo im Osten endet.

Die von Nergis geleitete Fabrik gehört einer österreichischen Firmengruppe. Deren Manager haben die junge Frau zur Chefin gemacht, weil sie die einzige war, die über die nötigen Fähigkeiten, Sprachkenntnisse und über Flexibilität verfügte. Für ihre Arbeiter ist sie der Boß. Was sie sagt, ist Gesetz. Sie haben Respekt vor ihr, denn sie weiß, wovon sie spricht. Respekt hat man in dieser Gesellschaft vor dem Alter oder vor dem Amt, nicht aber vor Frauen. Respekt ist ein Synonym für Gehorsamkeit.

Nergis sieht gut aus, trägt ein ausgesucht schönes Kostüm, über das sie einen weißen Kittel zieht, wenn sie in die Produktion geht. Sie ist klein und zierlich und trinkt ständig Tee, den ein Junge auf Zuruf bringt und einschenkt. Jeder Betrieb hat so einen Teejungen, der denTee kocht und bringt und auch sonstige Besorgungen macht. Eigentlich ist der Junge noch in einem Alter, in dem er noch zur Schule gehen müßte, aber niemand überprüft das.

Türkischen Tee, Cay genannt, gibt es in der Türkei zu jeder Gelegenheit. In jedem Laden, jedem Restaurant, jedem Büro und bei jeder Familie steht ein Samowar oder eine Kanne mit kochendem Wasser auf dem Herd, obendrauf ein Kännchen mit einem Sud aus schwarzem Tee, der mit dem heißen Wasser verdünnt in kleinen Gläsern mit ein oder zwei Würfeln Zucker gereicht wird. Anders als türkischer Mocca, der speziellen Anlässen wie der Brautwerbung vorbehalten ist, wird Tee überall und jederzeit getrunken. Der Tee gibt mir Wärme, dadurch verliere ich nicht das Gefühl zu mir, sagt Nergis und lächelt. Sie liebt ihre Arbeit, ihre Verantwortung, ihre Freiheit. Aber einmal im Jahr muß sie all das hinter sich lassen. Dann fährt sie ins Ausland, im letzten Jahr war sie für zehn Tage in China. Allein. Auch von Afyon aus fährt sie manchmal für ein Wochenende allein ans Meer. Im Betrieb erzählt sie dann, sie fahre zu ihren Eltern, ihren Eltern sagt sie, sie müsse arbeiten.

Auch in Afyon ist sie allein. Ganz ohne Bitternis, eher amüsiert, erzählt sie von ihrem Leben in der türkischen Provinz. »Ich bin hier die Direktorin, aber nicht als Frau.

Ich kann nicht mit einem fremden Mann ausgehen oder Besuch von einem Mann erhalten. Die Direktorin kennt jeder. Und alle achten darauf, was sie tut. Nicht weil sie die Direktorin, sondern weil sie eine Frau ist.«

In der türkisch-muslimischen Gesellschaft, sagt Nergis, sei Mann oder Frau selten allein. Das Leben spiele sich im Kollektiv ab, das Ideal sei die Familie, die Gemeinschaft. Von früh auf werde jedem beigebracht, die Familie sorgt für dich, die Familie schützt dich, die Familie ist das, was du bist; in Wahrheit ist die Familie ein Kontrollsystem, in dem das Wort der Väter Gesetz und die Brüder die Wächter ihrer Schwestern sind. »Dazu eine kleine Begebenheit, die mir Tage zuvor passiert war. Als mein jüngerer Bruder mich nach einem Besuch in Istanbul ins Taxi zum Flughafen setzte, fragte mich der Taxifahrer: Wer war das, Abla (große Schwester)? Ich antwortete ihm: mein Bruder. Er sah mich an: Das soll ein Bruder sein? Der Sie allein auf die Reise schickt? Ich entgegnete: Ja, er muß doch zur Arbeit und ich komme auch allein zurecht. Er schüttelte den Kopf und meinte: Was gibt es Wichtigeres, als auf die Schwester aufzupassen? *Das* ist doch seine Arbeit.«

Afyon ist eine stark vom Islam geprägte Stadt, mit vormodernen Werkstätten und Plattenbauten um die verwinkelte Altstadt, dazwischen einige wenige neue Internetcafés und eine Art Einkaufsstraße. Der Einfluß des Islam ist unschwer schon im Straßenbild an den vielen verschleierten Frauen zu erkennen, die mal unsicher, oft aber ganz selbstverständlich ihren Turban und den langen Mantel tragen, ganz so als trügen sie eine Uniform. Sie selbst scheinen zu glauben, es sei wichtig, der übrigen Gesellschaft ein Zeichen zu geben: Seht her, wir sind rein und wir sind da. Eine stichhaltige *theologische* Begründung gibt es für die Verschleierung nicht, sie ist eher eine Selbststigmatisierung als Opfer. Die Kopftücher, die die Gesichter einschnüren, und die schlechtgeschnittenen farblosen Mäntel, die die Körper verbergen sollen, sind modisch das Unvorteilhafteste, was Schneider je zusammengenäht haben, nur noch übertroffen von dem schwarzen Zelt, dem Tschador, der die Frauen total verhüllt und zu einem entpersönlichten Nichts macht.

Die Botschaft des Islam tönt bereits bei Sonnenaufgang von den Minaretten der zahlreichen Moscheen, die fünfmal am Tag – nicht nur hier, sondern inzwischen in jedem Winkel der Türkei – über laute schnarrende Lautsprecher Allah als einzigen Gott und Mohammed als seinen Propheten ausrufen, ganz so, als könne es jemand über Nacht vergessen haben.

Afyon ist ziemlich übersichtlich, die soziale Kontrolle funktioniert. Man »kümmert« sich und hält das für Fürsorge. Tatsächlich ist es eine Kultur der Kontrolle und des Mißtrauens, die die gesamte Gesellschaft beherrscht. Jeder überwacht jeden und fühlt sich dazu auch berechtigt. Im Koran steht in der Sure 7, Vers 157 der folgenschwere Satz, der den Gläubigen »gebietet, was recht ist, und verbietet, was verwerflich ist«. Aus diesem Vers leiten die Männer in den islamisch geprägten Gesellschaften seit über tausend Jahren das Recht ab, über andere zu bestimmen. Und über die zu reden, denen sie Verstöße gegen Sitte, Tradition und Glauben nachsagen. Es gibt Tausende festgeschriebene und ungeschriebene Gesetze, Gebote und Verbote, die sich daraus ableiten und die das soziale Leben bestimmen, auch von Menschen, die sich für säkular und unreligiös halten und den Islam kritisieren. Die Freiheit des einzelnen ist in dieser Kultur verdächtig, Rechte hat der einzelne nicht. In den Teehäusern und Moscheen tun die Männer nichts anderes, als sich gegenseitig zu beäugen und über die angeblichen Fehler der anderen zu reden. Besonders die Fehler der Frauen. Das Mißtrauen gegen die eigene Frau und die der anderen liegt wie ein Fluch über der türkisch-muslimischen Gesellschaft, es macht sie engherzig und beklemmend.

Nergis möchte in ein Restaurant gehen, daß älteste am Platz, dort gebe es wunderbare Süßspeisen. Allein könne sie dort nicht hingehen, es würde auffallen und mißbilligt werden. Der Raum ist hoch und versprüht den Charme einer Wartehalle aus der Zeit des europäischen Art déco, der dereinst bis in die türkische Provinz hinein zu finden war, heute aber inmitten des Ungestalteten wie ein Fremdkörper wirkt. Im Glastresen simmern die vorbereiteten Speisen vor sich hin, und der Kellner braucht mehrere Aufforderungen, um sich aufzuraffen, uns Frauen zu bedienen. Wir naschen in Zuckerwasser gekochten Kürbis mit *kaymak*, fester Sahne.

Es ist Januar und draußen ist es kalt, fast null Grad. Wir gehen nach dem Essen auf meinen Wunsch durch die Altstadt mit ihren engen Gassen und Häusern, denen man eine rettende Hand wünscht. Drei Männer haben einen Rinderkopf von einem Wagen gehoben. Er liegt jetzt vor der Tür einer Schlachterei, eine Blutlache läuft die schmutzige Straße herunter. Als die Männer uns sehen, rütteln sie an den Hörnern, als wollen sie den Kopf lebendig erscheinen lassen und lachen uns hinterher. Wir sind die Attraktion dieses Nachmittags in den Straßen der Altstadt und werden aus Türen und Fenstern beobachtet.

Nergis möchte die schmalen Gassen so schnell wie möglich wieder verlassen. Eine verschleierte Frau in Plastiklatschen und mit einem Kind auf dem Rücken drückt sich an uns vorbei und verschwindet in einer Kellertür. Ich frage Nergis, wie sie das erträgt, dieses Elend, warum sorge sich denn niemand um diese Frauen und Kinder, die wie verschrecktes Wild hinter Türen und Fenstern sitzen. Sie sieht mich verwundert an und fragt, warum mich das interessiere. Die Frau habe mir doch nichts getan. Sie glaubt, ich fühlte mich vom Anblick der Frau belästigt. Soweit geht die Fürsorge für andere in einer kontrollierten Gemeinschaft wie dieser dann doch nicht. Nächstenliebe ist in dieser Gesellschaft auf Verwandte und Bekannte begrenzt, auf Brüder und Schwestern im Geiste, von Ausnahmen abgesehen. Eine Frau kann im Elend leben, das ist ihr Schicksal, dafür schämt sich niemand. Einen fremden Mann ansehen darf sie nicht, damit würde sie die Ehre ihres Mannes beschmutzen. Die Frau ist die Ehre des Mannes. Er kann sich eine Frau kaufen und muß dann auf sie aufpassen, denn Ehre kann man nicht erwerben, sondern nur verlieren.

Wir fahren zurück in die Fabrik, zum Tee. Die Mitarbeiter der kleinen Fabrik wechseln häufig, denn Heirat und Familienangelegenheiten sind wichtiger als der Job und die

Karriere. Heirat – ja oder nein, diese Frage stellt sich in der muslimischen Gesellschaft nicht. Die Ehe gilt als einzig angemessene Lebensform. Sie ist die natürliche Bestimmung eines gottgefälligen Lebens.

»Die häufigsten Probleme der Mitarbeiter drehen sich nicht um die Arbeit, Ausbildung, Gesundheit, Gehalt, sondern um das Heiraten«, sagt sie. »Entweder wollen sie Urlaub, um zu einer Hochzeit zu fahren, oder sie heiraten selbst.« Schon ganz junge Männer kommen zu ihr, um ihr mitzuteilen, daß sie in diesem Jahr heiraten werden und dafür zwei Wochen Urlaub im Juli brauchen. »Wir sind schon auf der Suche«, sagen sie, »was heißt: Die Familie ist auf der Suche nach einer Braut.«

Wer finanziell etwas besser gestellt ist, heiratet ein Mädchen aus der Umgebung. Die ärmeren Familien sparen auf eine Braut aus dem Osten der Türkei. Die Frauen von dort sind billiger und gelten als williger. Unverheiratet ist in ihrer Firma kaum jemand. Nur eben die Direktorin. Und das weiß jeder. Daß Nergis nicht verheiratet ist, halten ihre Familie, ihre Mitarbeiter für einen Fluch. Man würde ihr gern helfen, einen Partner zu finden, aber Nergis will sich nicht helfen lassen. Und das mißfällt, denn es widerspricht dem gesellschaftlichen Bild von gottgegebener Sitte und Anstand. Und deshalb wird sie argwöhnisch beobachtet. Sie könnte ja ein (schlechtes) Beispiel für andere sein.

»Im Prinzip«, sagt sie, »hat der Junge, der den Tee bringt, mehr Macht über mein Leben als ich selbst. Wenn ich den Leuten hier Schande machen würde, indem ich mich beispielsweise mit einem Mann träfe, würden sie mich, ohne zu zögern, davonjagen – selbst wenn es sie den Job und die Firma die Existenz kosten würde. Denn die eigentliche Berufung der Männer in dieser Welt ist die Kontrolle der Frau. Ich bin hier nur Direktorin, weil ich keine Frau bin. Ich lebe hier als geschlechtsloses Wesen. Das weiß ich«, sagt sie, »das ist der Preis meiner Freiheit.«

Reich ist sie bisher nicht geworden, obwohl sie sehr gut verdient und das Leben hier billig ist. Die Österreicher beherzigen das Prinzip des gleichen Lohns für gleiche Arbeit. Aber sie hat Eltern, die krank sind und deren Arztrechnungen bezahlt sein wollen. Und sie hat eine Schwester, die noch studiert und deren Studium sie bezahlt. Auch für Nergis gilt: Die Familie ist alles, was du hast und was du bist, selbst als Direktorin und erwachsene Frau. Selbstverantwortlich tun und lassen können, was man will, ginge einher mit dem Preis der sozialen Ächtung. Nergis genießt mehr Freiheit als die meisten anderen Frauen, aber es ist die Freiheit des Vogels, im Käfig zu singen.

An den Wochenenden in Ankara ist Nergis wieder Tochter. Sie paßt bei ihren Eltern auf das Baby der älteren Schwester auf – weil sie ja nichts zu tun hat. Wenn sie einkaufen oder essen gehen will, raunzt ihr Vater hinter ihr her, du kommst ja sowieso nur hierher, um dich zu amüsieren. Er leidet darunter, daß sie noch nicht verheiratet ist und bereits als *kartalos*, als ein sitzengebliebenes »Suppenhuhn« gilt. Das setzt ihm, dem Oberhaupt der Familie, zu. Und Nergis' Mutter kann es kaum ertragen, wenn die Tochter bei ihnen weder Fleisch noch Tomaten und Zwiebeln ißt, sogar *Baklava* verschmäht und sich statt dessen von Tee und Zwieback ernährt.

»Nicht zu heiraten und nicht zu essen – das sind die Dinge, mit denen man seine Eltern bei uns quälen kann«, sagt Nergis, lacht und trinkt den Tee, den der Junge gebracht hat.

Ulrike Ackermann

Fallstudie Karikaturenstreit: Welche Freiheiten hat der Westen zu verteidigen?

»Die westlichen Gesellschaften bekennen sich heute zu einem dreifachen Ideal: dem Ideal des Bürgers als Staatsbürger, dem Ideal der höchsten technischen Leistungsfähigkeit und schließlich dem Ideal des jedermann zustehenden Rechts, nach seiner eigenen Fasson selig zu werden. Von diesen drei Idealen darf keines preisgegeben werden«, schrieb der französische Soziologe Raymond Aron 1965 in seinem Essay *Über die Freiheiten*.

Doch spätestens seit dem 11. September 2001 gilt der fundamentalistische Haß auf den Westen just jenen Idealen, Werten und Lebensstilen, die aus dem mühseligen Emanzipationsprozeß seit der Aufklärung entstanden sind: Freiheit, Individualisierung und die Suche nach dem persönlichen Glück im Diesseits und nicht im Jenseits.

In der Folge des Streits um die Mohammed-Karikaturen meldeten sich im Frühjahr 2006 norwegische Feministinnen mit der Aufforderung an ihre Geschlechtsgenossinnen zu Wort, sich in Zukunft züchtiger zu kleiden – aus Rücksicht auf religiöse Gefühle der muslimischen Bürger im freien Norden. Die Aufforderung wollte keineswegs als Posse verstanden werden. Diese Anregung zur Selbstzensur, nämlich sich keusch zu geben, war todernst gemeint.

Aber sind unsere Gefühle verletzt, wenn in Saudi-Arabien die Barbie-Puppe wegen ihrer freizügigen Kleidung von der Religionspolizei verboten wird, weil sie als »jüdische Puppe das Symbol der Dekadenz des perversen Westens« darstelle? An ihrer Stelle kam »Fulla«, die Jasmin-Blüte, in den Handel und wurde mehr als 2millionenfach verkauft. Fulla ist sehr beliebt, weil sie eine lange, schwarze Abaja mit Kopftuch trägt. Angeboten wird sie auch im weißen Gewand für das Gebet, mit dazugehörigem kleinen Teppich.

Kurze Zeit später ordnete der iranische Präsident Mahmud Achmadineschad an, westliche Begriffe aus der persischen Sprache zu verbannen und sie durch Ausdrücke in Farsi zu ersetzen. Und im bisher freiheitlichsten Land der muslimischen Welt, in Indonesien, wird in Folge neuer Gesetzesregelungen inzwischen der Verkauf alkoholischer Getränke verboten und Frauen werden mit einem nächtlichen Ausgehverbot belegt. Ein sog. »Antipornographiegesetz« schreibt vor, wie sie sich in Zukunft zu kleiden haben und untersagt das Entblößen der Schultern. Ein weiteres Gesetz verbietet die körperliche Liebe vor der Ehe.

Der Kampf der Kulturen ist in vollem Gange. Archaische, vormoderne Denk- und Lebensweisen, die sich am religiösen Kollektiv orientieren, prallen auf moderne, säkularisierte des Westens, in denen die Freiheit der Meinung, der Wissenschaft und der Kunst geschützte Rechte in der verfaßten Demokratie sind. Hier ist die Religion Privatsache und das Individuum und seine Suche nach persönlichem Glück stehen im Zentrum. Angegriffen wird die westliche Kultur, weil sie eine dekadente Gesellschaft des Massenkonsums sei, genußsüchtig, sexuell entartet, gottlos und ohne gemeinschaftliches Ideal.

Was war passiert im Karikaturenstreit?

Der dänische Jugendbuchautor Kare Bluitgen, der in einem Einwandererviertel in Kopenhagen lebt, muslimische Freunde hat und dessen Kinder mit muslimischen Kindern zur Schule gehen, wollte sein geplantes Buch über das Leben des Propheten Mohammed illustrieren lassen. Doch drei Zeichner, die er darum bat, lehnten mit der Begründung ab, der Islam untersage die Abbildung des Propheten. Auf einer Party berichtete Bluitgen darüber und ein anwesender Journalist machte die Bedenken der Ilustratoren ohne Namensnennung später in einem Artikel öffentlich. Die in Dänemark auflagenstärkste Zeitung »Jyllands-Posten« griff die Geschichte auf und fragte bei der Vereinigung der dänischen Zeitungskarikaturisten an, ob ihre Mitglieder bereit wären, Zeichnungen des Propheten zu entwerfen. Zwölf griffen zum Block und am 30. September veröffentlichte »Jyllands-Posten« die Karikaturen. Erst im Verlauf der nachfolgenden Monate eskalierte der Streit, geschürt von interessierter Seite. Sieht man von einer, besonders den Zorn der Muslime auf sich ziehenden Karikatur ab – sie zeigt den Propheten mit der Bombe auf dem Kopf –, waren die anderen elf eher harmlos. Eine zeigte den Propheten in einer Schar von Freiwilligen, die er vor weiteren Selbstmordattentaten warnt, weil die Jungfrauen im Himmel ausgegangen seien. In Umlauf der arabischen Länder geriet statt dessen eine Mappe mit Karikaturen, die neben den dänischen Fälschungen enthielten, darunter Mohammed als Schwein abgebildet. Gezielt dienten sie nun der militanten Propaganda gegen die »Ungläubigen« des Westens, die die Gefühle der Muslime beleidigten. Es hagelten nun Proteste der Botschafter der muslimischen Staaten auf die dänische Regierung nieder.

Premierminister Anders Fogh Rasmussen verteidigte ihnen gegenüber die »Redefreiheit als eigentliche Grundlage der dänischen Demokratie«: die Gerichte hätten zu klären, ob »Jyllands-Posten« gegen dänisches Recht verstoßen hätte. Scharf wurde er daraufhin vom türkischen Premier Erdogan kritisiert. Der Chefredakteur von »Jyllands-Posten« geriet ins Wanken und sah sich unter dem Druck genötigt, sich für die Karikaturen zu entschuldigen. Todesdrohungen gingen an die Redaktion und die Karikaturisten. Die Zeichner leben seither unter Polizeischutz. Es wurden Kopfgelder für ihre Ermordung ausgesetzt. Das höchste bot die Vereinigung der Goldschmiede in der pakistanischen North-West-Frontier-Provinz: eine Million Dollar. Nach Informationen des aus dem Libanon stammenden amerikanischen Journalisten Joseph Fahar machte sich ein Kommando von zwölf jungen Männern mit iranischen und afghanischen Pässen auf den Weg nach Europa, um sich mit der Ermordung der 12 dänischen Karikaturisten diese Million zu verdienen.

Nur wenige Zeitungsredaktionen der europäischen Nachbarländer reagierten, indem sie als Zeichen der Solidarität und der Verteidigung der Pressefreiheit einige der Karikaturen in ihren Blättern ebenfalls abdruckten. Inzwischen tobten und wüteten die Massen im muslimischen Weltgürtel von Nigeria über den gesamten mittleren Osten bis nach Pakistan angesichts der blasphemischen Karikaturen: europäische Fahnen, Botschaften und Menschen wurden in Brand gesetzt. Vor laufenden Fernsehkamaras war eine geradezu rauschhafte Vernichtungswut und ein abgrundtiefer Haß zu erkennen, auch wenn beides politisch kalkuliert, staatlich gelenkt, mediengerecht inszeniert und dem Westen als Botschaft dienen sollte. Neu war hingegen, daß der Haß nicht wie bisher nur Israel und den USA galt, sondern sich explizit gegen Europa richtete. Doch es dauerte lange, bis die EU sich hinter Dänemark stellte. Europäische Wirtschaftsunternehmen gingen nach angedrohten Einfuhrsperren für europäische Güter in die Defensive und die Firma Nestlé war emsig darum bemüht, klarzustellen, kein dänisches Unternehmen zu sein. In den europäischen Medien und seitens der politischen Klasse machte sich eine seltsame Appeasement-Haltung breit: vor dem Kampf der Kulturen, westlicher Hybris und Islamophobie wurde emsig gewarnt. Der Chefredakteur von »France Soir« verlor seinen Posten, weil er die Karikaturen nachdruckte – ein Akt der Selbstzensur, der skandalös ist. Das Theaterstück von Voltaire über den Propheten Mohammed, 1742 in Paris uraufgeführt, in dem er vor dem Glaubenskrieger warnt und in dem es heißt: »Der Geist der Milde zeugt Brüder, jener der Intoleranz aber Ungeheuer«, wird wohl so schnell keine Bühne finden, auf der es gespielt würde.

Die Gewaltexzesse der islamischen Massen wurden allerdings in einer Weise rezipiert, als handele es sich um Ausfälligkeiten, Trotz und Wut gestörter Kinder. Das es um einen Kampf gegen die demokratische Kultur des Westens geht, wurde besänftigend ausgeblendet und statt dessen in gutmeinender Manier der Dialog der Kulturen beschworen. Was beleidigt oder entweiht aber eine Religion? Unbedarfte Karikaturen oder die Großverbrechen von Terroristen wie Osama Bin-Laden, die den islamischen Glauben und seine Symbole zur Rechtfertigung ihrer Morde mißbrauchen? Aus der arabischen Welt ist bis heute keine Fatwa gegen Bin-Laden ausgesprochen worden, die Greueltaten von Al-Quaida lösten dort keine Massendemonstrationen aus.

Mit der Ausrufung eines Holocaust-Karikaturen-Wettbewerbs im Iran als Antwort auf die dänischen Zeichnungen, der Leugnung des Holocausts von seiten des Präsidenten Ahmadineschad und seiner Drohung, Israel von der Landkarte »ausradieren« zu wollen, treten Verstrickungen zutage, die man hier in Europa allzu lange nicht wahrhaben wollte und gerne ausgeblendet hat: Antisemitismus, Israelfeindschaft und Antiamerikanismus der Islamisten hatten viele Europäer – noch zu Zeiten des Irakkriegs – nicht auf sich bezogen. Im Streit um die Mohammed-Karikaturen gab es viele Stimmen auf europäischer Seite, die in kulturrelativistischer Manier Verständnis für die verletzten religiösen Gefühle der Muslime aufbrachten und ihrem gewalttätigen Furor mit paternalistischer Milde begegneten. Also Beleidigung gegen Beleidigung? Damit wird die Leugnung der Tatsache des Holocaust aber auf eine Stufe gestellt mit dem Glauben an einen Propheten.

Aus der Kritik an der Politik Israels im Nahostkonflikt ist inzwischen ein neuer Antisemitismus in den islamischen Ländern, aber auch in Europa erwachsen: eine gefährliche Melange, die sich aus alten Elementen des christlichen Antijudaismus seit dem Mittelalter, des säkularen, rassischen Antisemitismus des 19. und 20. Jahrhunderts und des modernen Antizionismus und Antiisraelismus zusammensetzt. Tag und Nacht kolportiert der arabische Satellitenkanal Al-Manar aus Beirut – neben Al-Djazeera der wirkungsvollste Sender in der arabisch-islamischen Welt, den 10 Mill. Menschen, auch in Deutschland und

Frankreich empfangen – in seinen Serien Phantasmen über die jüdische Weltverschwörung und die Juden als Auslöser des 1. und 2. Weltkriegs, verbunden mit der Verherrlichung von Selbstmordattentaten. Die sog. »Protokolle der Weisen von Zion« über die »jüdische Weltverschwörung« erreichen heute eine massenhafte Auflage in den islamischen Ländern. In dem von dem Moslem-Bruder Sayyid Qutb verfaßten Essay »Unser Kampf mit den Juden«, der seit 1967 millionenfache Verbreitung erfuhr, heißt es in Anspielung auf Karl Marx, Sigmund Freud und den Soziologen Emile Durkheim und die vermeintliche Verantwortung der Juden für den weltweiten moralischen und sexuellen Verfall: »Hinter der Doktrin des atheistischen Materialismus steckte ein Jude; hinter der Doktrin der animalistischen Sexualität steckte ein Jude; und hinter der Zerstörung der Familie und der Erschütterung der heiligen gesellschaftlichen Beziehungen steckte ebenfalls ein Jude.«

In den 30er und 40er Jahren wurde der rassistische Antisemitismus der Nationalsozialisten in die arabischen Länder exportiert; heute können wir einen Reimport dieser ideologischen Fragmente in Gestalt des radikalen Islam nach Europa beobachten – via Internet, via Satellitenkanal und der Propaganda islamistischer Haßprediger. Zum einen will man dessen antisemitische Stoßrichtung nicht wahrhaben; zum anderen wird seine totalitäre Ausrichtung bagatellisiert.

Diese europäische Appeasementhaltung gegenüber dem radikalen Islam war erneut angesichts der Auseinandersetzung zwischen der libanesischen Hisbollah und Israel im Sommer 2006 allseits zu hören und zu lesen: in seltsamer Verkehrung von Ursache und Wirkung wurde Israel für seine »Überreaktion« auf die militärische Provokation der islamistischen Hisbollah kritisiert, die mit tatkräftiger Unterstützung des Irans und Syriens weiterhin ihr Ziel verfolgt, den Staat Israel auslöschen zu wollen. Täglich wurden in deutschen und europäischen Nachrichten die israelischen Angriffe alarmistisch hervorgehoben und die libanesischen Zivilopfer beklagt. Israel als Staat der Juden gilt nicht nur in seiner arabischen Nachbarschaft als der Urheber des Übels in Nahost, der mit seiner baren Existenz den Weltfrieden gefährden würde. So mischen sich hier auf denkwürdige Weise ein ›Euro-Antisemitismus‹, wie ihn der ungarische Schriftsteller Imre Kertesz beschrieben hat, mit einem tiefsitzenden Antisemitismus des radikalen Islams, der Israel zugunsten der Herrschaft eines globalen Kalifats von der Landkarte auslöschen will.

Immer noch wird in Europa die Unfreiheit der aus dem Koran abgeleiteten Gesetze der Scharia munter als kulturelle Andersartigkeit gepriesen und in multikultureller Manier zugunsten der guten Nachbarschaft toleriert – obwohl die Ideologen des Islamismus gerade dieser Multikulturalität und dem Liberalismus des Westens den Krieg erklärt haben. In diesem explosiven Haß auf den Westen mischen sich diverse Feindseligkeiten: gegenüber der Stadt, die für einen gierigen, dekadenten Kosmopolitismus steht, gegenüber dem Geist des Westens, in Gestalt von Wissenschaft und Vernunft gegenüber der Sexualität und dem weiblichen Körper, gegenüber dem Gottlosen, der vernichtet werden muß, zugunsten einer Welt des reinen Glaubens, für die globale Herrschaft des Kalifats. Die Zerstörung der Zwillingstürme in New York am 11. September, die für amerikanische Macht und

Reichtum, für Imperialismus, Kapitalismus und Globalisierung standen, haben bei vielen Menschen auf der Welt nicht nur Schrecken, sondern tiefe Befriedigung ausgelöst. Der Angriff auf New York, das heutige multikulturelle Babylon, war realer und symbolischer Art zugleich: dieser bewußt geplante und durchgeführte Massenmord bediente sich des antiken Mythos von der Zerstörung der sündigen Stadt. Im Bild der Metropole als Hure spiegelt sich nicht nur die Angst vor der weiblichen Sexualität. Sie symbolisiert gleichzeitig die Kommerzialisierung der menschlichen Beziehungen in einer Gesellschaft, in der sich alles um Geld und Geschäft dreht: Phantasien, die ihre Herkunft in Europa hatten und sich bereits in Juvenals Satiren über das antike Rom, in Versen des Briten T.S. Eliot oder in Richard Wagners Tannhäuser finden. Hauptakteure in diesen Phantasien waren die in New York, London, Paris oder Berlin agierenden »geldraffenden Juden«. Ein prominenter iranischer Intellektueller, Übersetzer und großer Bewunderer von Ernst Jünger, spricht von der »Verwestgiftung« der Welt, der er den Kampf ansagt. Der Westen und die Demokratie sind in den Augen ihrer Feinde profan und mittelmäßig, bar jeder Spiritualität. Mit Anleihen aus der deutschen Romantik – wie es bereits die Slawophilen gegen die Westler im vorrevolutionären Rußland handhabten – wird gegen Hedonismus und Rationalismus geeifert, die den Weg zum Heil verstellten. In diesem Sinne hatte bereits 1928 die Muslimbrüderschaft in Ägypten ihre Agenda formuliert: »Gott ist unser Ziel; der Koran ist unsere Verfassung; der Prophet ist unser Führer; der Kampf ist unser Weg; und der Tod um Gottes willen ist unser höchstes Verlangen.«

Das heutige Motto der Terroristen ist: »Ihr liebt das Leben, wir lieben den Tod!«

Der Haß auf den Westen war im letzten Jahrhundert auch anderen totalitären Ideologien eigen, wie dem Nationalsozialismus oder dem Staatskommunismus. Doch im Unterschied zu diesen säkularen Facetten des Okzidentalismus[1] betrachtet der radikale Islam die westliche Zivilisation als eine Form götzendienerischer Barbarei, eine der schlimmsten Glaubenssünden, der nun der Djihad, der Heilige Krieg erklärt wurde.[2] Der Westen betet demnach den falschen Gott des Materiellen an und wird damit zum Reich des Bösen, der das Reich des Guten kolonialisiert. Materie ist auch das sündige Fleisch, der menschliche, v.a. der weibliche Körper und seine Sexualität, die dem Geist unterworfen werden soll. In der Frauenfeindschaft und -unterdrückung, im Jungfrauenkult, der Klitorisbeschneidung, Zwangsheiraten und dem Schleier wird dies am sichtbarsten. Hatun Sürücü wurde in Berlin 2005 von ihrem Bruder hingerichtet, mit der Begründung: »weil sie ihr Leben lebte, so wie sie es lebte«. Sie ist eine von 45 in Deutschland hingerichteten Frauen und Männern, die in den letzten 10 Jahren im Namen der Ehre sterben mußten. Mit dem Verweis auf kulturelle Unterschiede verhängten deutsche Richter jahrelang äußerst milde Strafen in den Ehrenmord-Prozessen. Man verschloß die Augen vor den archaischen, patriarchalischen Strukturen der muslimischen Migrantenfamilien, in denen eine repressive Macho-Kultur konserviert wird, der viele muslimische Mädchen und Frauen teils unter Lebensgefahr zu entrinnen suchen. Seyran Ates berichtet darüber in ihrem Buch über die *Große Reise ins Feuer*, oder Necla Kelek über *Die fremde*

Braut und *Die verlorenen Söhne*. Prompt zogen diese beiden muslimischen Dissidentinnen heftige Kritik auf sich – darunter auch von seiten prominenter Migrationsforscher- und -forscherinnen hiesiger Universitäten. Ähnlich erging es schon der ehemaligen niederländischen Parlamentsabgeordneten und Filmautorin Ayaan Hirsi Ali, die Europa inzwischen verlassen hat und nach Amerika ging. Sie hatte zusammen mit Theo van Gogh den islamkritischen Film *Submission* gedreht. Auf offener Straße wurde der Filmregisseur in Amsterdam von einem Moslem ermordet. Ayaan Hirsi Ali lebte danach unter ständigen Todesdrohungen und Polizeischutz. Die Frauen fielen in Ungnade, weil sie es wagten, nicht nur den Islamismus, sondern auch den Islam zu kritisieren. Denn der Islam ist eine Religion, der die Vorstellung einer pluralistischen, unsakralen Bürgergesellschaft, in der Staat, Gesellschaft, Religion und Privatheit getrennte Sphären sind, äußerst fremd ist. In der westlichen Zivilgesellschaft gehen die Individuen freiwillige Bindungen und Zusammenschlüsse ein, die sie jederzeit wieder lösen können, kann der einzelne sich frei entscheiden, ob und wo er Mitglied werden möchte. Im Islam hingegen zählt nicht das Individuum, sondern das Kollektiv, die Glaubensgemeinschaft, der es sich in der Befolgung der Gesetze der Scharia zu unterwerfen hat.

Seine radikalste Gestalt hat der Haß auf die säkulare westliche Zivilisation in dem nihilistischen Todeskult moderner Selbstmordattentäter, der Djihad mit menschlichen Bomben. Doch die zugrunde liegende totalitäre Ideologie hat mittlerweile weltweit eine Verbreitung gefunden, vor deren Ausmaß und Folgewirkungen man besonders in Europa bis heute die Augen weitgehend verschließt. Der globalisierte, radikale Internet-Islam, eine Mischung aus modernen und archaischen Elementen, aus Glaubenssätzen und Regeln, ist längst zur virtuellen Umma geworden, die eine weltweite islamische Gemeinschaft anstrebt. Ziel dieses Projekts ist die Wiedereinführung und der Aufbau des Kalifats, in dem die Trennung von weltlicher und geistlicher Macht aufgehoben ist.

Gepredigt wird ein radikaler Islam, der Front macht gegen die westliche Demokratie, gegen ihre Rechtsstaatlichkeit, die die Rechte des Individuums und seine Religionsfreiheit schützt, gegen die Gleichberechtigung der Geschlechter. Wenn Muslime hier im Westen leben wollen, müssen sie jedoch diese verbürgten Rechte anerkennen. Wenn sie hierzulande das Recht auf freie Religionsausübung in Anspruch nehmen, sind sie verpflichtet, diese Freiheit auch für Andersgläubige oder Nichtgläubige zu verteidigen. Sie müssen sich von einem Islam, der die Scharia als zwingendes Rechtssystem vorschreibt und den Islam als Mehrheitsreligion oder gar einzige Religion ansieht, verabschieden. Spott und Blasphemie gegenüber dem Heiligsten ist Bestandteil der westlichen, säkularen Kultur – auch dies müssen die Muslime ertragen, wenn sie hier leben. Denn hier gilt kein Bilderverbot.

Der Islam hat seine Unschuld längst verloren; die Anschläge von New York, Madrid, Beslan, Amsterdam und immer wieder Israel zählen zu seiner Geschichte. Es gibt keine kollektive Schuld der Muslime, aber eine Verantwortung. Eine eindeutige Distanzierung von diesen Gewalttaten und der zugrunde liegenden Variante des radikalen Islam blieb – bis auf wenige Stimmen einzelner – aus. Die Rechtfertigung und Entschuldigung des Terrors als »Waffe der Schwachen« reicht bis hinein in liberale Milieus des Westens, die imperiale Gelüste, vornehmlich Amerikas, kolonialistische Vergangenheiten und den ungezügelten Kapitalismus dafür verantwortlich machen.

Doch die Wunde im kollektiven Unbewußten der arabisch-islamischen Gemeinschaft ist gerade das Wissen über die Rückständigkeit gegenüber dem Westen. Die arabischen (!) Autoren des von der UNO herausgegebenen Arab Human Development Report (2002-2004) kamen zu dem Ergebnis, daß der Anteil der Bücher, die in der arabischen Welt gedruckt werden, bei 0,8% der Weltproduktion liegt. Die Zahl der Übersetzungen aus anderen Sprachen in den letzten 1000 Jahren entspricht der Zahl der in Spanien übersetzten Bücher eines Jahres. Während die Bevölkerung aller arabischen Staaten rasant gewachsen ist, verkümmerten zur gleichen Zeit ihre Wirtschaft, Forschung und Infrastruktur. Aber anstatt die Ursachen dafür in den Entwicklungshemmnissen der eigenen Kultur- und Sozialgeschichte zu suchen – etwa in der ökonomischen und politischen Unfreiheit einer Gesellschaft, die die Trennung von Staat und Religion nicht zuläßt und die Frauen domestiziert –, wird der historische Niedergang des Islam paranoid bewältigt.

Der religiös fundierte Glaube an die eigene Überlegenheit gerät in Kollision mit der offensichtlichen realen Unterlegenheit dem Westen gegenüber. Diese narzißtische Kränkung wird dann in der Auslagerung der Schuld kompensiert und in den diversen Verschwörungstheorien eingelagert. Es handelt sich gleichsam um eine Projektion des radikalen Islam auf den Westen, eine Reaktion auf das selbst verschuldete Modernisierungsdefizit, welches dem ungläubigen, moralisch verderbten, einzig aufs Geld orientierten Westen angelastet wird. Er wird für das eigene Elend verantwortlich gemacht und soll dafür bestraft werden. Ohne eine grundlegende Selbstreflexion der islamischen Zivilisation wird sich deshalb der Kampf der Kulturen weiter verschärfen.

Das bekam im September 2006 auch Papst Benedikt XVI. zu spüren. Der Verfechter des Dialogs der Kulturen hatte noch im Karikaturenstreit Verständnis für die »verletzten Gefühle« der Muslime gezeigt. In seiner Regensburger Rede kritisierte er den säkularen Westen, dessen »Vernunft dem Göttlichen gegenüber taub ist und Religion in den Bereich der Subkultur abdrängt«. Damit sei sie unfähig zum Dialog der Kulturen. Zugleich wagte er in Anspielung auf ein mittelalterliches Zitat eines Gesprächs zwischen einem byzantinischen Kaiser und einem Perser die Frage nach dem Verhältnis von Gewalt und Religion bzw. Vernunft und Glaube zu stellen. Er schloß indirekt daraus, daß der Heilige Krieg, der Dschihad Gott zuwiderlaufe. Mit seiner Unterstellung, daß der Koran unter bestimmten Umständen das Töten von Menschen erlaube, hatte er ins Schwarze getroffen, wie die militanten und stürmischen Reaktionen der muslimischen Welt, wenngleich weniger heftig als im Karikaturenstreit, zeigten. Bezeichnenderweise ging keine einzige Wortmeldung der empörten Politiker und Schriftgelehrten auf diesen zentralen Punkt der Papstrede ein. Statt dessen wurde er mit dem Titel des »Kreuzüglers« belegt, der stellvertretende Fraktionsvorsitzende der türkischen Regierungspartei AKP verglich ihn mit Hitler und Mussolini und das pakistanische Parlament forderte einstimmig eine Entschuldigung des Papstes. Militantere Töne erklangen von der ägyptischen Islamischen Arbeiterpartei; die Organisation der Islamischen Konferenz (OIC) sprach von einer »Verleumdungskampagne gegen den Propheten Mohammed«. Morddrohungen gegenüber Benedikt XVI. waren begleitet von einer Serie von Anschlägen auf christliche Kirchen; eine italienische Nonne, die als Krankenschwester im somalischen Mogadischu arbeitete, wurde samt ihrem Mitarbeiter hinterrücks erschossen. Und der Papst beugte sich angesichts dieses Aufruhrs. Postwendend bedauerte er das »Mißverständnis« und entschuldigte sich. Dennoch hat offensichtlich die kurzzeitig ungemütliche Lage »unseres Ratzingers« dafür gesorgt, daß die vormals minoritäre Kritik am Islam bis in die Feuilletons der großen Zeitungen hinein zeitweilig fast zum mainstream wurde. Anders läßt sich kaum der im ganzen Land losbrechende Sturm der Empörung erklären, den die skandalöse Absetzung der Mozart-Oper Idomeneo vom Spielplan der Deutschen Oper Berlin ausgelöst hatte. Plötzlich entdeckten erfreulich viele die westlichen Werte, unsere teuren Güter der Freiheit der Meinung und Kunst, und gelobten, sie fortan tapfer verteidigen zu wollen. Bis dahin begegnete man Kritikern des Islam und jenen, die vor seiner totalitären Variante warnten, gerne mit dem Vorwurf der Islamophobie oder, auch sehr beliebt im diskursiven Gefecht, mit dem Etikett der »fundamentalistischen Freiheitskämpfer« oder des »militanten Liberalen«. Dies war noch Anfang des Jahres 2006 zu Zeiten des Streits um die dänischen Mohammed-Karikaturen der Fall.

Doch diesem neu erstarkten Haß auf die Juden, auf die Frauen, auf den Westen, seine Moderne und Demokratie, der sich in dieser neuen totalitären Ideologie zusammengebraut hat, kann man gerade nicht mit Beschwichtigung und allein – wie bisher – auf rechtlicher, außen- und sicherheitspolitischer oder militärischer Ebene begegnen.

Es wird in den zukünftigen Auseinandersetzungen deshalb nicht ausreichen, auf die in den Verfassungen der Demokratie verbuchten Rechte und Freiheiten zu verweisen. Denn es geht nicht nur um die politische Freiheit, wie sie z.T. schon in der griechischen Antike artikuliert wurde, sondern um mehr: nämlich um die offensive Verteidigung der individuellen, der persönlichen Freiheit, wie sie 1776 in der amerikanischen Unabhängigkeitserklärung in den unveräußerlichen Rechten des Menschen gefaßt ist: Leben, Freiheit und das Streben nach Glück. Dies sind ebenso wie die Religionsfreiheit keine abstrakten Güter, sie prägen die pluralen Lebensstile in den westlichen Demokratien bis hinein in die kleinsten Fugen des Alltagslebens. Jahrhundertelang währte dieser Kampf um die Selbstbestimmung des Individuums. Es ist die Geschichte der Befreiung des menschlichen Geistes von religiöser Bevormundung, die Entwicklung der Kultur der Kritik und Selbstkritik, des Zweifels, der Fähigkeit zur Revision – und des Spotts. Diese Erfahrung der Individuen, der »selbstverschuldeten Unmündigkeit zu entkommen«, hat ihnen den Gestaltungsraum beschert, in dem sie frei und autonom handeln können.

All dies sind die kostbaren Schätze unserer westlichen Zivilisation. »Die persönliche Unabhängigkeit ist das allererste Bedürfnis der modernen Menschen; folglich darf man nie von ihnen verlangen, daß sie es zugunsten der politischen Freiheit opfern. Die persönliche Freiheit ist die wirkliche moderne Freiheit. Die politische gewährt der persönlichen Freiheit den unentbehrlichen Schutz«, schrieb Benjamin Constant, der aus der Schweiz stammende und später in Paris wirkende Freiheitsphilosoph 1820 in seinem *Cours de politique constitutitonelle.* Rund 130 Jahre später, nach dem Sieg über den Faschismus und Nationalsozialismus mahnte der italienische Philosoph Benedetto Croce in seiner *Religion der Freiheit*: »Die Größe des modernen Denkens besteht gerade in der Erhebung des Lebensgefühls aus der Idylle in das Drama und aus der Behaglichkeit in das Tätige und Schöpferische, d.h. in der Auffassung der Freiheit als einer stets erneuten, wiederholten Tat der Befreiung, einer ewigen Schlacht, in der es keinen Endsieg geben kann, weil dieser dem Tode aller Kämpfenden, d.h. aller Lebenden gleichkäme.«

Das ängstliche Zurückweichen vor den wütenden Attacken der muslimischen Welt läßt ahnen, daß das Selbstbewußtsein des Westens im Blick auf seine Freiheiten recht schwach entwickelt ist. Und Appeasement und westlicher Selbsthaß sind nicht geeignet, dieser neuen totalitären Herausforderung zu begegnen. Auf der Agenda steht deshalb eine Selbstvergewisserung darüber, was Freiheit heute ausmacht und was sie uns bedeutet, gleichsam ein Bekenntnis des Westens zu sich selbst. Gerade eingedenk der totalitären Erfahrungen, die Europa im letzten Jahrhundert mit seinen Diktaturen gemacht hat.

»Wir müssen uns auf die Dinge einigen, auf die es uns ankommt, als da wären: das Küssen in der Öffentlichkeit, ein Sandwich mit knusprigem Speck, Meinungsverschiedenheiten, avantgardistische Mode, die Literatur, Großmut, Wasser, die gerechtere Verteilung der Güter dieser Erde, Filme, Musik, die Gedankenfreiheit, die Schönheit, die

Liebe. Das sind unsere Waffen«, schrieb Salman Rushdie, der jahrelang wegen seiner *Satanischen Verse* unter iranischer Todesdrohung stand, kurz nach dem islaministischen Terrorangriff auf das World-Trade-Center am 11. September 2001. Ein wunderbares Plädoyer für das »sündige« Leben des Westens, für die politische und individuelle Freiheit der Menschen im Diesseits.

[1] Vgl. Ian Buruma/Avishai Margalit, Okzidentalismus. Der Westen in den Augen seiner Feinde, München 2005

[2] Zum Arsenal des klassischen Antisemitismus zählte schon immer die Phantasie von den Juden als archetypischen Götzendienern, die auch bei Karl Marx zu finden ist: »Das Geld ist der eifrige Gott Israels, vor welchem kein andrer Gott bestehen darf. Das Geld erniedrigt alle Götter des Menschen – und verwandelt sie in eine Ware ... Der Wechsel ist der wirkliche Gott der Juden. Sein Gott ist nur der illusorische Wechsel.« (Karl Marx, Zur Judenfrage, in: Marx-Engels-Gesamtausgabe, Abt. I, Bd.2, Berlin 1982, S. 166f.)

Matthias Rüb
Freedom Isn't Free
Amerikas quicklebendiger Gründungsmythos: Freiheit

Um eine Vorstellung davon zu bekommen, was für Amerikaner in ihrer Geschichte und in der Gegenwart Freiheit bedeutet, ist ein Besuch bei einem »Posten« der VFW oder der »American Legion« irgendwo im Land ein guter Beginn. In den gemeinnützigen Organisationen »Veterans of Foreign Wars« (VFW) und »American Legion« sind zusammen fast fünf Millionen Veteranen zusammengeschlossen. Insgesamt gibt es in den Vereinigten Staaten etwa 26,5 Millionen Kriegsveteranen. Die beiden Veteranenvereinigungen wurden 1899 beziehungsweise 1919 gegründet, sie sind mit vielen tausend Posten – so heißen ihre örtlichen Niederlassungen – überall in Amerika und auch in Übersee vertreten, und sie sind heute so wichtige Foren und Interessenvertretungen wie vor einem Jahrhundert. In ihnen sind Veteranen der großen Kriege des 20. Jahrhunderts zusammengeschlossen: die allerletzten Überlebenden des Ersten Weltkrieges und die heute noch lebenden knapp vier Millionen Veteranen des Zweiten Weltkrieges, die meist weit über 80 Jahre alt sind und von denen jeden Tag 1000 bis 1500 sterben; die vielen wehrpflichtigen Soldaten des Korea- und des Vietnam-Krieges; schließlich die Teilnehmer des ersten Golfkrieges von 1991, der Militäroperationen der Nato in Bosnien-Herzegowina 1995 und im Kosovo 1999. Und es sind jüngst die Veteranen der ersten Kriege des 21. Jahrhunderts zu ihnen gestoßen, der Militäroperationen im »Globalen Krieg gegen den Terrorismus«, der mit den Anschlägen vom 11. September 2001 seinen für alle Welt sichtbaren Anfang genommen hat. Die Kriege in Afghanistan und im Irak tragen im Militärjargon des Pentagon die Namen »Operation Enduring Freedom« und »Operation Iraqi Freedom«. Sie begannen im Oktober 2001 beziehungsweise im März 2003. Sie dauern bis heute an und sie werden noch lange weitergehen. Denn anders als die Kriege des 20. Jahrhunderts zwischen Staaten und Allianzen werden die asymmetrischen Kriege des 21. Jahrhunderts, in denen sich reguläre Streitkräfte und international operierende terroristische Organisationen oder deren Zellen gegenüberstehen, nicht mit der Kapitulation einer Seite oder mit der Unterzeichnung eines Waffenstillstands zu Ende gehen. Überhaupt weiß heute niemand, wie und wann der Krieg gegen den radikal-islamischen Terrorismus zu Ende gehen wird; er werde einige Jahrzehnte dauern, heißt es weithin, vielleicht so lange wie der Kalte Krieg gegen den Kommunismus, den man schließlich auch erst nach gut 40 Jahren gewonnen habe. Es ist nicht einmal Konsens, ob es sich wirklich um einen Krieg handelt oder ob man nicht besser von einer Art internationalen Polizeioperation mit zugeschalteter Entwicklungshilfe für den strukturschwachen Nahen Osten samt Kulturaustausch mit dem Islam sprechen müßte. Schließlich herrscht in den USA wie in aller Welt heftiger Streit darüber, ob die ohne Zustimmung des UN-Sicherheitsrats unternommene, amerikanisch geführte Invasion im Irak von März 2003 ein integraler Teil des Krieges gegen den

Terrorismus war oder vielmehr von diesem abgelenkt, dem Feind nämlich ein mächtiges Instrument zur Rekrutierung erhitzter und todesmutiger Dschihad-Kämpfer geliefert und diesen mithin gestärkt statt geschwächt habe.

All diese mit Leidenschaft und Streitlust geführten Kontroversen bleiben nicht draußen, wenn sich die Tür zum schmucklosen Flachbau am Girard Boulevard Nummer 2011 in Albuquerque im amerikanischen Bundesstaat New Mexico schließt. Hier ist der VFW-Posten 401 »George O. Breece« untergebracht. An einem klaren Nachmittag im Spätherbst 2006 – der Himmel erhebt sich ordnungsgemäß blau und hoch über der Stadt in der Geröllwüste – sind vielleicht drei Dutzend Männer und Frauen zusammengekommen, trinken in der Bar Bier oder Kaffee, verfolgen im Fernsehen die Übertragung eines Football-Spiels und reden natürlich über Politik. Im Veranstaltungssaal hängen die Porträts der Kommandeure des Postens 401 an der Wand, von vergilbten Schwarzweißfotografien bis zu frisch strahlenden Farbaufnahmen des amtierenden Kommandeurs.

»Keiner der Soldaten, die heute aus dem Irak zurückkommen, soll bei der Heimkehr so miserabel behandelt werden wie wir damals«, sagt Don Arnold, der drei Jahre lang Einsätze über Vietnam geflogen ist. Natürlich ist auch er nicht zufrieden mit dem Verlauf des Krieges im Irak, aber von einer verlorenen Sache im Zweistromland will er nichts wissen. »Wir kämpfen gegen einen gefährlichen Feind«, sagt er, »und dieser Krieg gegen den Terrorismus wird viele Jahre dauern.« Trotz aller Opfer an Menschenleben und Geld, trotz allen Streits daheim und mit Verbündeten sei dieser Krieg es wert, ausgefochten und gewonnen zu werden. Denn, so sagt er: »Freedom isn't free«. Daß es die Freiheit nicht umsonst gibt, sondern daß dieses höchste Gut Amerikas und des ganzen Menschengeschlechts immer wieder und tendenziell überall auf der Welt verteidigt werden muß, sagen auch jene Veteranen im VFW-Posten 401, die den Krieg im Irak nicht (mehr) unterstützen. Und selbstverständlich stehen sie wie ein Mann hinter all jenen, die die Uniform der Vereinigten Staaten tragen und die Befehle des Oberkommandierenden – nach der Verfassung der Präsident – ausführen.

Daß die amerikanischen Streitkräfte, die schlagkräftigste Militärmacht der Menschheitsgeschichte, eine Art global operierender Eingreiftruppe zur Verteidigung der Freiheit ist, glauben aber nicht nur jene mehrheitlich, die in den vier Teilstreitkräften Heer, Marine, Luftwaffe und Marineinfanterie dienen oder gedient haben – seit der Abschaffung der Wehrpflicht 1973 sind es ausschließlich freiwillige Berufssoldaten und Nationalgardisten. Eine solide Mehrheit der Amerikaner ist heute – wie eh und je – der Ansicht, daß die USA dank ihrer Größe und Stärke sowie ihres Vorbildcharakters eine Bewegung anführen sollten, um eine sichere, friedliche, wohlhabende und demokratische Welt zu schaffen. Nach einer repräsentativen Umfrage des »German Marshall Fund« vom Juni 2003 halten es 77 Prozent der Amerikaner für sehr oder ziemlich wünschenswert, daß die USA eine aktive Rolle in den internationalen Angelegenheiten spielen. Das ist der höchste Wert, seit die Daten zum ersten Mal im Jahre 1947 erhoben wurden. Nur 15 Prozent – ein historischer Tiefstand – sind der Ansicht, das Land solle sich aus den internationalen Händeln heraushalten. 84 Prozent der Amerikaner stimmten der Einschätzung zu, daß gerechte und freiheitliche Verhältnisse in einem Land in bestimmten Fällen nur mit kriegerischen Mitteln erzwungen werden können, während etwa nur 48 Prozent der Europäer diese Ansicht teilten. Dazu paßt, daß nach einer Umfrage des Gallup-Meinungsforschungsinstitut vom Mai 2004 in den USA unter allen öffentlichen Institutionen das Militär seit Jahren unangefochten die höchste Wertschätzung in der amerikanischen Bevölkerung genießt. Drei Viertel der Amerikaner haben sehr viel oder ziemlich viel Vertrauen in die Streitkräfte, 64 Prozent in die Polizei, jeweils 53 Prozent in die Banken und Kirchen – und gerade einmal 52 Prozent in das Präsidentenamt.

Ohne diesen Konsens über die Streitkräfte und ohne die gesellschaftliche Wirkmächtigkeit des Freiheitsgedankens, die alle isolationistischen Pendelschwünge der Außenpolitik und der inneren Befindlichkeit der USA – wie zuletzt nach dem Wahlsieg der oppositionellen Demokraten bei den Kongreßwahlen vom 7. November 2006 – überdauern, wäre das stetige Wachstum des amerikanischen Verteidigungshaushaltes nicht denkbar. Republikaner wie Demokraten stimmen im Kongreß in schöner Regelmäßigkeit in großer Mehrheit für den Verteidigungsetat, dessen Umfang und Anstieg eben nicht durch die üblichen Verschwörungstheorien von der Allmacht der Lobby der Rüstungsindustrie zu erklären ist. Im Jahr 2006 gaben die USA 470,2 Milliarden Dollar für Verteidigung aus – und darin sind weder Kosten für die Kriege im Irak und in Afghanistan enthalten, weil diese in Nachtragshaushalten bewilligt werden, noch auch das Budget für Entwicklung und Wartung der strategischen Atomwaffen, weil dieses in den Haushalt des Energieministeriums fällt. Die tatsächlichen Ausgaben liegen also weit über der Grenze von einer halben Billion Dollar jährlich – damit geben die USA jeden Tag deutlich mehr für Rüstung aus, als etwa den Vereinten Nationen in einem ganzen Jahr als Budget zur Verfügung steht. Der Verteidigungshaushalt der selbsternannten »globalen Freiheitsmacht« USA ist damit größer als jenes der nächsten 14 Staaten, die auf der internationalen Rangliste der Rüstungsbudgets folgen. Etwa die Hälfte der weltweiten Ausgaben für Rüstung geht auf das Konto der USA, deren Streitkräfte nicht zufällig in fünf geographische Regionalkommandos eingeteilt sind: Das Nordkommando mit Sitz in Colorado ist zuständig für Nordamerika und die Verteidigung des Heimatlandes; das Südkommando, dessen Hauptquartier sich in Miami in Florida befindet, umfaßt Mittel- und Südamerika; das Pazifikkommando in Hawaii ist für den Asiatisch-Pazifischen Raum und das Europa-Kommando in Stuttgart für Europa, Rußland und den größten Teil Afrikas zuständig; und dem Zentralkommando mit Sitz in Tampa in Florida schließlich fällt das geostrategisch zentrale Gebiet vom Horn von Afrika über den östlichen Maghreb und den Nahen Osten bis nach Zentralasien zu. Das nicht nur global, sondern gleichsam kosmisch ausgerichtete Strategische Kommando, dessen Hauptquartier sich in Nebraska befindet, wacht nicht nur über das Nuklearwaffenarsenal und die Raketenabwehr, sondern auch über die potentielle künftige Kampfzone des Weltraums.

Eine mit beiden Beinen in der gesellschaftlichen Gegenwart der USA stehende und zugleich in die globale Zukunft der Welt des 21. Jahrhunderts strebende Streitmacht kann es nur geben, wenn der Blick auf die Triumphe der Vergangenheit ungebrochen ist. In der amerikanischen Selbstwahrnehmung ist die Militärgeschichte der Vereinigten Staaten eine Kette von Erfolgen, in welchen das nationale Interesse der USA letztlich mit dem universalen Interesse der Menschheit zusammenfällt: Weil Amerika stark war und seine militärische Stärke eingesetzt hat, ist die Welt ein besserer und freierer Ort geworden. Dieser sich selbst gratulierende und glorifizierende Geschichtsbegriff kann zumal mit Blick auf die großen Konflikte des 20. Jahrhunderts einige Plausibilität für sich beanspruchen. Im Ersten und im Zweiten Weltkrieg war der Sieger USA auf der Seite des historischen Fortschritts, ja der geschichtlichen Wahrheit. Die großen Opfer an Menschenleben und materiellem Einsatz wurden nicht umsonst auf dem Altar der Freiheit und der Demokratie dargebracht. Auch im Kalten Krieg sollten sich die Kräfte der Freiheit schließlich gegen die Kräfte des Kommunismus durchsetzen – so wie sie sich zuvor in den zwei Weltkriegen gegen die Kräfte des Militarismus und des Faschismus behauptet hatten. Zählt man den Kalten Krieg als Dritten Weltkrieg, dann kann der Krieg gegen den Terrorismus als Vierter Weltkrieg der Epochenkämpfe der Kräfte der Freiheit gegen die Kräfte der Unfreiheit beschrieben werden: Gerade deshalb tragen die Kriege in Afghanistan und im Irak, die Operationen »Enduring Freedom« und »Iraqi Freedom« das Wort »Freiheit« im Titel des Militärjargons.

Wer aber seine Kriegsmacht zum eigenen Nutzen und zum Frommen der gesamten Menschheit eingesetzt zu haben glaubt, der wird sich angesichts neuer Herausforderungen und ungekannter Gefahren im 21. Jahrhundert nicht schwächer machen, sondern stärker. Wer auf das 20. Jahrhundert nicht als Katastrophenjahrhundert zurückblickt, sondern als eine Reihe von zunächst widerwillig geführten und sodann triumphal gewonnenen Kriegen, der wird eher zum Einsatz militärischer Gewalt neigen als die Nationenschar gebrannter Kinder in Europa. Wer im Krieg einen Katalysator des Fortschritts, der Demokratie und der Freiheit sieht, wird nicht über Nacht zum Abrüstungsfanatiker. Wer schließlich weiß, daß freiheitlich und demokratisch verfaßte Gesellschaften keine Kriege gegeneinander führen (wahlweise kann das Axiom gelten, daß Länder, in denen es McDonald's-Filialen gibt, keine Kriege gegeneinander führen), wird im historischen Ausnahmefall Freiheit und Demokratie notfalls mit Gewalt durchsetzen.

Die Rede vom »Altar der Freiheit« ist allenfalls zur Hälfte metaphorisch, denn die fortgesetzte Beschwörung der Freiheit als einer Art Gründungsmythos der Vereinigten Staaten ist deutlich religiös geprägt: Freiheit ist der Grundpfeiler der amerikanischen Zivilreligion. Aus der Frühzeit der Union rührt die bis heute wirkmächtige Ideologie her, daß Amerika den »Wilden Westen« und später die Welt nicht erobert oder seinem Einfluß unterworfen habe, sondern den Staaten und Menschen gleichsam zugerufen hat: »Schließt euch unserem gottgefälligen Experiment der Freiheit an, ihr werdet davon profitieren!« Und in der Mehrzahl der Fälle profitierten sie tatsächlich von der gesellschaftlichen und wirtschaftlichen Dynamik dieses neuen »Spielers« auf der Weltbühne der Großmächte: zuerst die Staaten, die im 19. Jahrhundert zur Union kamen, später dann, im 20. Jahrhundert, die von Militarismus, Faschismus und Kommunismus befreiten

Länder Europas und Asiens, die in den Einflußbereich der USA gerieten. In allen Ursprungsdokumenten der USA ist von der Freiheit als einer göttlichen Gabe die Rede. In der Unabhängigkeitserklärung von 1776 heißt es, daß alle Menschen »von ihrem Schöpfer mit gewissen unveräußerlichen Rechten begabt« seien und daß zu diesen Rechten »Leben, Freiheit und das Streben nach Glückseligkeit« gehörten. In der Präamabel der Verfassung von 1787, in welcher zwar im ganzen der Gottesbezug bewußt fortgelassen ist, wird deren vornehmster Zweck als jener beschrieben, »die Segnungen der Freiheit« (the blessings of liberty) für die Gegenwart und für alle Zukunft zu bewahren. In der »Bill of Rights«, den ersten zehn Verfassungszusätzen von 1791, wird das allgemeine Gottesgeschenk der Freiheit gleichsam in einzelnen Rechtstiteln durchbuchstabiert – zuvörderst als das Recht zur freien Religionsausübung, zur freien Rede und zu einer freien Presse sowie als das Recht, sich frei und friedlich zu versammeln. Daß das Recht zur freien Religionsausübung im Ersten Verfassungszusatz als erstes genannt wird, ist kein Zufall. Als die puritanischen Pilgerväter mit ihren Schiffen an der Küste Neuenglands landeten, erhofften sie sich in der Neuen Welt die Freiheit der Religion mindestens ebensosehr wie bessere Lebensverhältnisse, Freiheit von geistlicher Not mindestens ebensosehr wie Freiheit von materieller Not. Und Freiheit der Religion verstanden sie eben nicht im Sinne von Freiheit von der Religion, sondern als Freiheit für die Religion, nämlich für ihre eigene. In seinem noch auf See an Bord der »Arabella« verfaßten philosophisch-theologischen Tagebuch-Traktat »A Model of Christian Charity« beschwörte John Winthrop (1588 bis

1649), der später zum ersten Gouverneur des Staates Massachusetts gewählt werden sollte, die gottgefälligen Siedlungen der Kolonisten an der Küste Neuenglands und zumal die Kolonistengründung Boston als »Stadt auf dem Hügel«, als zweites Jerusalem, von welchem aus das Licht der göttlichen Vorsehung in alle Welt scheinen möge. Die »Augen der Welt« würden auf dieses beispielhafte Gemeinwesen gerichtet sein, und alle Welt werde diesem göttlichen Exempel nacheifern wollen. Religion und Freiheit sind in Amerika seit den Zeiten der puritanischen Pilgerväter und bekräftigt durch die demokratischen Gründerväter Zwillingsgeschwister, denn anders als in der Alten Welt gab und gibt es in der Neuen Welt keine Staatskirchen. Nicht umsonst verbietet der Erste Verfassungszusatz zuerst die Gründung einer Staatsreligion, ehe er im gleichen allerersten Atemzug die Freiheit zur Religion verbrieft. Alexis de Tocqueville schreibt in seinem bis heute gültigen Buch »Über die Demokratie in Amerika« von 1835: »Bei uns (in Frankreich) habe ich den Geist der Religion und den Geist der Freiheit immer nur in unterschiedliche Richtung sich bewegen sehen.« In Amerika dagegen seien Religion und Freiheit »aufs engste miteinander verbunden: Sie regieren gemeinsam auf dem gleichen Boden«. Der revolutionäre Freiheitsfuror der bürgerlichen Bewegungen Europas richtete sich gegen die Aristokratie und gegen den mit ihr verbündeten Klerus. Der revolutionäre Freiheitsfuror der bürgerlichen Bewegungen in Amerika wurde dagegen von den aus Europa geschaßten christlichen »underdogs« getragen. Selbst Thomas Jefferson, der vielleicht am weltlichsten orientierte Politiker unter den Unterzeichnern der Unabhängigkeitserklärung, der später den Bau der berühmten »Mauer der Trennung zwischen Kirche und Staat« vorantrieb, war der Überzeugung, daß »keine Nation jemals ohne Religion existiert hat oder regiert wurde – noch daß dies einmal der Fall sein wird«. Sein persönliches Lebensmotto lautete: »Rebellion gegen Tyrannen ist Gehorsamkeit gegen Gott«, denn nach seiner Überzeugung ist es der gleiche Gott, »der uns das Leben gegeben hat und zur gleichen Zeit die Freiheit«. Man mag – zumal in Europa und im Nahen Osten – befremdet sein von dem, was der amerikanische Historiker Walter Russell Mead treffend als den »nationalen Messias-Komplex« der Amerikaner und zumal vieler politischer Führer der USA in Geschichte und Gegenwart bezeichnet. Aber es ist dennoch eine historische Tatsache, daß Generationen von Amerikanern der festen Überzeugung waren und bis heute sind, daß die amerikanische Gesellschaftsform die bestmögliche sei und die Welt im ganzen besser dastünde, wenn sie amerikanischer und mithin freier würde.

Gerade in Krisen- und Kriegszeiten pflegen amerikanische Präsidenten diesen missionarischen Freiheitsgeist, der bis heute wirkmächtig ist, zu beschwören. Abraham Lincoln bezeichnete in seiner Jahresbotschaft an den Kongreß vom 1. Dezember 1862, mithin in einer der dunkelsten Stunden der amerikanischen Geschichte während des Bürgerkriegs, die Vereinigten Staaten als »letzte beste Hoffnung der Erde«.

Als Woodrow Wilson am 2. April 1917 den Kongreß zu einer Sondersitzung einberief, um eine Kriegserklärung gegen Deutschland und mithin den Eintritt in den Ersten Weltkrieg zu erbitten, schloß er seinen berühmten Aufruf, die »Welt sicher für die Demokratie« zu machen, mit den

Worten: »Amerika hat das noble Vorrecht, sein Blut und seine Macht für die Prinzipien einzusetzen, denen es seine Geburt und sein Glück und den Frieden verdankt, den wir so hochschätzen. Mit Gottes Hilfe können wir nicht anders.« Franklin D. Roosevelt, die historische Riesengestalt, die Amerika von 1931 bis 1945 durch die Zeit der Großen Depression und des Zweiten Weltkrieges führte, beschwörte in seiner Rede zur Lage der Nation vom 6. Januar 1941 die berühmten »vier grundlegenden menschlichen Freiheiten«: Zu den gleichsam klassischen Freiheiten der Rede und Meinungsäußerung sowie der Religionsausübung fügte er die Freiheit von Not (freedom from want) und die Freiheit von Furcht (freedom from fear) hinzu. Alle diese Freiheiten sollten, so bekräftigte Roosevelt im Refrain, »überall auf der Welt« gelten, und dies sei »keine Vision eines fernen tausendjährigen Reiches«, sondern »eine feste Grundlage für eine Welt, die schon in unserer Zeit und für unsere Generation verwirklicht werden kann«. Ein Jahr darauf – inzwischen waren die Vereinigten Staaten nach dem japanischen Angriff auf Pearl Harbor vom Dezember 1941 in den Zweiten Weltkrieg hineingezogen worden – wandte sich Roosevelt mit folgenden Worten an den Kongreß: »Wir kämpfen heute für Sicherheit, Fortschritt und Frieden, nicht nur um unserer selbst, sondern um aller Menschen willen, nicht nur für eine Generation, sondern für alle Generationen. Wir kämpfen, um die Erde von einem alten Übel, von alten Krankheiten zu reinigen. Wir kämpfen, gleich unseren Vätern, um die Lehre aufrechtzuerhalten, daß vor Gott alle Menschen gleich sind.« Harry Truman, der Roosevelt nach dessen Tod am 12. April 1945 im Präsidentenamt nachfolgte, schlug nach seiner Wahl für eine weitere Amtsperiode am 20. Januar 1949 den gleichen Ton an wie sein großer Vorgänger: »Wir glauben, daß alle Menschen das Recht auf die Freiheit des Denkens und des Redens haben. Wir glauben, daß alle Menschen als gleiche geschaffen sind, weil sie nach dem Bilde Gottes geschaffen sind... Unerschütterlich in unserem Glauben werden wir voranschreiten zu einer Welt, in der die Freiheit des Menschen gesichert ist.«

Dwight D. Eisenhower, der als in der Schlacht gestählter Weltkriegsgeneral nicht zu Sentimentalitäten neigte, gab am 20. Januar 1953 in der Antrittsrede zu seiner ersten Amtszeit auf den Stufen des Kapitols folgende Predigt und Marschorder für den Kalten Krieg aus: »Die Welt und wir haben mehr als die Hälfte eines Jahrhunderts fortgesetzter Herausforderungen erlebt. Wir spüren mit all unseren Sinnen, daß die Kräfte des Bösen und des Guten, geballt und bewaffnet, einander gegenüberstehen wie kaum je in der Geschichte zuvor. An diesem Augenblick in der Geschichte müssen wir, die wir frei sind, unseren Glauben aufs neue bekennen. Dieser Glaube bestimmt unsere ganze Lebensauffassung. Er bekräftigt, jenseits aller Debatte, die Geschenke des Schöpfers, die des Menschen unveräußerliche Rechte sind und alle Menschen vor Ihm gleich machen. Um die Herausforderungen unserer Zeit zu bestehen, hat die Vorsehung unserem Land die Verantwortung auferlegt, die freie Welt zu führen.« Und natürlich berief sich auch John F. Kennedy, der die USA durch die vielleicht heißeste Phase des Kalten Krieges führte, in seiner »Inaugural Address« vom 20. Januar 1961 auf den Allmächtigen. »Der Mensch«, sagte Kennedy eingedenk des atomaren Wettrüstens mit der Sowjetunion, halte heute »die Macht in seinen sterblichen Händen, alle Formen der menschlichen Armut abzuschaffen – und alle Formen des menschlichen Lebens«. Der Glaube, für den die Gründerväter gekämpft hätten, sei auf dem ganzen Erdball auch heute noch leitend: »Der Glaube, daß die Rechte des Menschen nicht vom Großmut des Staates herrühren, sondern aus der Hand Gottes«. Und in donnernder Rhetorik versprach der junge Präsident: »Wir werden jeden Preis zahlen, jede Last tragen, jede Not bestehen, jeden Freund unterstützen, jeden Feind zurückschlagen, um das Überleben und den Erfolg der Freiheit zu sichern.«

Es ist – oft bis zur Wortwahl – der gleiche »Sermon«, den demokratische wie republikanische Präsidenten durch die Jahrhunderte vortragen, wenn sie bei Amtseinführungen oder angesichts großer Herausforderungen wie Kriegen, Krisen und Epochenschwellen die göttliche Freiheits-Mission und zugleich die »große Strategie« Amerikas beschwören. Ronald Reagans Warnung vor dem kommunistischen »Reich des Bösen«, das es niederzuringen gelte, ist ebenso Teil dieser Traditionslinie wie George W. Bushs Verurteilung der »Achse des Bösen«. Diese Mission hatte schon einen universalen Zugriff, noch ehe es internationale Organisationen wie den Völkerbund beziehungsweise die UN sowie die Weltbank und den Internationalen Währungsfonds gab, die nach den beiden Weltkriegen vor allem auf amerikanische Initiative hin geschaffen worden waren. Hinter der Freiheits-Mission Amerikas steht Gottes ewiger Wille, während das im 20. Jahrhundert entwickelte Völkerrecht Menschen- und damit historisches Stückwerk ist. Die verbreitete Wahrnehmung ist irrig, wonach Präsident George W. Bush mit seiner maßgeblich als

Reaktion auf die Terroranschläge vom 11. September 2001 entwickelten Doktrin vom präemptiven Krieg und von der aktiven Verbreitung der Freiheit im Kampf zumal im Nahen Osten gegen den globalen Terrorismus einen Bruch mit der geostrategischen Tradition der USA begangen habe. Vielmehr steht der 43. Präsident der Vereinigten Staaten in einer langen Reihe politischer Führer, die in Zeiten besonderer Herausforderung den Gründungsmythos von der Geburt Amerikas aus dem Geiste der Freiheit beschworen haben. »Es gibt Zeiten, da können wir buchstäblich die Welt verändern, indem wir das Reich der Freiheit ausdehnen«, sagte Bush am 30. März 2004 bei einer Veranstaltung vor Kleinunternehmern in Appleton im Bundesstaat Wisconsin. Es folgte eine Formulierung, die zu seinen am häufigsten und in immer neuen Variationen wiederholten Sentenzen gehört: »Freiheit ist nicht das Geschenk Amerikas an die Welt; Freiheit ist das Geschenk des Allmächtigen an jeden Mann und jede Frau auf dieser Welt.« Deshalb sei seine Außenpolitik von dem festen Glauben geprägt, »daß Amerika die Verantwortung hat, in der Welt eine Führungsrolle zu übernehmen, um Menschen zu helfen, frei zu sein«.

Diese Aufgabe ist – als metaphysisch begründete – nie vollendet. Im Inneren der Union bleibt das Gebot aus der Präambel der Verfassung zur Schaffung einer »vollkommeneren Union« bestehen. Es war in den ersten Jahren nach der Unabhängigkeitserklärung nur eine kleine Kaste von weißen privilegierten Männern, welche wahrhaft frei waren und die Geschicke des Landes bestimmten. Die Mehrheit der Bevölkerung aber – Frauen, Schwarze, Indianer, Arme – blieb ausgeschlossen vom politischen Prozeß. Es bedurfte zahlreicher Konflikte, Proteste, Unruhen und eines grausamen Bürgerkriegs, der die Union an den Rand der Spaltung brachte, um das demokratische Kollektiv so zu vergrößern, daß die frei gewählte Regierung tatsächlich als dessen repräsentative Vertreterin gelten konnte. Und draußen in der Welt warten noch Milliarden Menschen auf den Tag, an welchem ihnen die von Roosevelt als universal proklamierten vier Freiheiten endlich gewährt werden. Die Freiheit ist ein Geschenk, das immer in Gefahr ist, wieder verlorenzugehen. Im Washingtoner Nationalarchiv ist in die Wand jenes Raums, in dem die Urschrift der »Bill of Rights« aufbewahrt wird, der Satz eingemeißelt: »Eternal Vigilance is the Price of Liberty«.

André Glucksmann
Ich töte für die Freiheit – Charlotte Corday spricht noch heute

Eine dunkle Leidenschaft setzt mich in Flammen. Wie die Eule der Minerva erwacht meine Weisheit, wenn die Nacht sich herabsenkt. Sie sieht im Dunkeln und sieht schwarz.

Geben Sie zu, daß Sie sich meiner schämen, ich bin zweifelhaft in jeder Hinsicht. Den Profis, die für die gute Sache morden, bin ich ein Rätsel, man zeigt mit Fingern auf meine nur amateurhaften Talente. Ein Püppchen, das die üblichen Zuordnungen durchbricht. Sie zeigt aufs Böse – mit welchem Recht? Welcher Gott leitet sie? Welche Weltanschauung legitimiert sie, welche Gewißheiten zieren sie? Sie verabscheut, bestreitet, greift ein, widersteht. Ihre negativen Handlungsweisen erfordern ein positives Gegenbild.

Sie fragen: in wessen Namen? Aber ich mache mir ein abgefeimtes Vergnügen daraus, Ihren Durst nach Idealen nicht zu stillen. Ich bringe keine gute Nachricht, sondern eine schlechte, die allzu leicht vergessen wird. Den braven Menschen bringe ich Erinnerung, daß die Tyrannen weiter existieren und es eine Lust ist, sich ihnen zu verweigern. Den kleinen Diktatoren flöße ich ein Gefühl der Endlichkeit ein. Ich stelle mir vor, wie Robespierre aus meinem Fall die bittere Lehre zieht, daß Tugend verderblich ist. Und Saint-Just, der Erzengel des Todes, muß zu seiner Enttäuschung einsehen, daß die himmlischen Sendboten der Revolution gemeine Sterbliche sind. Den Schönrednern teile ich mit, daß kein großes Verbrechen der Weltgeschichte ohne Reverenz an große Ideen und Referenz auf heilige Texte auskommt. Mit ihren schönen Reden bedecken sie in der Regel Leichenfelder. Ich schmeichle weder ihrem Sinn für das Gute noch für das Schöne. Erlauben Sie mir nur, wahr zu sein, indem ich auf das Böse verweise und darauf, daß man Böses tun muß, um ihm zu widerstehen.

Ich habe meine kleine höchstpersönliche Revolution in die Große Revolution eingebaut. Ich habe die Fehlbarkeit der Mächtigen ausgesprochen, die sich stets für unfehlbar halten. Ich beweise, daß es kein Dekret ohne Replik gibt, kein Gesetz, das nicht außer Kraft gesetzt werden kann, keine Macht ohne Gegenmacht und – Gipfel der Frechheit – daß das Berufungsgericht aller Berufungsgerichte, das Tribunal der Geschichte, seinen Sitz im individuellen Bewußtsein hat, im Kopf einer Frau, eines Kindes sogar, immer im Kopf eines einzelnen. Sind Sie nun gerührt? Wollen Sie mich meinerseits zur Heroldin höherer Werte weihen, mich in eine Geschichte von Heiligen und Märtyrern einreihen und zur Sendbotin einer höheren Moral machen, in der sich die Integrismen aller Couleur zu höherer Einheit verschmelzen? Kein Gott ohne Beichte! Keine falsche Kanonisierung! Nicht so schnell! Ich hoffe, provokanter zu sein.

Die Kühnheit der Revolution lag darin, das bezeuge ich, gegen etwas zu denken. Sie hatte den Mut zu ihren Freiheiten, sie stellte sich der Knechtschaft, der Zensur, dem Hunger und ihren eigenen Ausschreitungen entgegen.

Dem Angreifer widerstehen, das Unerträgliche nicht zu ertragen, sich zu weigern, dumm zu sterben – diese Antiterrorregeln und negativen Werte hatten eine längere Dauer als die rosigen Glücksversprechen. Meine Tugend liegt darin, Ihre Tugenden in Frage zu stellen, ohne eine geistige Gewißheit wiederherzustellen. Ich habe die Guillotine in die Gegenrichtung gedreht. Sie muß in jedermanns Reichweite sein! Mein Verbrechen bricht das Monopol der Eliten. Wozu einer Fraktion oder Partei angehören: Die 13 Zentimeter lange Klinge eines Messers in der Hand einer Bürgerin gibt ihr schon das Recht, das Todesurteil an seinen Absender zu expedieren: Sie dreht das Spiel um. Die so angestoßene Bewegung setzt sich unaufhörlich fort. Man guillotiniert nicht mehr von oben nach unten, wie in der Monarchie, von Regierendem zu Regiertem, ohne Gegenseitigkeit, von links nach rechts, das heißt nach revolutionärer Art, von rechts nach links wie die Konterrevolutionäre. Schluß mit den Monarchen der Sense! Durch meine Tat schneidet die republikanische Klinge in jedwede Richtung. Ich pflanze Widersinn in das Herz der Gesellschaft: Die Geschichte, die tötet, kann nunmehr jeden töten, exekutiert in allen Spielarten und eröffnet jedem die Möglichkeit, die Führer vom Podest zu stoßen. Die Kompaßnadeln rotieren.

Sehen Sie sich den von David gemalten – ach, was sage ich: verklärten – Marat an. Seine Badewanne ist der Sitz aller Ideale, da thront er als Heiliger des Laizismus, und das schmutzige Tuch auf seiner Stirn schwankt zwischen Dornenkrone und Heiligenschein. Dies Bild entspricht exakt dem Bild, das seine Verehrer von ihm verbreiteten, fast wäre ich ihm vor meiner Tat noch erlegen. Aber ich ließ mich von Inbrunst und weihevollen Tönen nicht fangen, selbst seine Gunstbeweise ließen mich kalt. Ich hörte seine Sentenzen und sein Gedonner und dachte an Montaigne: »Selbst auf dem höchsten Thron in dieser Welt sitzen wir immer nur auf unserem Arsch.« Als er, selbstgewiß im plätschernden Bade, seine Todesurteile aussprach – heute 34 Verräter, morgen 34 Kadaver –, wurde mir klar: »Ein schlimmeres Bild kann es nicht geben, als wo Bosheit sich zu Recht erklärt und mit der Erlaubnis der Magistraten den Mantel der Tugend überstreift.«

Meine Klinge durchschnitt die Nabelschnur. Sparta und das Rom Catons verschwanden endgültig, die moderne Republik machte die Leinen los. Mein Skandal verwarf die alten Modelle als veraltet und bestätigte Montesquieus Ansicht, daß eine Tugend, die sich selbst verwaltet, selbst reproduziert und dabei die Interessen des einzelnen unter denen der Allgemeinheit begräbt, nicht mehr aktuell ist.

Ein Körnchen Anderssein hebt die Regeln auf. Der Messerstich unterbricht. Mein Wort steht gegen seins. Ein Leben für ein anderes. Das Opfer einer Provinzlerin wiegt das Martyrium eines Tribunen auf. Seine zeremonienhafte, übrigens wenig besuchte Beerdigung, die Tränen der Ehrlichen und die Reden der Demagogen können daran nicht das geringste ändern. Meine Botschaft ist angekommen: Die Guillotine stellt sich auf den Kopf, die Reden werden erwidert, die Garantien explodieren, die Überzeugungen schlagen Purzelbaum. Die Revolution ist nicht mehr einfach die umgewälzte Welt, sondern das ganze

Universum stellt sich auf den Kopf, in unablässigem Hin und Her. Nicht ich erfand diese unendliche Mobilität der Menschen, der Sachen, der Ideen, der Leidenschaften, sie existierte vor meiner Tat. Aber durch mein Verbrechen zerstöre ich den falschen Anschein, etwas bricht, die Autorität schwankt, die Kriterien kommen ins Schwimmen. Oh! Ich halte mich nicht für Jeanne d'Arc, ich schare nicht das Volk um mich, ich mobilisiere niemanden. Aber für einen Augenblick haben die Franzosen ganz einfach den Blick von Charlotte Corday auf Marat gerichtet, und dann wieder umgekehrt. Man stellte sich Fragen. Man fragte sich, wessen Partei man ergreifen soll, an welchen Heiligen man sich wenden soll.

Als Tochter Descartes' lernte die Revolution an diesem Tag den Zweifel kennen und verlernte ihren totalen Anspruch.

Ich bin eine Tyrannenmörderin. Nicht eine Terroristin, auch nicht im Stile Robin Hoods, auf den sich die Geiselnehmer, die Heckenschützen und die großtönenden Schriftsteller, die die Welt aus Liebe und Donner neu bilden wollen, so gern beziehen. Charlotte Corday handelt allein, ohne Anleitung, übernimmt die Verantwortung für eine Tat, die so einzigartig ist wie ihr Ziel, der Tyrann, dem sie gilt. Der Schrecken berauscht seinen Mann mit Visionen, und dieser macht große Pläne, ordnet, gibt die Richtung an. Er ist ein Integrator, er sammelt die Reinen um sich, um eine von außen zerrüttete Ordnung wiederherzustellen: Er muß diese Außenwelt sprengen und seinem Volk eine Seele wiedergeben.

Eure maskierten Bombenleger selektionieren ihre Opfer nicht: Sie begnügen sich mit simplen Passanten in der Nähe eines explodierenden Papierkorbs, liquidieren Reisende nach Zufallsprinzip, massakrieren Kinder. Ihr Hochmut erhebt sie über alle Gefühlsduselei. Sie machen sich zu Gesetzgebern; sie bilden eine Gemeinschaft; sie ziehen die Grenze. Entgegen dem Anschein töten sie niemals »Unschuldige«, sondern sie vernichten Außenstehende, Leute, die fehl am Platze, möglicherweise feindlich gesinnt sind, Leute von der anderen Seite des magischen Zirkels.

Der Tyrannenmörder hingegen sucht sein Opfer sorgsam aus, er ist ein Befreier. Was die von ihm Befreiten aus seiner Freiheit machen, kümmert ihn nicht. Der Terrorist erwählt sich sein Volk, er ist ein Schöpfer, seine Opfer bewohnen das Reich der Finsternis, er hat nur Augen für die leuchtende Zukunft, die er bietet – die er erzwingt. Der Terrorist reinigt, um zu verändern, um die Welt neu zu bauen, er ist Gott. Der Tyrannenmörder glaubt nicht an diesen Gott. Er ist ein politischer Atheist, und er beweist es.

Ich bin nicht zu vereinnahmen. Warum erzeugt meine nicht zu klassifizierende Originalität eher peinliches Schweigen als modische Nachahmung? Mein blutiges Taschenmesser? Aber es zieht doch das Auge an und eignet sich prächtig für ein Werbebild. Meine Einsamkeit? Aber sie rührt, welch schönes Sujet für ein volkstümliches Melodram! Und doch bin ich nicht zum Star geworden.

Eine Affäre hat mich seinerzeit aufmerken lassen. Der englische Schriftsteller Salman Rushdie, von Geburt Inder und

Muslim, wurde von devoten Anhängern eines knallharten Islams zum Tode verurteilt. Die moralischen, oft auch die politischen Anführer des demokratischen Westens – die offizielle Zeitung des Papstes, der Bund der protestantischen Christen in Frankreich, der Großrabbiner von Jerusalem, ein ehemaliger Präsident der Vereinigten Staaten, ein britischer Premierminister und einige Bürgermeister und Stadträte aus Paris und der Provinz – gaben zu, daß es sich um eine Gotteslästerung handelte, plädierten aber für Verschonung des Sünders. Keiner dieser weisen Richter begründete sein Urteil aus der Lektüre des Buchs. Der Titel *Satanische Verse* spricht für sich, er verbreitet die Hypothese, daß jeder heilige Text zweifelhaften Ursprungs sein könnte. Ich habe mich in der Politik, Rushdie hat sich in der Religion der Majestätsbeleidigung schuldig gemacht. Was ist, wenn der liebe Gott gar nicht lieb ist? fragt der Engländer. Was ist, wenn Tugend Unrecht erzeugt? frage ich mit meinem chirurgischen Eingriff. Je weniger eine Autorität ihre Fehlbarkeit anerkennt, desto weniger ist ihr zu trauen. Laßt uns Gott lästern.

Marat war nur ein Kleingewerbler. Eine Zeitung, »L'ami du peuple«, ein paar Brandschriften und Reden brachten ihm an guten Tagen ein paar tausend Leser, ein paar hundert Zuhörer. Da er zum Teil die Hauptstadt beherrschte, dehnte sich sein Einfluß auf die ganze Nation aus. Die Diktatoren des 20. Jahrhunderts haben durch Radio und Kino kontinentale Strahlkraft gewonnen. Und ein iranischer Prophet kann heute auf ein weltweites Publikum einwirken. Auf den Fernsehschirmen setzt er einen Preis auf den Kopf des Schriftstellers aus, verspricht den Ausführenden einen Teil des Paradieses und weitere Vergünstigungen. Unbestraft mobilisiert er die Gierigen, die Bedürftigen, die wirtschaftlich Schwachen, die Blasierten. Öffentlich rekrutiert er Gauner, Gangster, Fanatiker, Auftragskiller jeglicher Couleur, um seinen Literaturstreit mit der Kalaschnikow auszutragen. Unter euren Augen erfindet der tugendhafte Imam Khomeini die Medien-Guillotine. Welch ein Fortschritt! Die Jakobiner hatten Paris nur für einige Monate unter ihrer Fuchtel. Nun also üben Gott und sein treuer Statthalter ihr Tötungsrecht über jedweden mißliebigen Erdenbewohner aus. Das ist nie da gewesen! Charlie Chaplin hat sich über Hitler lustig gemacht. Hitler hat seinen Kopf nicht gefordert. Als Stalin seinen Konkurrenten Trotzki loswerden wollte, dachte er nicht an eine öffentliche Ausschreibung, sondern schickte seine Agenten zu heimlicher Säuberung. Dabei waren diese beiden Schlauberger mit ihren Millionen von Toten kaum für ihren Respekt diplomatischer und ethischer Gebräuche bekannt.

Es ist einfach eine Premiere, der Teleterror per Satellit. Gott kennt keine geopolitischen Grenzen, die Staaten werden aufgefordert, das Werk zu verbieten und den Autor der verdienten Strafe auszuliefern. Ghom wird zur Welthauptstadt. Die Grenzen des Raums sind ausradiert, die der Zeit werden kaum standhalten. Bei Gelegenheit sollte sich der Bürgermeister von Ravenna für Dante entschuldigen, der das Verbrechen beging, Mohammed in die Hölle zu schicken.

Der Autor der *Satanischen Verse* ist nicht irgendein Ungläubiger. Lassen Sie Charlotte Corday in Rushdie ihresgleichen begrüßen, einen Bruder, einen Übeldenkenden, der seine bösen Gedanken bewußt denkt. Sein Buch und meine Geste sind philosophische Akte: Wir stellen die Begründung jeglicher Autorität in Frage. Der Teufel konnte an der Stelle Gottes sprechen und in Gestalt eines Doppelgängers des Engels Gabriel dem Propheten dämonische Verse einflüstern: Rushdie liefert eine Romanversion von Descartes' trügerischem Gott. Und wenn irgendein boshaftes Genie uns so gefertigt hätte, daß wir uns selbst in unseren offensichtlichsten Urteilen irrten? fragt der klassische Philosoph. Und wenn die höchste Macht höchst eigensinnig ihre Macht mißbraucht? Und wenn die Guillotine, eure Einwegmaschine, sich im Kopf irrt? habe ich hinzugesetzt. Und wenn ein radikal Böses Stimme und Anschein des Guten annimmt? fährt Rushdie fort. Wer begründet das Begründende? Kann Gott bluffen oder irgendeinem ausgefuchsten Lügner den Platz überlassen? Gelten die Werte, in deren Namen der Integrist integriert, so viel wie die berauschenden Illusionen, die er bekämpft? Die Frömmler zweifeln, die Hypothese macht sie stumm, sie sorgen lieber für Schweigen.

Gott lügt? Der Koran spinnt? Die Revolution tötet kreuz und quer? Dreimal läßt die nie zu beweisende, aber auch nie ganz abzuweisende Behauptung, die Karten seien von vornherein gezinkt gewesen, die Dogmen straucheln. Im Licht eines zweifelhaften Ursprungs erscheinen die Absichten um so trüber, je erleuchteter sie sich geben. Die Taten mögen sich als ehrlich licht und sonnenklar darstellen – der Zweifel nagt an denen, die sie erleiden, und manchmal an denen, die sie verüben. Die Regierung der

Köpfe und der Leiber durch den Terror schreckt zurück, das Schafott schwankt, wenn Guillotinierer und Guillotinierte bei der Frage nach dem Warum zu zögern beginnen. Irritiert durch den Mord ohne Überzeugung lockerten die Jünger Marats den Zugriff. Im Gefolge Charlotte Cordays endete der Terror. Es kamen der 9. Thermidor, die Festnahme Robespierres, die Fröhlichkeit in Paris und die süße Korruption der folgenden Republiken.

Was macht dich so kühn, meinen Trank zu trüben, plärrt der irritierte Integrist. Er dreht die Hypothese um, um ihren Effekt zu vernichten. Wenn niemand frei ist von Kritik, dann bist du es auch nicht, ruft er. Schlummert in Charlotte mit den blutigen Händen ein weiblicher Marat? Sind die Koketterien eines Schriftstellers, der eine Milliarde Gläubige vor den Kopf stößt, nicht auch nur ein Husarenstreich? Wenn Gott lügen kann, ist der Mensch, der ihn dessen bezichtigt, dagegen ebenfalls nicht immun: Bezweifle deinen Zweifel. Nun ist dem frommen Sturkopf wieder behaglich. Für ihn steht's eins zu eins, und er widmet sich von neuem seiner blutigen Leidenschaft.

Aber ich stelle meine Güte nicht gegen seine Güte und bekämpfe nicht Integrismus mit Integrismus. Das ist es, was er nicht verstanden hat. Ich akzeptiere meine Zwiespältigkeit. Wenn in Paris an allen Ecken gemordet wird, steche ich auch zu, ohne mich mit dem »Du sollst nicht töten« zu begnügen. Marat irrt? Stellen Sie sich vor, daß ich mich meinerseits täusche: Der Irrtum ist Gemeingut auf Wanderschaft. Gut möglich, daß Rushdie den Arrivismus und die Gelüste, die er seinem Propheten unterstellt, innerlich teilt. Warum nicht? Ich beglückwünsche Sie für Ihre Hellsicht und rate, den Verdacht zu vertiefen. Machen Sie nicht auf halbem Wege kehrt und stellen Sie den Messias und den Autor, den Politiker und die Bürgerin in Zweifel. Noch ein Löffel. Und vergessen Sie sich selber nicht.

Integrist und Terrorist verstehen sich prächtig. Der eine will die himmlische, der andere die irdische Allmacht. Die geistliche Macht des Integristen zeitigt sich im Terror: Wer Einwände gegen seine absolute Offenbarung hat, begeht ein absolutes Verbrechen. Die zeitliche Macht des Terroristen ist geistlicher Natur, denn seine Gewalt zielt auf die Gewissen, sein Krieg ist in erster Linie einer des Bewußtseins, seine Explosivstoffe haben Fernwirkung. Er übersät die Bildschirme mit Leichen, aber er zielt auf die Lebenden. Der Terrorismus ist die exoterische Wahrheit des Integrismus, welcher die scheinbar seelenlose Gewalt mit einem Seelenersatz versorgt und die ganz und gar profane Gewalt zu esoterischem Mystizismus weiht.

Als moderne Judith im Angesicht eines doppelköpfigen Monstrums erneuere ich die Teilung zwischen dem Ideal und der Guillotine, zwischen dem Zeitlichen und dem Geistlichen. Ich bin eine Humanistin. Nicht in der eher humanitaristischen und süßlichen Auffassung des versinkenden 19. Jahrhunderts. Ich bevölkere meine Banlieues nicht mit engelhaften Wesen und meine Paläste mit heiligen Tribunen. Zu Beginn der Renaissance wurde als humanistisch die Kunst bezeichnet, Texte und Institutionen mit kritischem Geist zu befragen. Der Wille, sich nicht alles erzählen zu lassen, beflügelte jene, die Griechisch und Latein lernten, um die Texte der Bibel und der Evangelien ganz neu zu lesen. Sie korrigierten die heiligen Übersetzungen, kamen lügnerischen Mißdeutungen auf die Spur, räumten Mißverständnisse aus, spießten Widersprüche auf und stellten am Ende den Sinn der Sache selbst in Frage. Dem kalten Blick des Philologen auf einen heiligen Text ist nichts heilig.

Humanistisch ist jedes einsame Hirn, welches die Offenbarungen mustert im menschlichen Licht des tastenden Wissens, über das es allein verfügt, und der Wissenslücken, die es benennen kann. Die philologische Frage hat das moderne Europa geschaffen. Sehr früh schleift Lorenzo Valla die Legitimität der Päpste. Er weist im Jahre 1440 die Unechtheit der famosen »Konstantinischen Schenkung« nach, die das Westreich in die Hände des Nachfolgers Petri legte. Eine fromme Lüge nach der anderen wird gesprengt, die jungen Staaten befreien sich, Europa lebt nicht mehr im Horizont des Reichs, Regierungskunst wird laizistisch, Wissen und Glauben werden autonom. Die Teilung der Gewalten im demokratischen Gemeinwesen setzt jene des Zeitlichen und des Geistlichen voraus, welche wiederum eine Teilung innerhalb des Geistlichen erfordert. Einerseits die Autorität, die offenbart und behauptet, andererseits die Intelligenz, die zuhört, abwägt, die Herrin ihres Jas und Neins bleibt und am Ende urteilt.

Die humanistische Eigenschaft par excellence ist die Akribie, das heißt die strenge und aufmerksame Präzision in der Erklärung der Texte. Man kann sie sich nicht krude genug vorstellen. Man darf nicht in ihre Fallen tappen, muß die Finten tricksender oder lügender Autoren aufspüren, muß nach irrigen Überlieferungen, falschen Übersetzungen suchen und überflüssige oder fehlende Absätze identifizieren. An dieser Elle gemessen wird die Welt zum Rätsel, und Überzeugungen entpuppen sich als zufällige und unbewußte Geisteszuckungen. Eine Hypothese wie jene über die unklare Herkunft einiger Verse in einem kostbaren Textkorpus steht zwingend am Beginn einer humanistischen Forschung. Wenn Sie hier Blasphemie wittern, dann verbrennen Sie Ihre Bibliotheken, schließen Sie die Institute, vergessen Sie Mathematik und Morgengazetten und murmeln Sie Verse, die Ihnen von einem Herren serviert wurden, dessen Kompetenz nicht in Ihrer Kompetenz liegt. Keine herrschende Wissenschaft hat in meinen Augen das Recht, einfach so an Texten und Köpfen herumzuschneiden.

Der Gotteswütige ruft: Wir wissen. Der Philologe postuliert: Ich weiß, daß ich nichts weiß. Friedensschlüsse und Kompromisse zwischen diesen beiden sind flüchtiger Art. Sokrates war im Westen der erste Held der Desintegration. Das getroffene Gemeinwesen griff zur üblichen Antwort: ein Prozeß wegen Immoralismus und dann der Schierlingsbecher. Der Imam weiß, wen er hassen, ich, wem ich mißfallen will.

Aus dem Französischen von Thierry Chervel

Biographische Daten – Autoren

Ulrike Ackermann, geboren 1957, promovierte Sozialwissenschaftlerin und Publizistin. Sie ist Autorin zahlreicher Rundfunksendungen, publiziert in der *Welt, Süddeutschen Zeitung* u.a. und ist Kolumnistin der Zeitschrift *Merkur*. 1989-1994 verantwortliche Redakteurin der Frankfurter Hefte/Neue Gesellschaft, 1995-1998 Hamburger Institut für Sozialforschung, 2002-2003 Gründung, Konzeption und Leitung des Europäischen Forums an der Berlin-Brandenburgischen Akademie der Wissenschaften in Berlin. Zuletzt erschienen: Sündenfall der Intellektuellen (2000) und Versuchung Europa (Hg, 2003). www.ulrike-ackermann.de

Ian Buruma, 1951 geboren in Den Haag als Sohn eines Holländers und einer Britin deutsch-jüdischer Herkunft. Studium chinesischer Literatur und Geschichte u.a. in Japan. Er lehrt am Bard College und schreibt u.a. für die *New York Review of Books* und die *Süddeutsche Zeitung*. Bisher erschienen: Anglomania (2002), Chinas Rebellen (2004), zus. mit Avishai Margalit, Okzidentalismus (2005), im Frühjahr 2007 erscheint Die Grenzen der Toleranz, die dt. Übersetzung seines Buchs über den Mord an Theo van Gogh.

Ralf Dahrendorf, geboren 1929, lehrte Soziologie in Hamburg, Tübingen und Konstanz. Nach sechs Jahren in der Politik als Landtags- und Bundestagsabgeordneter sowie Europa-Kommissar war er von 1974 bis 1984 Direktor der London School of Economics und von 1987 bis 1997 Leiter des St. Antony's College und Prorektor der Universität Oxford. Seit 1983 ist er Mitglied des britischen Unterhauses. Zuletzt erschienen: Auf der Suche nach einer neuen Ordnung (2003), Der Wiederbeginn der Geschichte (2004), Versuchungen der Unfreiheit (2006).

Detmar Doering, geboren 1957, Leiter des Liberalen Instituts der Friedrich-Naumann-Stiftung in Potsdam, Studium der Philosophie und Geschichte (Dr. phil. 1990) in Köln und am University College London. Zuletzt erschienen.: Friedlicher Austritt. Braucht die Europäische Union ein Sezessionsrecht? (2002), Kleines Lesebuch über den Freihandel (Hg., 2003), Vernunft und Leidenschaft: Ein David Hume-Brevier (Hg. 2003), Mythos Manchestertum (2004), Kleines Lesebuch über den Föderalismus (Hg., 2005).

Péter Esterházy, geboren 1950 in Budapest, stammt aus einer alten aristokratischen Familie, die nach der Machtergreifung der Kommunisten 1948 enteignet und deportiert wurde. Esterházy studierte Mathematik an der Universität Budapest und arbeitete anschließend vier Jahre als Systemorganisator im Ministerium für die Hütten- und Maschinenbauindustrie. Seit 1978 ist er freiberuflicher Schriftsteller. Esterházy zählt zur postmodernen Generation ungarischer Literaten und kehrte bereits mit seinem ersten Novellenband Fancsikó und Pinta (1976) der Tradition des sozialistischen Realismus den Rücken zu. Breite Beachtung fand er für den als sein Opus magnum bezeichneten Roman Harmonia Cælestis (2000) über die Geschichte der Familie Esterházy. Die Familienchronik führte in Ungarn monatelang die Bestsellerlisten an und wurde neben dem Sandor-Marai-Preis auch mit dem Ungarischen Literaturpreis ausgezeichnet. In der zwei Jahre später veröffentlichten »Verbesserten Ausgabe« setzt sich Esterházy mit der Spitzeltätigkeit seines Vaters auseinander. Zuletzt: Einführung in die schöne Literatur (2006).

André Glucksmann, geboren 1937 in Boulogne, stammt aus einer deutsch-jüdischen Familie. Seine Eltern flohen 1936 vor den Nationalsozialisten nach Frankreich. Sein Vater kam 1940 nach dem Einmarsch der Deutschen in Frankreich ums Leben, seine Mutter und Schwestern kämpften in der Résistance. Nach einer Assistentenzeit bei Raymond Aron arbeitete er in den 60er Jahren in erster Linie publizistisch und erhielt eine Professur an der Sorbonne. Aufmerksamkeit erregte er als einer der intellektuellen Protagonisten der Studentenunruhen in Paris vom Mai 1968. Anders als die meisten seiner Mitstreiter verarbeitete er die pessimistischen Erfahrungen der Studentenbewegung und die Konfrontation mit der kommunistischen Wirklichkeit zu einer radikalen Totalitarismus- und Utopiekritik, aus der die Bewegung der »Nouveaux philosophes« hervorging. Wichtigste Publikationen: Köchin und Menschenfresser (1976), Die Meisterdenker (1978), Philosophie der Abschreckung (1984), Die Macht der Dummheit (1986), Krieg um den Frieden (1996), Das Gute und das Böse (1998), Hass (2005), 2007 erscheint die deutsche Übersetzung seiner Autobiographie Die Wut eines Kindes, Zorn eines Lebens.

Rainer Hank, geboren 1953, leitet seit 2001 die Wirtschaftsredaktion der Frankfurter Allgemeinen Sonntagszeitung. Er studierte Literaturwissenschaft, Philosophie und Katholische Theologie und promovierte über die Literatur der Wiener Moderne. Veröffentlichungen: Das Ende der Gleichheit (2000), Bubenstücke. Vom Unsinn in der Wirtschaftspolitik (zusammen mit Hans D. Barbier, 2004).

Ramin Jahanbegloo, geboren in Teheran, studierte Philosophie, Politische Wissenschaften und Geschichte in Iran, den USA und Frankreich. Er lehrte in Teheran, an der Harvard University und der University of Toronto Politische Philosophie. 20 Bücher publizierte er bisher in englischer, französischer und persischer Sprache, u.a.: Conversations with Isaiah Berlin (1991), Iran and Modernity (2000), Iran between Tradition and Modernity (Hg., 2004). 2006 war er drei Monate in Teheran inhaftiert. Der hier abgedruckte Text ist die gekürzte Dokumentation seines auf www.iranproject.info abzurufenden Textes »The Legacy of Isaiah Berlin«.

Necla Kelek, geboren 1957 in Istanbul, kam mit 10 Jahren nach Deutschland und hat in Hamburg und Greifswald Volkswirtschaft und Soziologie studiert und über das Thema Islam im Alltag promoviert. Sie forscht zum Thema Parallelgesellschaften, Islam und Integration. Das Bundesinnenministerium berief sie als ständiges Mitglied der Deutschen Islam Konferenz. Sie lebt und arbeitet als freie Autorin in Hamburg und Berlin. Die Universität Duisburg-Essen verlieh ihr 2006 die Mercator-Professur. Zuletzt erschienen: Die fremde Braut. Bericht aus dem Inneren des türkischen Lebens in Deutschland (2005), Die verlorenen Söhne. Plädoyer für die Befreiung des türkisch-muslimischen Mannes (2006).

Dirk Maxeiner, geboren 1953, ist Publizist und Journalist. Er war Redakteur beim *Stern*, leitete das Umweltmagazin *Chancen* und war von 1989-1993 Chefredakteur von *Natur*. Gemeinsam mit Michael Miersch schrieb er mehrere Bestseller, zusammen haben sie eine wöchentliche Kolumne in der *Welt*. Letzte Veröffentlichungen: Die Zukunft und ihre Feinde (zus. m. M. Miersch 2002), Das Mephisto-Prinzip (zus. m. M. Miersch 2001), Lexikon der Öko-Irrtümer (zus. m. M. Miersch 1998), Schöner Denken (zus. m. M. Miersch, J. Joffe, H.M. Broder) www.maxeiner-miersch.de

Michael Miersch, geboren 1956, ist Publizist, Journalist und Dokumentarfilmer. Er war Redakteur beim Umweltmagazin *Chancen* und bei *Natur*. Gemeinsam mit Dirk Maxeiner schrieb er mehrere Bestseller (s. o.) und Das bizarre Sexualleben der Tiere (1999). Jüngste Dokumentarfilme zus. m. Gerd Weiss: Ach du lieber Hirsch (2005), Durchs wilde Korsika (2003). www.maxeiner-miersch.de

Dunja Melcic, geboren 1950 in Kroatien ist Philosophin und freie Autorin und lebt seit 1974 in Frankfurt, wo sie über Martin Heidegger promovierte; sie veröffentlicht in deutscher, englischer und kroatischer Sprache. Zuletzt (Auswahl): »Legenden von der Entzauberung«, in *Gegenworte. Hefte für den Disput über Wissen* 12/ Herbst 2003, »Ausharrendes Fragen, beständiges Scheitern – Grundlegendes schaffen. Das Heidegger-Syndrom«, in *Kommune*, 1/2005 »Späte Gerechtigkeit. Folgen eines nationalistischen Überschwangs«, *Rechtsgeschichte* 5/2004, *Wegweiser zur Geschichte. Bosnien-Herzegowina*, (Hg. Militärgeschichtliches Forschungsamt) 2005; »The charges have been sufficiently proved«, *Bosnia Report*, London, April – Juli 2006; 2. erweiterte Auflage von *Jugoslawien-Krieg. Handbuch zu Vorgeschichte, Verlauf und Konsequenzen* (Hg., 2007).

Péter Nádas, geboren 1942 in Budapest, Erzähler, Dramatiker und Essayist arbeitete von 1961-1963 als Zeitschriftenfotograf. 1965 erschien seine erste Erzählung in einer literarischen Zeitschrift. Die Veröffentlichung seines ersten Romans verhinderte jahrelang die Zensur. Für seinen Roman Buch der Erinnerung (1986, dt.1991) wurde er u.a. mit dem Österreichischen Staatspreis für Europäische Literatur ausgezeichnet. Weitere Publikationen: Freiheitsübungen (2004), Der eigene Tod (2002), Schöne Geschichte der Fotografie (2001).

Matthias Rüb, geboren 1962, studierte Philosophie, evangelische Theologie, Politik und Geschichte in Berlin und Paris. Von 1989 bis 1993 Redakteur im Literaturblatt und in der Wochenendbeilage »Bilder und Zeiten« der *Frankfurter Allgemeine Zeitung*. Von 1994 bis Mitte 2002 Südosteuropa-Korrespondent mit Sitz in Budapest, seither Korrespondent in Washington für die Vereinigten Staaten, Kanada und Mexiko. Buchveröffentlichungen unter anderen: Balkan-Transit. Das Erbe Jugoslawiens (1998), Kosovo. Ursachen und Folgen eines Krieges in Europa (1999), Flucht in die Zukunft. Bosnien nach dem Krieg (2001). Zuletzt erschien Der atlantische Graben. Europa und Amerika auf getrennten Wegen (2004).

Gerhard Schulze, geboren 1944, lehrt Methoden der empirischen Sozialforschung an der Universität Bamberg. Zuletzt veröffentlichte er Die Sünde. Das schöne Leben und seine Feinde (2006) und Die beste aller Welten. Wohin bewegt sich die Gesellschaft im 21. Jahrhundert? (2003). Seine Studie Die Erlebnisgesellschaft. Kultursoziologie der Gegenwart wurde zu einem Klassiker der deutschen Soziologie. www.gerhardschulze.de

Wolfgang Sofsky, geboren 1952, war Professor für Soziologie an den Universitäten Göttingen und Erfurt. Seit 2001 arbeitet er als Privatgelehrter und politischer Kommentator. 1993 erhielt er den Geschwister-Scholl-Preis für Die Ordnung des Terrors. Das Konzentrationslager. Weitere Veröffentlichungen: Traktat über die Gewalt (1996), Zeiten des Schreckens. Amok, Terror, Krieg (2002), Das Prinzip Sicherheit (2005).

Oksana Sabuschko, geboren 1960 in Kiew, debütierte 1985 mit einem Gedichtband, seither zahreiche Werke, u.a. fünf Bände Lyrik, Prosa und Essays, 1996 erschien ihr Roman Feldforschungen auf dem Gebiet des ukainischen Sex, der seither in zehn Sprachen übersetzt wurde. Sie wurde mit zahlreichen Preisen ausgezeichnet.

Biographische Daten – Übersetzer

György Buda, geboren 1945 in Hutthurn/Bayern, lebte bis 1956 in Ungarn. Preis für literarisches Übersetzen der Stadt Wien 1993 und 1997. Er übersetzt Imre Kertész, Péter Esterházy, Lajos Parti Nagy, Ottó Tolnai u. v. a.

Thierry Chervel, geboren 1957, hat Musikwissenschaften studiert. Er war Redakteur bei der *taz* (Film, Musik, Tagesthemen) und Kulturkorrespondent für die *Süddeutsche Zeitung* in Paris. Er war Mitbegründer des Perlentauchers und betreibt ihn bis heute. www.perlentaucher.de

Krisztina Koenen, geboren 1947 in Budapest, studierte Germanistik. Viele Jahre Redakteurin des *FAZ-Magazins*, später der *Wirtschaftswoche* und arbeitet inzwischen als freie Journalistin in Frankfurt.

Siegfried Kohlhammer, geboren 1944, studierte Germanistik, Philosophie und Romanistik in München. Von 1978 bis 2004 arbeitete er als Lektor und Dozent in Italien, England, Indonesien und vor allem Japan. Er lebt als freier Autor und Übersetzer in Berlin. Letzte Buchveröffentlichungen: Auf Kosten der Dritten Welt? (1993), Die Feinde und die Freunde des Islam (1996).

Alexander Kratochvil, geboren 1965, Slawist, Ukrainist an der Universität Greifswald, übersetzt aus dem Ukrainischen und Tschechischen.

Friederike Meltendorf ist Diplom-Übersetzerin für Russisch und Englisch. Sie übersetzt Romane, Sachtexte und Theaterstücke. In der Übersetzung von Friederike Meltendorf erschienen zuletzt bei Matthes & Seitz Apfel, Huhn und Puschkin von Julia Belomlinskaja (2007) und im Berlin Verlag die Romane Halids Heimkehr (2007) und Du mußt hier nicht leben (2006) von Natasha Radojcic.